法藏知津

九 編

杜潔祥 主編

第 16 冊

日治時期「臺灣佛教改革運動」中的齋教徒：
以洪池為研究中心

徐逸誠 著

花木蘭文化事業有限公司

國家圖書館出版品預行編目資料

日治時期「臺灣佛教改革運動」中的齋教徒：以洪池為研究中心／徐逸誠 著 -- 初版 -- 新北市：花木蘭文化事業有限公司，2023〔民112〕
目 2+178 面；19×26 公分
（法藏知津九編；第 16 冊）
ISBN 978-626-344-200-9（精裝）
1.CST：佛教改革 2.CST：日據時期 3.CST：臺灣
733.08   111021716

ISBN-978-626-344-200-9

法藏知津九編
第十六冊   ISBN：978-626-344-200-9

日治時期「臺灣佛教改革運動」中的齋教徒：以洪池為研究中心

作　　者　徐逸誠
主　　編　杜潔祥
副總編輯　楊嘉樂
編輯主任　許郁翎
編　　輯　張雅淋、潘玟靜　美術編輯　陳逸婷
出　　版　花木蘭文化事業有限公司
發 行 人　高小娟
聯絡地址　235 新北市中和區中安街七二號十三樓
　　　　　電話：02-2923-1455／傳真：02-2923-1452
網　　址　http://www.huamulan.tw 信箱 service@huamulans.com
印　　刷　普羅文化出版廣告事業
初　　版　2023 年 9 月
定　　價　九編 52 冊（精裝）新台幣 120,000 元

日治時期「臺灣佛教改革運動」中的齋教徒：
以洪池為研究中心

徐逸誠　著

作者簡介

徐逸誠，臺北人，1995 年生。平日喜愛棒球與動畫，2017 年中國文化大學史學系畢業，2020 年國立成功大學歷史研究所畢業。2018 年，參與「德化堂系列叢書新書發表會」，擔任開場主持。發表過的文章〈日治時期臺灣佛教改革運動中的齋教龍華派參與：以洪池為代表〉。

提　　要

　　日治時期臺灣佛教的發展，是許多學者關心的議題。其中，有不少學者曾經提到日治時期臺灣出家僧侶，發起的改革活動與訴求。但是，齋教徒其實也是參與佛教改革運動的一員。本論文的研究主旨，就是將齋教徒對臺灣佛教改革的影響，做完整的討論。在這群齋教徒中，洪池是影響臺灣佛教的人物，留下許多的活動紀錄以及他的佛教改革思想。本文以洪池作為當時齋教代表性的人物，研究他對臺灣佛教的影響。討論與他志同道合的佛教改革者們，彼此之間的關係與思想上的異同。

　　本文先討論臺灣佛教改革運動興起的時間，研究佛教改革運動源於何時，並分析他們的訴求。接著分析洪池對臺灣佛教的影響，以及與他共同參與的佛教改革同道，同道包含在家的齋教徒與出家僧人。最後探討與洪池關係密切，參與佛教改革運動的開元寺寺僧，分析洪池與他們的關係，以及對臺灣佛教的影響。

誌　謝

　　國中時的自己，或是高中時的自己，都沒有想過未來能夠成為國立大學的碩士生，甚至能在三年的時間如期完成碩士論文。從小學以來到高中畢業為止，我的成績都不是非常好，加上當時自己不成熟不會處理人際關係，被部分師長看衰與部分同學欺負，是家常便飯的事情。我很感謝高中的陳慧中老師，讓我學到要認真面對自己的未來。大學時期的陳立文老師、許賢瑤老師、洪玉儒老師、黃緯中老師等老師，不僅對我很好，同時也讓我慢慢了解什麼是史學。除了大學老師之外，我也要感謝我的心理學老師——林寶島老師。我很感激老師讓我找到自信，也感謝老師的建議，去唸研究所，訓練自己的思考。

　　進入成大歷史研究所後，首先我要感謝蕭瓊瑞老師與謝美娥老師，兩位老師的課程，讓我了解研究生的應該具備的基本能力。同時，我也感謝以前文化的學長黃學文，在我剛進入研究所時，給我許多的建議。我更感謝在成大的日子裡，發生許多讓我哭笑不得的事情，讓我更了解什麼是人性。在成大的日子裡，我最感謝的就是我的指導教授——江達智老師。我永遠忘不了老師答應當我的指導教授的場景。那時，我拿著論文計畫，用顫抖的聲音詢問老師，是否願意擔任我的指導教授。當時，我的心情非常的忐忑不安。老師答應擔任我的指導教授時，當下我真的興奮到快哭出來。我沒有強烈的宗教信仰，但是在我心中江老師跟菩薩一樣。除了在成大的課程外，因為認識臺南大學的朋友王懷細，有機會讓我去臺南大學修戴文鋒老師的課程。更因為這個因緣機會下，不僅讓我有機會認識臺灣民俗學研究，還有機會去臺東走浸水營古道，挑戰自我。

　　我以德化堂的洪池作為論文研究對象的原因，主要是在 2017 年年底的時候，那時博士班的王惠琛學姊，在臉書上發佈整理德化堂徵求整理洪池資料的助理計畫。我覺得這是一個賺取生活費的方式，因此決定參與這個計劃。當我

決定接下這個計畫後，當時負責與德化堂接洽的王見川老師，建議我可以以此做為碩士論文的題目，因此我開始收集相關的資料。2018 年 3 月，我與王惠琛學姊，向時任德化堂主委林盈霖、德化堂師兄王儒龍正式表達我們願意參與計畫，研究德化堂的堂史。我負責研究日治時期的德化堂資料，王惠琛學姊負責研究清代至日治初期的史料。這個計畫在當年的 9 月，林盈霖主委就向德化堂的信徒大會報告，並且通過。與此同時，我獲得林盈霖主委等人每個月贊助的研究經費，支持我進行研究。接著，得到林盈霖主委與其他師兄師姐的許可，開始在德化堂調查他們的史料文件。

我從 2018 年 9 月開始調查德化堂的史料，直到 2019 年年底。在這段時間裡，德化堂的楊明麗師姐、唐純敏師姐、許龍珠師姐，經常會幫我買或是煮午餐給我吃，我非常感謝三位師姐的照顧。在調查德化堂的過程裡，我發現了德化堂清代的土地契約書，還有日治時期德化堂參與各類活動的文件。能夠接觸到第一手的史料，對我來說是非常寶貴的經驗。其中，最讓我印象深刻的是能找到戰爭時期，洪池與家人之間的書信，讓我更了解研究對象。（非常感謝成大博士班楊家祈學長，幫我將書信的日文翻譯成中文）。

在開始進行我的論文研究時，我很感謝洪池的三子洪哲勝先生，以及洪池的孫子與孫媳洪英傑夫婦，願意接受我與王惠琛學姐的訪談，以及提供日治時期洪池的戶籍資料，對於我的研究有非常大的幫助。

在論口試的時候，我很感謝兩位口試老師王見川老師與范純武老師，老師們給的寶貴建議，都讓我受益良多。謝謝王見川老師提供的史料，讓我的研究可以順利進行。此外，我也要感謝王惠琛學姐，對於不僅是論文以及在臺南生活的幫助。

最後，除了感謝我的雙親給予我的經濟援助外，我也要感謝我的朋友們。研究所的好友：蕭任哲，你是我在研究所裡，最重要的朋友。我對你是亦友亦師的感覺，讓我思考事情的角度更多元，真的很感謝你。研究所異國的好友：金京財，你是我第一位韓國朋友，你那努力的態度，才能造就你兩年就能完成論文畢業。坐在你隔壁，看著你認真的樣子，總是提醒我，研究生該有的樣子，祝你未來一切順利。高中以來至今的好友：李立偉，平常的時候，我們可以聊動畫聊其他瑣碎的事情，重要事情的時候，你對我的建議，我是很認真的思考再做決定。尤其是你鼓勵我選擇成大就讀，這件事對我非常重要，我很感謝你。同樣是高中同學：黃真治，雖然現在交情沒有很熱絡，但是我很感謝你幫我找

到淡江大學大野育子論文的電子檔，對我的論文有極大的幫助。大學的朋友們，謝謝你們有時晚上陪著我聊天。如果有遺漏的諸位大德請見諒，並非不感謝，只是本人記憶與篇幅有限，無法一一列舉。

　　如果看了我的論文，對於齋堂或是洪池有興趣的朋友，我建議可以去多了解德化堂，德化堂還有許多議題，是可以在進一步去研究的。

寫於 25 歲，人生邁向下一個階段時期前

2020 年 7 月

二度誌謝

　　筆者當年的碩士論文，能夠被收入在《臺灣歷史與文化研究輯刊》中，感到非常榮幸。首先，我要感謝花木蘭文化事業有限公司，給予拙著出版的機會。接著，我要感謝以前大學的許賢瑤老師，這些年給予的協助與關懷。最後，我要感謝當年的德化堂主委林盈霖及眾師兄師姐，沒有他們的支持，研究無法開花結果。

寫於 27 歲，處在社會歷練中

2022 年 9 月

目次

誌　謝
第一章　緒　論 …………………………………… 1
　第一節　研究動機與目的 ………………………… 1
　第二節　研究回顧 ………………………………… 1
　　一、佛教改革運動的研究 ……………………… 2
　　二、洪池與其同道佛教改革者研究 …………… 3
　第三節　研究史料與研究方法 …………………… 5
　第四節　章節安排 ………………………………… 6
第二章　日治時期「臺灣佛教改革運動」………… 7
　第一節　佛教改革運動前的臺灣佛教……………… 7
　　一、日本佛教進入臺灣 ………………………… 7
　　二、《南瀛佛教》雜誌中的臺灣佛教 ………… 8
　第二節　臺灣佛教改革運動的先聲 …………… 13
　　一、靈泉寺與江善慧（1881～1945）……… 14
　　二、凌雲寺與沈本圓（1883～1947）……… 16
　　三、法雲寺與林覺力（1881～1933）……… 19
　　四、小結 ……………………………………… 22
　第三節　佛教改革運動的推動者——齋教徒與
　　　　　出家僧侶 ……………………………… 23
　　一、南瀛佛教會成立前的臺灣佛教聯合組織 ‥25
　　二、南瀛佛教會的成員與其佛教改革思想 ……27
　　三、小結 ……………………………………… 38
第三章　洪池與僧俗同道對臺灣佛教改革運動的
　　　　影響 ……………………………………… 39
　第一節　洪池參與的佛教活動與其佛教改革思想
　　　　　………………………………………… 39
　　一、洪池與其家庭 …………………………… 39
　　二、參加與龍華派活動與管理堂內事務 …… 42
　　三、投入佛教改革運動與佛教改革思想 …… 47
　第二節　同道齋教徒的活動與思想 …………… 55
　　一、許林（1877～1932）………………… 55
　　二、胡有義 …………………………………… 58
　　三、其他齋教徒的佛教改革思想 …………… 63

四、小結 ………………………………………… 64

第四章　洪池的僧界同道：開元寺參與臺灣佛教
　　　　改革運動的寺僧 ………………………… 65

　第一節　鄭卓雲、魏得圓與洪池等佛教改革者們
　　　　　的關係及其影響 ……………………… 65

　　一、鄭卓雲（1892～1949）………………… 66

　　二、魏得圓（1882～1946）………………… 68

　　三、魏得圓對佛教改革的影響 ……………… 72

　　四、小結 ……………………………………… 78

　第二節　林秋梧（1903～1934）的佛教改革思想
　　　　　………………………………………… 78

　　一、忽滑谷快天對林秋梧的影響 …………… 79

　　二、林秋梧所見臺灣佛教界弊病 …………… 81

　　三、林秋梧的臺灣佛教改革方針 …………… 83

　　四、洪池與林秋梧的關係與佛教思想 ……… 87

　　五、小結 ……………………………………… 91

　第三節　高執德（1896～1955）的佛教改革思想
　　　　　………………………………………… 92

　　一、高執德所見臺灣佛教界弊病 …………… 94

　　二、高執德的佛教思想 ……………………… 96

　　三、高執德的佛教友人 …………………… 100

　　四、小結 …………………………………… 107

第五章　結　論 ………………………………… 109

徵引書目 ………………………………………… 111

附　錄 …………………………………………… 123

第一章 緒 論

第一節 研究動機與目的

　　佛教是臺灣許多民眾信仰的宗教，許多民眾包含筆者在做研究以前，對於佛教徒的印象就是遵守吃素等戒律，公眾上知名的傳遞佛法的名師，幾乎都是出家僧侶。在 2018 年年初的時候，筆者結識臺南德化堂堂內的信徒，對臺灣的齋教有初步的認識。在翻閱前人的研究以及他人的建議之下，決定以德化堂的洪池作為研究的對象。

　　本文研究洪池對臺灣佛教改革運動的影響，以及洪池與志同道合的佛教改革齋教徒與僧侶之間，彼此的活動與思想。〔註1〕佛教改革運動是日治時期臺灣佛教史中的重點，改變當時臺灣佛教徒舊有的思維，對臺灣佛教發展影響很大的運動。佛教改革運動是出家僧侶與在家齋教徒，一起推動的改革。

　　洪池是齋教龍華派臺南德化堂的領導者，他在佛教改革運動期間，多次在臺灣各地演講，向民眾宣揚佛教改革思想。洪池是日治時期具有高度知名度的齋教徒，他所留下的史料比起同期的齋教徒來的多。以洪池作為齋教徒的代表性人物，探討齋教徒對佛教改革運動的影響，就是本文的研究重點。

第二節 研究回顧

　　本文研究日治時期臺灣佛教改革運動中齋教徒扮演的角色，以洪池作為

〔註 1〕本文使用「臺灣佛教改革運動」名稱的原因，主因是眾多佛教改革人士在《南瀛佛教》發表的文章，多數是使用佛教改革的詞彙。本文跟林德林稱的「臺灣新佛教運動」意涵有所不同，本文會在文章中討論。

考察對象。因相關研究數量可觀，本研究回顧分為三個面向呈現。一、臺灣佛教改革運動的研究。二、與洪池相關的齋教徒研究，三、洪池的開元寺僧侶友人研究。

一、佛教改革運動的研究

　　關於臺灣佛教改革運動的研究，江燦騰《日據時期臺灣佛教文化發展史》是較早且極為重要的研究。在他的研究提到，林德林以大正5年（1915）在大講演會中，臺灣的佛教徒與基督教徒展開的辯論，最終佛教徒的勝利，作為新佛教運動的起點。臺中佛教會館是林德林發展新佛教運動的場所僧侶可以食肉娶妻是林德林追求的新佛教思想。江燦騰除了呈現林德林的新佛教運動的思想外，他的重點更放在釐清中教事件的始末。中教事件是反對林德林的傳統仕紳所發動的，因為這群仕紳指控林德林勾引他人的妻子，使的林德林名譽受損，新佛教運動發展受挫。〔註2〕

　　因為有江燦騰的研究，讓更多的學者關注日治時期臺灣佛教的發展。大野育子的碩士論文〈日治時期佛教菁英的崛起——以曹洞宗駒澤大學台灣留學生為中心〉，是繼江氏之後更詳細討論佛教改革運動的論文。大野育子以留學駒澤大學的臺灣學生為對象，不僅分析臺灣各法脈派往留學生去駒澤大學的比例，更進一步研究這群留學生對臺灣佛教的影響。在大野育子的文章中，可以清楚的知道當時臺灣留學生對臺灣佛教改革的方向。大野育子使用駒澤大學學籍簿的史料，釐清許多當時臺灣佛教人改革者間的關係。〔註3〕

　　大野育子的碩士論文對本文的研究影響極大，因為有大野育子的研究，讓本文更容易掌握臺灣佛教改革運動人士的基本資料。大野育子的研究對象是留學駒澤大學的臺灣留僧侶，當時在臺灣有眾多信徒的齋教徒，其實也是佛教改革運動中，不可或缺的人物。本文在大野育子的研究基礎上，更進一步討論出家僧人與在家佛教徒的貢獻，並根據史料說明佛教改革運動開始與結束的時間。

　　闞正宗《臺灣日治時期佛教發展與皇民化運動——「皇國佛教」的歷史進程（1895～1945）》的研究，以時間軸的模式順探討日治時期臺灣佛教發展。闞氏使用《南瀛佛教》雜誌的史料，列出雜誌裡發表佛教改革的文章。闞氏認

〔註2〕江燦騰，《日據時期臺灣佛教文化發展史》，臺北：南天書局有限公司，2001。
〔註3〕大野育子，〈日治時期佛教菁英的崛起——以曹洞宗駒澤大學台灣留學生為中心〉，淡江大學歷史學系碩士班碩士論文，2009。

為僧尼結婚的議題，是當時佛教改革者的主要目標。〔註4〕不過闞氏的研究並不是專門討論臺灣佛教改革運動，提及的內容較為簡略。

過往學者對於臺灣佛教改革運動的描寫，幾乎都關注於寺院的出家僧侶的活動。本文的研究根據前人的研究成果，對佛教改革運動做更完整分析。重新檢視佛教改革運動的起始時間，把過去在佛教改革研究中較少提到的齋教徒角色，對臺灣佛教的影響以及他們的佛教改革思想，做完整的研究。

二、洪池與其同道佛教改革者研究

（一）與洪池相關的臺灣齋教研究

王見川《臺灣的齋教與鸞堂》一書，是齋教史研究的重要著作。該書探討臺灣的齋教與鸞堂，在齋教的部分，除了將臺灣齋教龍華派的源流做詳細的考證，還有研究日治時期臺灣佛教龍華會的發展。值得注意的是，臺灣佛教龍華會在王氏的研究中，首次被學界所注意。因為臺灣佛教龍華會的研究出現，讓所有人知道當時熱衷佛教活動的並非只有出家人，在家的齋教徒也參與其中。〔註5〕

《臺灣的齋教與鸞堂》對於關心齋教徒的研究者，是非常重要的著作。不過，王氏的這本專書是討論普遍齋教龍華派的現象，臺灣佛教龍華會的分析，偏向於內部活動的討論。本文的研究，會將臺灣佛教龍華會放到臺灣佛教改運動的脈絡，探討臺灣佛教龍華會對佛教改革運動的影響。

王見川的《台南德化堂的歷史》與〈從龍華教到佛教──台南德化堂的成立與其在近代的發展〉一文，皆與本文的研究息息相關。《台南德化堂的歷史》講述龍華派的源流以及自身的堂史，該書由德化堂自行刊印。〔註6〕〈從龍華教到佛教──台南德化堂的成立與其在近代的發展〉是王見川根據新資料重新再修正的研究，該篇論探討清朝時代至二戰結束前德化堂的發展。〔註7〕王氏的這兩個研究中，對洪池在日本時代的活動與思想做初步的分析，洪池的影響性逐漸被學界所發現。

〔註4〕闞正宗，《臺灣日治時期佛教發展與皇民化運動──「皇國佛教」的歷史進程（1895～1945）》，臺北：博揚文化事業有限公司，2011。

〔註5〕王見川，《臺灣的齋教與鸞堂》，臺北：南天書局有限公司，1996。

〔註6〕王見川，《台南德化堂的歷史》，臺南：德化堂，1994。

〔註7〕王見川，〈從龍華教到佛教──台南德化堂的成立與其在近代的發展〉，收入王見川、李世偉，《臺灣的寺廟與齋堂》，臺北：博揚文化事業有限公司，2004。

不論是《台南德化堂的歷史》與〈從龍華教到佛教──台南德化堂的成立與其在近代的發展〉，王見川研究的主軸都是德化堂的歷史變遷，所以洪池是放在德化堂的歷史脈絡下討論。本文的研究以洪池為主要研究對象，更進一步分析洪池的活動與思想，以及洪池對臺灣佛教改革運動的影響。

（二）洪池的開元寺僧侶友人研究

魏得圓、林秋梧與高執德是日治時期，與洪池關係密切的開元寺僧侶。除了討論臺灣佛教改革與洪池的研究外，洪池的開元寺僧侶友人，也是本文研究回顧的重點。臺南開元寺，是臺灣佛教歷史發展上重要的寺廟。李筱峰、江燦騰、慧嚴法師、王見川、闞正宗、毛紹周等人，都曾經研究開元寺的人物或發展。〔註8〕

李筱峰《臺灣革命僧林秋梧》一書，是臺灣學界早期注意到開元寺僧人的重要著作。李氏的研究是以林秋梧的年紀順序的方式，撰寫他的生平。在《臺灣革命僧林秋梧》的內容裡，提到林秋梧參與的佛教活動與其佛教改革思想，不過該書比較關注林秋梧參與社會主義運動的事蹟。〔註9〕

闞正宗、蘇瑞鏘，〈臺南開元寺僧證光（高執德）的「白色恐怖」公案再探〉的研究，描繪出高執德的生平與思想。闞正宗認為高執德是一位日式僧侶，高執德的思想是受到其師忽滑谷快天的影響，在臺灣推行在家佛教的思想。〔註10〕

闞正宗的研究，雖然有提到高執德的生平與思想，但是闞氏的研究重點，放在白色恐怖時時期，分析高執德所受到的政治迫害。本文的研究焦點，放在高執德在日治時期參加的佛教活動與佛教改革思想，以及他與洪池之間的關係。

〔註 8〕李筱峰，《臺灣革命僧林秋梧》，臺北：自立晚報社文化出版部，1991。江燦騰，《日據時期臺灣佛教文化發展史》，（臺北：南天書局有限公司，2001），頁 164～171。慧嚴法師，〈台南開元寺與日本來台臨濟宗〉，《台灣佛教史論文集》（高雄：春暉出版社，2003），頁 285～326。王見川，〈日據時期的台南開元寺〉，收入王見川、李世偉，《臺灣的寺廟與齋堂》（新北：博揚文化事業有限公司），頁 203～224。闞正宗、談宜芳、邵慶旺、盧泰康撰稿，《物華天寶話開元──臺南市二級古蹟開元寺文物精華》，臺南：臺南開元寺，2010。毛紹周，〈破戒的和尚？略論日治時期臺南開元寺成圓事件〉，《文史台灣學報》，7 期（2013），頁 175～209。

〔註 9〕李筱峰，《臺灣革命僧林秋梧》，臺北：自立晚報社文化出版部，1991。

〔註10〕闞正宗、蘇瑞鏘，〈臺南開元寺僧證光（高執德）的「白色恐怖」公案再探〉，《中華人文社會學報》，2 期（2005），頁 311～368。

　　慧嚴法師《台灣與閩日佛教交流史》的著作，該書研究清代至日治時期
臺灣佛教各道場的發展。《台灣與閩日佛教交流史》一書中，引用的文獻有
不少是學界鮮少或是未發現的史料，補足不少過去學界討論日治佛教人士的
空白。〔註11〕

　　《物化天寶話開元——臺南市二級古蹟開元寺文物精華》是開元寺委託
陳玉女審定，闞正宗等眾多學者幫忙修纂的寺史。該寺史介紹開元寺中歷代
的重要寺僧，以及寺內的重要文物。在該寺史中對於魏得圓、林秋梧與高執
德的研究，大多陳述他們參與的佛教活動，較少著墨於他們個人的佛教思想。
〔註12〕雖然其內容與過往的研究相比，並沒有增添太多新的論述，不過可以
完整檢視開元寺的歷史發展脈絡，具有重要的參考價值。

　　上述所舉的前人研究回顧，對於本文有重大的影響。在日治臺灣佛教改
革運動的研究中，學界多以出家僧侶作為核心研究對象，齋教徒是長期被忽略
的族群。本文與過去的研究不同，以洪池作為齋教徒代表性人物，分析齋教徒
對佛教改革運動的影響。

第三節　研究史料與研究方法

　　本文研究使用的史料分為兩個方向，一個是關於佛教改革的史料，另一個
是龍華派與德化堂內部史料。

　　一、佛教改革：佛教改革思想的史料，本文引用的史料大多來自於《南瀛
佛教》雜誌，原因是南瀛佛教會是臺灣最有影響力的佛教組織，旗下的刊物也
最受世人矚目。除此之外，《中道》與《敬佛》月刊等其他文獻，也是本文收
尋佛教改革者思想的重要史料。尤其是《敬佛》月刊，洪池在該月刊中，詳細
的寫出自己佛教改革思想願景，是研究洪池佛教改革思想的重要史料。

　　二、龍華派與德化堂內部史料：主要是運用在研究洪池在德化堂以及龍華
派的活動。龍華派的史料，王見川與王惠琛編《台南老齋堂的珍寶：台南德化
堂所藏的經卷與文獻》的史料集，是研究臺南德化堂與日治時期臺灣佛教龍華
會的重要史料。德化堂內部史料，是筆者經過時任德化堂內的主委同意，整理
堂內倉庫所發現的史料。其中，〈日治時期德化堂洪池檔案〉是本文研究的重要

〔註11〕慧嚴法師，《台灣與閩日佛教交流史》，高雄：春暉出版社，2008。
〔註12〕闞正宗、談宜芳、邵慶旺、盧泰康撰稿，陳玉女審訂，《物化天寶話開元——
　　　　臺南市二級古蹟開元寺文物精華》，臺南：臺南開元寺，2010。

史料，這些史料是補充《台南老齋堂的珍寶：台南德化堂所藏的經卷與文獻》之外的文獻。

本文採用的研究方法，分別為文獻分析與田野調查法。文獻分析法，除了善用《南瀛佛教》、《臺灣日日新報》等眾所周知的史料外，也使用德化堂內部所藏的史料，完整描述臺灣齋教徒對佛教改革運動的影響。田野調查法，訪談洪池的後人以及與曾經受到洪池影響的德化堂信徒，並前往研究所需之地區，進行調查。

第四節　章節安排

本文研究日治時期臺灣佛教改革運動的齋教徒，以洪池作為主要的研究對象。

第一章分析過往研究臺灣佛教改革運動的著作，以及佛教改革的定義與前人研究

有哪些不同。第二章討論佛教改運動在臺灣的起源與發展，呈現佛教改革前時人批評佛教的弊病。研究臺灣佛教改革運動形成背景原因，以及後續改革運動的發展。第三章研究洪池與其他齋教徒在佛教改革運動期間，投入的活動以及思想。洪池是本文的重點研究對象，他以齋教徒身分參加佛教改革運動，證明佛教改革運動，並非只有出家人能參與。第四章分析當時在佛教改革運動中，具有高度影響力的三位開元寺僧侶魏得圓、林秋梧與高執德，他們與洪池的關係，以及他們對臺灣佛教的影響。第五章結論，統整前面四章的研究做出最後的總結。

第二章　日治時期「臺灣佛教改革運動」

　　本章將介紹日治時期的「臺灣佛教改革運動」，第一節，描述日治時期臺灣佛教菁英，對於他們所認知的臺灣佛教陋習。第二節，鋪陳日治初期臺灣北部的三大佛教新興道場（基隆靈泉寺、臺北凌雲寺、新竹州大湖法雲寺），對臺灣佛教帶來的影響。第三節，分析臺灣佛教菁英他們的佛教改革思想。

第一節　佛教改革運動前的臺灣佛教

一、日本佛教進入臺灣

　　明治 28 年（1895），日本依照馬關條約正式統治臺灣。日本派出軍隊接收臺灣時，日本佛教各宗派也隨著軍隊來到臺灣。民國 45 年（1955）李添春編修的《臺灣省通志稿》，是二戰後研究日本佛教勢力在臺灣發展的先河。隨軍隊從日本來臺灣佈教的人士，以曹洞宗、真宗本願寺派、真宗大谷派、淨土宗最為積極。根據李添春的記載日本佛教共有八宗十二派進入臺灣，在臺灣經營寺院的日本佛教宗派，大多靠著日本本山的經濟援助或是信徒捐贈。這些在臺灣的日本佛教寺院，負責傳教、講經、祈禱、祭典等活動，其中以教育事業最為活躍。〔註 1〕

　　另外，大野育子在她的研究中提到，「從軍布教師」應是日本佛教傳入臺

〔註 1〕林熊祥、李騰嶽監修，李添春纂修，《臺灣省通誌稿人民志宗教篇》（臺北：臺灣省文獻委員會，1956），頁 103～108。

灣的開端。她利用江燦騰與松金公正的既有的研究基礎上，列出當時「從軍教師」在臺灣的功能與活動。第一點是撫慰當時軍中受傷的傷兵，舒緩軍中不安的情緒，必要時舉辦法式科儀。第二點，調查新統治的殖民地地區，臺灣與澎湖地區人民的宗教信仰，並藉此拓展新的傳教據點。第三點，與臺灣當地的傳統佛教聯結，建立宗教信仰的關係，掌握當地實行教化的資訊，將其提供至官方，作為施政參考。第四點，配合官方政策，開班對臺灣人教授日語課程。〔註2〕這些佛教興辦的學校除了教授日語，也將日本佛教思想帶來臺灣。

這些來臺傳教的日本僧人，他們眼中看到的臺灣佛教，與日本有很大的不同。其中來臺灣的曹洞宗隨軍佈教使佐佐木珍龍留下他的觀察紀錄：

> 看整體的話，可以說是有智識的僧侶是很少，因為渡海而來的，可說是不做學問的緣故。……又文字很不識的樣子，完全沒樹立做學問的規律，如日本，因為沒有（學校），（當然）就沒有辦法。罕有智識人，多是晚年僧。說（他們）差不多二十四、五歲時，期望官位，可是因為不能達到自己的志願，所以剃頭出家啦！又有的人，做學問得到學位了（科舉及格的意思），可是心愛的妻子離開，而體悟到無常的情形。又說無智識的人，差不多是四、五十歲的人，因為直到那個歲數，雖然經營著生意，但是不太賺錢，啊！頭髮剃了，好歹可混個吃的，所以就剃了頭髮的情形。因此之故，有智識的人是很少。……僧侶中，也有秀才學位的人，也有具有學識的人，雖然是如此，大致沒智識的人，是佔有七成，不會誦經的人有一半。〔註3〕

佐佐木珍龍提到當時臺灣的僧侶，教育程度普遍不太好。佐佐木珍龍的推測，當時會想去出家的臺灣人，大多是現實生活中失意的人占多數，並不是真心想學佛。

二、《南瀛佛教》雜誌中的臺灣佛教

南瀛佛教會對於日治臺灣佛教發展史上，有著重要的影響。南瀛佛教會

〔註2〕江燦騰，《日據時期臺灣佛教文化發展史》（臺北：南天書局有限公司，2001），頁83。大野育子，〈日治時期台灣佛教菁英的崛起——以曹洞宗駒澤大學台灣留學生為中心〉（臺北：淡江大學歷史學系碩士班碩士論文，2009），頁11。

〔註3〕轉引自慧嚴法師翻譯佐佐木珍龍《夢遊談》一文，慧嚴法師，《台灣與閩日佛教交流史》，（高雄：春暉出版社，2003）頁83。

成立於大正 12 年（1923），由臺灣總督府社寺課課長丸井圭治郎創立的南瀛佛教會，是日治時期臺灣影響力極大的佛教組織。〔註4〕由南瀛佛教會所創辦的刊物——《南瀛佛教》，是日本與臺灣共同發聲的平台。〔註5〕南瀛佛教會創立之初，便開始舉辦講習會。南瀛佛教會舉辦的講習會，講師並非完全由日本人授課，有許多臺灣籍菁英也是講習會的講師，第一回的講習會便有許林與江善慧、沈本圓擔任講師授課。〔註6〕南瀛佛教會透過舉辦講習會，將日本新的佛教思想傳達給臺灣佛教徒。受到新的佛教思想的教育臺灣佛教徒，對於以往舊有臺灣佛教弊端，更加的不滿，也在南瀛佛教會創辦的《南瀛佛教》雜誌上批判。

　　南瀛佛教會成立不到一年，就有對於臺灣佛教迷信現況不滿的知識份子，在《南瀛佛教》雜誌上批判，投稿篇名《信教之迷如是》，點出臺灣民眾迷信的情形：

　　　　信教之迷如是，一女信徒，向某寺進香。余聽其口中喃喃絮語曰：觀音佛祖！觀音佛祖！信女叫做張氏素，我夫叫做吳阿虎，曆住在三角埔葫蘆島。我夫出外真艱，緊緊保庇返來與我做翁某，生子須聰明不可朽古努，即是佛祖有補所。嗚呼！世人之信教都由如是，今欲解除其惡習，而就真實之信仰，必依賴吾道先覺者為之。務各分負責任，互相研究，解良之能力，以祈不負會長之苦心，而達本會之宗旨。豈怕外道之嘲笑，慶幸何如乎！〔註7〕

該文投稿者蔡敦輝，他把當時臺灣民眾對佛祖的認知描繪相當清晰。文中的

〔註4〕不著撰人，〈南瀛佛教會之沿革〉，《南瀛佛教會會報》，1 卷 1 號（1923），頁 19。本文的《南瀛佛教》雜誌史料，皆引自於台灣佛教史料庫，日據時期台灣佛教史料（http://buddhism.lib.ntu.edu.tw/museum/TAIWAN/）。

〔註5〕南瀛佛教會的刊物《南瀛佛教》雜誌，最早刊名為《南瀛佛教會會報》。昭和二年（1927），從第 5 卷 1 號起改為《南瀛佛教》，昭和 16 年（1941）再改為《臺灣佛教》至停刊為止。《南瀛佛教》是使用時間最長的名稱，本文的正文以《南瀛佛教》雜誌，作為所有名稱的代稱。註釋則是以當時的名稱為基準。江木生，〈臺灣佛教二十年〉，《臺灣佛教》，21 卷 12 號（1943），頁 26～39。

〔註6〕大正 10 年（1921）6 月 6 日舉辦第一回講習會，直到二次大戰戰爭局勢緊迫才沒有舉辦。不著撰人，〈第六項——第一回講習會〉，《南瀛佛教會會報》，1 卷 1 號（1923），頁 23。

〔註7〕蔡敦輝，〈信教之迷如是〉，《南瀛佛教會會報》，2 卷 1 號（1923），頁 23～24。

信女張素對佛祖的認知，與民間信仰的神祇無異，把佛祖當作能實現自身願望
的神。蔡敦輝認為若要改變臺灣人對佛教的錯誤認知，就必須先仰賴真正理解
佛學的佛教徒，彼此之間互相學習。從該文中，筆者認為當時的在臺灣的知識
份子，也許認為南瀛佛教會成立的目的，是為了提升臺灣佛教徒的水準。

　　大正 14 年（1925），南瀛佛教會舉辦論文懸賞活動，以「臺灣佛教振興
策」為題。該次的活動的是由林述三先評選，再交由南瀛佛教會的前會長丸
井圭志郎評定。此次的活動，筆者認為應該是特地辦給臺灣的佛教徒，因為
得獎榜上都是臺灣人。其中，特別的是奪得第七名的高執德，雖然他的文章
不是前三名，但是他對於日後臺灣佛教改革運動，有非常大的影響。〔註 8〕
在此次論文活動中，獲得第一名的是傅幼懷，筆者引出他所看到的臺灣佛教
問題：

> 佛教之入臺灣也，一百餘年矣。其間，過去祖師，現在上人，不宏
> 開東山法門，不廣傳曹溪心印，致其道如蝕日。教徒若晨星，名為
> 佛教，宛如畫壁高僧。不泓空具其形，終至化滅其跡。……我臺僧
> 侶齋人，雖剃髮年深，歸依日久，大都不研究佛經。即口誦經文，
> 而心昧佛理。……世人多喜食葷，釋子獨嚴持齋。惟其嚴持齋，不
> 持齋，豈許其受戒。惟其喜食葷，禁食葷，安望乎歸依。是故聞道
> 而發菩提心，常嘆齋門不得入。閱經而悟涅槃理，長嗟禪院之難登。
> 欲興佛教，而不寬持齋之律。猶欲其入，而閉之門也。……色固佛
> 氏所戒，慾必聖人方無。絕婚非寺院獨然，即齋堂亦有。然而醜聲
> 常出其間，能無貽羞本派，穢名忽傳乎外，定必累惡他宗。〔註9〕

傅幼懷認為臺灣的佛教，過去以及現在的法師，不積極的弘法傳教，導致學
佛的民眾，就像早晨的星星一樣稀少，佛教空具形式。臺灣的僧侶或是齋教
徒，雖然剃度皈依時間很久，但是都沒有認真研究佛經。雖然嘴巴上念著經
文，但是內心卻是違反佛經的道理。世間上大部分的人都喜歡吃葷食，出家
人對於吃素食的要求非常嚴謹，如果不吃素食，便無法受戒。但是，因為太
嚴格要求一定要吃素食，導致剛萌發菩提心的民眾，感嘆自己無法進入齋堂。
閱讀佛經而頓悟之人，無法進入寺院。過分要求吃素食，導致民眾無法更進

〔註 8〕不著撰人，〈懸賞論文發表〉，《南瀛佛教會會報》，3 卷 2 號（1925），頁 40。
〔註 9〕傅幼懷，〈臺灣佛教振興策〉，《南瀛佛教會會報》，3 卷 2 號（1925），頁 17～
20。

一步接近佛教。色慾是學佛之人，要戒除的。不只寺院的人不結婚，齋堂也有人不結婚。但是，色戒的醜聞卻層出不窮，不僅影響該派的名聲，也會影響其他宗派。從傅幼懷的描述中，筆者歸納他所認為臺灣佛教的問題，一、大部分學佛的僧侶，不認真研讀佛教經典，只會形式上的唸經。二、過度強調吃素食，導致有心想學佛的民眾，無法更親近佛教。三、色戒的醜聞太多，導致民眾對佛門印象不好。

　　而此次論文懸賞的第二名是蔡敦輝，筆者之前已經先提過他對於臺灣迷信現象的不滿，他在這次的論文懸賞中，點出臺灣人為何會佛教迷信的原因：

> 唯我臺灣，僻居海隅。當未築版圖以前，教育不遍，而又民具智識
> 者少，而所敬之神，所建之廟，無非為一己之私而祈禱耳。雖嘗向
> 支那延僧為之住持，然當渡臺者，恐非學識兼優之士也，其所授教
> 信徒未必真世尊之精神可知矣。且南方之人，半屬天師派，或三奶
> 派者。時既無先覺者之於正，則日就月將其迷信暫印入吾島先民之
> 腦內，以迄於今。臺灣佛教，可謂衰微之極矣。〔註10〕

蔡敦輝認為臺灣民眾教育程度普遍低弱，民眾祭拜的神明、修建的廟宇，出發點都是為了個人利益。雖然有向中國大陸延攬僧侶，來臺擔任住持。但是，來臺的僧人並沒有精通佛法，他們所教授給信徒的不一定就是佛祖的精神。臺灣人多來自中國大陸的南方人，信仰道教的天師派或是三奶派的人很多。許多臺灣人將道教的信仰與佛教混淆，又沒有能清楚分辨的人出來導正，導致讓臺灣佛教衰弱。筆者從蔡敦輝的兩篇文章分析，他認為臺灣佛教迷信的現象，就是民眾無法區分道教與佛教的差別，所以才會有將佛祖當作普通的神明祭拜，祭拜佛祖都是為了滿足個人利益。

　　這次論文懸賞的第三名是在臺南開元寺有重要影響力的鄭卓雲，〔註11〕他是開元寺魏得圓的重要弟子，同時也是日後引進林秋梧進入開元寺的關鍵影響人，筆者後面會提及林秋梧，不再此多述。筆者在此引出鄭卓雲對臺灣佛

〔註10〕蔡敦輝，〈臺灣佛教振興策〉，《南瀛佛教會會報》，3卷2號（1925），頁21。

〔註11〕鄭卓雲，或稱鄭少雲。清光緒17年（1891）農曆二月19日生，22歲與楊魯結婚，婚後育有男女各三人。23歲開始研究佛經，25歲後經常出入開元寺，拜魏得圓和尚為師，並且以居士身分擔任開元寺的當家兼任書記。民國39年（1949）54歲過世。他的代表著作有《開元寺志略》與《心經講略》。鄭卓雲，《心經講略·信心銘註解合訂本》，（臺中：瑞成書局，1961），頁1～2。

教的想法：

> 臺灣佛教一般之僧侶，在來少有宏揚佛法，惟圖梵宇壯觀。多數齋
> 友，又忙然墨守，鮮知教義之精奧。是致邪說日侵，正法日微，陷
> 於迷信誤解者，時有所聞。……鑒於現時佛教之宣傳，雖各地有發
> 起臨時講演會，然重要之佛寺齋堂，少有定期之說教。……現時臺
> 灣僧侶及一般釋子，鮮有一定程度之修學者。除內地人布教師之
> 外，少有可從事布教之學力，雖有道德高宏亦難對社會之布
> 教。……臺灣佛教信者，從來均是一時的信仰者，或朝信暮退，或
> 昨是今非。不但難保長久之信仰，且有反生誹謗者，其誤非淺。推
> 其故，皆因不得信佛之要領而然也。……雜誌為宣傳利器，而本島
> 少有發行。其有發行者，惟內地人和文居多。而漢文僅中道及本會
> 會報而已。〔註12〕

鄭卓雲談到臺灣的僧侶很少弘法佈道，只追求佛寺宏偉壯觀。齋教死守戒律，
很少人知道佛學的真正意義。由於僧人與齋教徒的不作為，導致外道入侵，真
正的佛法衰微，以致常看到誤解佛教迷信的人。臺灣的重要寺廟與齋堂，很少
定期向世人宣講佛學。當時的臺灣僧侶或是學佛之人，佛學程度都沒有達到可
以向人佈教的程度。臺灣的佛教徒沒有長時間虔誠的信仰，沒有領悟到佛教的
真諦。這樣的信仰風氣，不但無法學佛時間維持長久，更有可能會有對佛教產
生厭惡的人。臺灣的佛教雜誌太少，有發行佛教雜誌的內容，又以日文居多，
以漢文傳教的雜誌只有《中道》與南瀛佛教會發行的雜誌。〔註13〕

　　他們三人對於臺灣佛教界之所以衰弱的原因，歸納出下面幾項，一、臺灣
民眾教育水準低弱，臺灣人無法了解真正的佛教意涵，多數為了個人祈求而迷
信。二、臺灣的僧人與齋教徒無心弘法傳教，僧人追求佛寺宏偉壯麗，齋教徒
只追求遵守戒律，不知道佛法的意義。從中國大陸來臺灣的僧人，素質也非優
秀，他們也無法將真正的佛學傳達給民眾。三、臺灣佛教界過度強調戒律，尤
其是嚴格要求吃素食。導致有心想學佛的民眾，被拒於門外。

　　這些臺灣佛教徒所關心的佛教界的問題，讓許多臺灣佛教徒想要改革臺

〔註12〕鄭卓雲，〈臺灣佛教振興策〉，《南瀛佛教會會報》，3卷2號（1925），頁24～
　　　27。

〔註13〕《中道》為林德林所創辦，負責發行的是臺中佛教會館。關於林德林的研究，
　　　筆者在後面的章節會提及一部分，或者可以參考江燦騰，《日據時期臺灣佛教
　　　文化發展史》。

灣的佛教，因此教育水準高的佛教人士在南瀛佛教會擔任講師，到臺灣各地巡迴演講。

第二節　臺灣佛教改革運動的先聲

在這一節中，本文將研究臺灣佛教改革運動的起源。臺灣佛教改革運動的時間點，應該是起源於何時？自任是臺灣馬丁路德的林德林，稱大正 5 年（1916）佛教與基督教論戰的大演講會，佛教徒取得辯論勝利，稱為「臺灣新佛教運動的先驅」。〔註14〕但是，林德林的說法是值得疑慮的，因為臺灣佛教徒在大演講會的勝利，是佛教菁英展現自己的成果。因此，臺灣佛教改革的起源時間點可以更往前推算。本文認為大正元年（1912），應該是臺灣佛教改革運動的起源。這一年，江善慧取得重要的日本佛教經典「大藏經」，並舉辦大型的佛教講習會，提升臺灣佛教徒的水準，與過去臺灣傳統僧人只注重法會、經懺，有很大的不同。正因為臺灣佛教徒已經受到良好的佛學教育，才能在大正 5 年的論戰中獲得勝利。

日本佛教各派在日本統治臺灣初期，就非常的積極來臺傳教。日本曹洞宗與臨濟宗同屬禪宗，與臺灣原有佛教型態相似，與其他宗派相比，較容易與臺灣人接觸。〔註15〕因此，兩派積極拉攏臺灣僧侶規劃在自己的派下。

日本統治初期，北部三大新興道場基隆靈泉寺、臺北觀音山凌雲禪寺、新竹州大湖法雲禪寺成立，這三間道場對臺灣佛教界影響深遠。這些新建立的道場屬於禪宗底下的日本曹洞宗與臨濟宗系統。三間道場的代表人江善慧、沈本圓與林覺力，是日治臺灣佛教界的重要寺僧，他們讓臺灣佛教從衰敗走向

〔註14〕林德林使用的名詞「臺灣新佛教運動」，雖然與本文臺灣佛教改革運動的概念相似。但是，林德林的新佛教運動是以他自身的臺中佛教會館為根據，推動的範圍有其侷限性。而且，林德林作為新佛教的領導人，因為中教事件的爆發，導致新佛教運動受挫。本文的佛教改革運動，是以南瀛佛教會中的佛教菁英們作為領導主體，向全臺灣宣揚佛教改革的理念。臺灣佛教改革運動的結束的時間點，幾乎可以確立是在昭和 12 年（1938）左右。因為中日戰爭爆發，宗教活動與思想開始受到日本皇民化政策所影響。戰後，中華民國政府遷臺，中國佛教會在臺灣復會，傳統中國佛教思想再度成為主流。江燦騰，《日據時期臺灣佛教文化發展史》，頁 160、389。林德林，〈臺灣佛教新運動之先驅〉，《南瀛佛教》，13 卷 5 期（1935），頁 23～25。

〔註15〕臺灣省文獻委員會編，〈卷二人民志宗教篇〉《臺灣省通誌》（臺中：臺灣省文獻委員會，1971）冊 1，頁 63。

新生。江善慧、沈本圓與林覺力身為自身寺院的領導者，這節研究他們哪些的作為，對臺灣佛教改革運動產生影響。

一、靈泉寺與江善慧（1881～1945）

靈泉寺創立者江善慧，是日治臺灣四大門派唯一被民國大師虛雲禪師（1840～1959）推崇，繼承鼓山法脈在臺灣的推手，在中國與臺灣都有極高的聲望。江善慧，九歲進入私塾學習漢文典籍。明治 29 年（1896）年，與母親一起皈依齋教龍華派。他受到妙密禪師的影響，明治 35 年（1902）與同伴前去鼓山湧泉寺出家拜景峰和尚為師，並受大戒，在鼓山學習半年返臺。〔註16〕他對於臺灣佛教最重要的貢獻，便是在基隆興建靈泉寺，推動臺灣佛教人才的培育。明治 36 年（1903）11 月，江善慧的同袍胡善智向政府申請興建佛寺，但是他在隔年 9 月即逝世，所以興建工程便由江善慧一人負責，最終在明治 41 年（1908）大殿興建完成，並取名月眉山靈泉寺。靈泉寺的興建，獲得臺灣最大的官方報紙《臺灣日日新報》的報導。〔註17〕

（一）傳戒

明治 43 年（1910）農曆的佛誕節，靈泉寺為在家信眾舉辦傳戒活動，讓信眾不必赴福建湧泉寺受戒，學者江燦騰認為此次傳戒，是臺灣佛教主體性建立的第一步。〔註18〕之後，每年都會在新曆的佛誕日，舉辦傳戒。〔註19〕江善慧固定舉行傳戒活動，象徵學佛的臺灣民眾與僧人，受到戒律的規範，擺脫過去僧人沒有戒律的形象。

雖然在《臺灣日日新報》無法得知，江善慧第一次在靈泉寺舉辦受戒儀式的流程，但是可以透過大正 6 年（1917）報導第八次的受戒會流程，一窺江善慧舉辦受戒的儀式。

〔註16〕四大門派除了前面提及的北部三個新興道場，還有南部的大崗山，是日治時期臺灣重要新興的佛教四大門派。江燦騰，《日據時期臺灣佛教文化發展史》，頁 182～184。

〔註17〕在明治 40 年（1907）的發行全島的《臺灣日日新報》，就有報導江善慧興建的基隆靈泉寺的新聞。不著撰人，〈基隆の寺院建立〉，《臺灣日日新報》1907 年 5 月 30 日，5 版。不著撰人，〈基隆建立寺院〉1907 年 5 月 31 日，5 版。

〔註18〕江燦騰，《日據時期臺灣佛教文化發展史》，頁 187～188。

〔註19〕從大正 6 年《臺灣日日新報》報導的第八回的靈泉寺傳戒，可以得知每年都有舉辦傳戒活動。不著撰人，〈靈泉寺受戒會〉，《臺灣日日新報》，1917 年 4 月 2 日，4 版。

表 1　大正 6 年靈泉寺第八回受戒儀式流程

時　間	活　動
首日	參加的受戒者報到登記。靈泉寺有大雄殿、方丈室、祖堂、禪堂。
二日	受戒者進入戒壇接受引禮師教授種種儀式。
三日	受戒者皈依三寶。
四日	授受戒者五戒。
五日	教授受戒者學習坐禪、用心。
六日	慶祝釋迦佛誕辰，舉行沐佛儀式。
七日	住持江善慧頒發受戒證明予受戒者。

資料來源：不著撰人，〈受戒會詳報〉，《臺灣日日新報》，1919 年 4 月 13 日，6 版。

（二）赴日取得重要佛教經書與舉辦講習會

明治 40 年（1907），江善慧加入日本曹洞宗在臺的僧籍，成為靈泉寺住持後，與日本曹洞宗建立長期的合作關係。大正元年（1912）經由曹洞宗大本山總持寺館長石川素童幫忙，請回日本新修訓點的「大藏經」一部，〔註 20〕是臺灣最早擁有藏經全套的寺院。因為擁有完善的經書，該年秋天便舉辦「愛國佛教講習會」，這是臺灣佛教史上第一次由寺院主辦的大型佛教講習會。舉辦講習會的目的：「欲培養成佈教人才，令一般人民共發遵皇供佛之精神」，〔註 21〕可以得知此次講習會雖然有為政治服務的意涵，但是也有培養臺灣佛教人才的目標。

此次講習會，除了江善慧自己主講外，亦有邀請中國大陸的釋會泉、日本曹洞宗的渡邊靈淳演講。值得注意的，參與講習會的學員林茂成，原本只是臺中市龍華派慎齋堂的信徒，但是講習會結束後，便決定正式出家，拜江善慧為師，法號林德林。日後，他是影響臺灣佛教的重要角色。〔註 22〕

〔註 20〕　不著撰人，〈靈泉寺と大藏經〉，《臺灣日日新報》，1912 年 5 月 16 日，7 版。
　　　　　江燦騰，《日據時期臺灣佛教文化發展史》，頁 190。
〔註 21〕　此處為林德林手稿中的紀載，林德林，〈愛國佛教講習會〉，《靈泉寺沿革》，頁
　　　　　11。轉引自江燦騰，《日據時期臺灣佛教文化發展史》，頁 190。
〔註 22〕　江燦騰，《日據時期臺灣佛教文化發展史》，頁 189～190。不著撰人，〈愛國佛
　　　　　教講習會（本島人僧侶教育の一法）〉，《臺灣日日新報》，1912 年 9 月 4 日，
　　　　　2 版。不著撰人，〈佛教講習會終結〉，《臺灣日日新報》，1912 年 10 月 3 日，
　　　　　5 版。

　　由於江善慧與曹洞宗建立合作關係，根據大正 8 年（1919）的《臺灣日日新報》報導，靈泉寺舉辦第十回的受戒會，住持江善慧是擔任修戒師，曹洞宗別院大石堅童則擔任教授師。雖然無法判別此次的受戒會，曹洞宗是不是首度派人出席靈泉寺受戒會的活動，但是更可以得知雙方的關係，並非表面形式的合作。〔註 23〕

　　大正 6 年（1917）他原先要邀請圓瑛和尚來臺，但是因為圓瑛臨時有事，改邀釋太虛和尚。釋太虛在臺時，不僅參與法會活動，還在臺演講佛法，由江善慧替他翻成臺語，他扮演的臺灣僧人在中國與日本僧人之間的中介角色。〔註 24〕南瀛佛教會成立之後，他也繼續維持這樣的角色。

二、凌雲寺與沈本圓（1883～1947）

　　除了江善慧在基隆拓展自身的佛教影響力外，臺北凌雲禪寺的住持沈本圓也是不能忽視的人物。他與江善慧都是基隆人，從小接受漢學教育。明治 30 年（1897）拜清寧宮住持釋元精為師，研究佛學。明治 33 年（1900）他到鼓山湧泉寺受戒，〔註 25〕但是回臺灣之後，沒有機會施展抱負，因此他暫時到基隆的靈泉寺江善慧底下幫忙。但是，江善慧在當時已經是影響力很高的僧侶，又加盟日本曹洞宗的系統，擁有許多的資源。因此，沈本圓如果想要成為有一番作為，勢必要離開江善慧所在的基隆。〔註 26〕

　　沈本圓尚未接任凌雲寺住持之前，早期曾經多次參訪中國大陸。他對於傳統的中國大陸佛教的戒律要求與新佛教思想，都有一定程度的了解。明治 44 年（1911）他受到當時新建凌雲寺住持林寶海的聘任，〔註 27〕回到臺灣。當他進入凌雲禪寺後，為了使寺院有一番新氣象，他說服住持林寶海與信眾，將佛寺改建。沈本圓能夠獲得凌雲寺信眾的支持，也是因為他對信眾平易近人，同

〔註 23〕往年靈泉寺舉辦受戒會，《臺灣日日新報》的報導篇幅都很簡略，但是只有在大正 8 年的受戒會的報導，與以往相比，活動內容更加明確。不過該年的受戒會日期，不是以往新曆的佛誕日前後，而是延後至五月才舉行，令人感到好奇。但是礙於沒有更多的資料，所以無法繼續深究。該次受戒會也是曹洞宗第一次被報導參加靈泉寺的受戒會活動。不著撰人，〈靈泉寺受戒會〉，《臺灣日日新報》，1919 年 5 月 5 日，4 版。

〔註 24〕江燦騰，《日據時期臺灣佛教文化發展史》，頁 198。

〔註 25〕他的戒師是振光和尚。

〔註 26〕江燦騰，《日據時期臺灣佛教文化發展史》，頁 200。

〔註 27〕凌雲寺在今新北市五股區凌雲路三段 116 號。

時又嚴格禁止住在寺院的住眾食肉娶妻，符合當時還沒接受新佛教思想民眾的觀感。〔註28〕

　　沈本圓除了推動佛寺重修工程外，還讓凌雲寺加入當時臨濟宗妙心寺派的系統。沈本圓在鼓山受戒出家，屬禪宗系統的門徒。臺灣的禪宗系統，就屬臨濟宗與曹洞宗。當時江善慧的靈泉寺已經加盟日本曹洞宗，沈本圓若要避免受制於靈泉寺的勢力，就必須另覓合作對象，加上臨濟宗在臺北的佈教監督長谷慈圓也有合作的意願，因此在大正5年（1916）成為臨濟宗妙心寺派門下的寺院。〔註29〕

（一）傳戒──邀請海內外高僧來臺

　　由於凌雲寺是成立不久的佛寺，沈本圓為了增加信眾，不僅擴建道場，還修築通往凌雲寺的道路，以利民眾前來拜佛。大正12年（1923），沈本圓舉辦傳戒活動，大幅增加凌雲寺在臺灣的知名度。此次的傳戒活動，邀請中、日、臺知名的和尚擔任三師七證。由沈本圓擔任傳戒大和尚、福建鼓山湧泉寺的釋聖恩和尚擔任羯摩師、閩浙名僧釋圓瑛擔任教授師。值得注意的是，此次擔傳戒活動職務的臺灣和尚，江善慧擔任導戒師、林覺力擔任證戒師、大岡山超峰寺林永定擔任授經師、開元寺魏得圓擔任尊證師，這些和尚都是當時臺灣佛教界有重大影響力的僧侶。〔註30〕

　　這次的傳戒活動，靠著各大寺院的合作，是臺灣佛教界非常難得的盛事。沈本圓舉辦此次的傳戒活動，奠定他在臺灣佛教界的地位，同時也打響凌雲寺的知名度。沈本圓邀請海內外重要佛教高僧來臺，擔任該次傳戒活動重要戒師。這場活動活絡臺灣佛教界，也加強臺灣民眾對佛教徒遵守戒律的印象，再次宣揚臺灣佛教徒已經與過去不同。

（二）與江善慧共同推動現代化佛學教育

　　本節前面描述善慧、沈本圓，他們各自耕耘臺灣佛教的成果。在此，要特別提及江善慧與沈本圓共同對臺灣佛教改革運動的影響。他們共同促成臺灣佛教中學林的成立，日後從臺灣佛教中學林畢業的學生，進入南瀛佛教會，讓

〔註28〕江燦騰，《日據時期臺灣佛教文化發展史》，頁201。

〔註29〕江燦騰，《日據時期臺灣佛教文化發展史》，頁202。

〔註30〕王見川、張二文、范純武、李世偉編，《臺灣宗教資料彙編：民間信仰・民間文化第三輯》，〈同戒錄〉，34冊，（新北：博揚文化事業有限公司，2019），頁301～395。江燦騰，《日據時期臺灣佛教文化發展史》，頁204。

臺灣佛教改革運動進入高峰。

　　大正 5 年（1916）臺灣總督府為了慶祝統治臺灣 20 週年，在臺北舉辦「臺灣勸業共進會」活動，其中基督教長老教會便在此活動舉辦演講，以利佈教。在臺北的佛教徒發現基督教可以辦活動，因此也向總督府申請，舉辦演講活動。在舉辦演講活動的期間，由於基督教不斷的在演講中批判佛教，使得佛教徒必須也要在演講活動上回擊，最後變成佛教徒與基督教徒長達一個多月的宗教辯論大會。

　　江善慧、沈本圓等人，請求當時在臺灣深耕一段時間的日本曹洞宗。希望在共進會活動期間開設臨時佛教大講演會，獲得曹洞宗臺北別院院主大石堅童同意，並擔任活動的正委員長，江善慧、沈本圓等佛教人士擔任委員。〔註31〕這是當時所有臺灣佛教徒，共同組成的大型聯合組織。在這場大講演會中，許多臺灣佛教菁英前來臺北助講，這些菁英中包括許林、林德林、陳耀文、成圓都有參與演講。這場講演會是當時臺灣第一次公開舉辦的佛教演講。這場活動也被林德林視為「臺灣新佛教運動之先驅」。〔註32〕

　　因為這場大講演會的成功，振奮了當時臺灣的佛教界，使得越來越多人力與資源投入在臺灣佛教界。根據學者江燦騰的研究，大講演會的成功，影響了「臺灣佛教青年會」與「臺灣佛教中學林」的成立。〔註33〕大正 5 年（1916）9 月 18 日，曹洞宗大石堅童、江善慧、沈本圓、黃玉階向總督府申請，興辦私立臺灣佛教中學林，隔年 4 月 10 即舉行開學典禮。臺灣佛教中學林的開學儀式，被《臺灣日日新報》多日的報導。〔註34〕臺灣佛教中學林的成立，是臺灣佛教界重要的指標，臺灣佛教逐漸有正規培育佛教人才的高等教育。〔註35〕

〔註31〕林德林，〈臺灣佛教新運動之先驅〉，頁 23～25。

〔註32〕江燦騰，《日據時期臺灣佛教文化發展史》，頁 159～160。

〔註33〕臺灣佛教青年會由林學周所倡立，江善慧為發起人之一。該會舉辦過演講活動，江善慧、沈德融都曾參與演講。江燦騰，《日據時期臺灣佛教文化發展史》，頁 160。不著撰人，〈佛教青年會傳道〉，《臺灣日日新報》，1917 年 2 月 2 日，6 版。

〔註34〕不著撰人，〈曹洞宗開林式〉，《臺灣日日新報》，1917 年 4 月 7 日，6 版。不著撰人，〈中學林開林式〉，《臺灣日日新報》，1917 年 4 月 8 日，7 版。不著撰人，〈中學林開式〉，《臺灣日日新報》，1917 年 4 月 9 日，4 版。不著撰人，〈中學林開林式〉，《臺灣日日新報》，1917 年 4 月 12 日，6 版。

〔註35〕江燦騰，《日據時期臺灣佛教文化發展史》，頁 162。大野育子，〈日治時期在臺日僧與臺籍弟子之關係初探：以新竹寺佐久間尚孝和朱明朝為中心〉，《臺灣學研究》，15 期（2013），頁 70。不著撰人，〈臺灣佛教中學林〉，1917 年 2 月 28 日，6 版。

除了日本曹洞宗辦的臺灣佛教中學林外，日本臨濟宗創立「鎮南學寮」，也在臺灣創立學校培育臺灣佛教人才，學寮創立的時間甚至比佛教中學林早一年，之後在大正 6 年（1917）改為私立臨濟宗鎮南學林。但是臨濟宗開辦的鎮南學林在大正 11 年（1922）8 月 15 日，就決定宣布廢校。廢校的理由，除了面對曹洞宗佛教中學林的競爭外，還有當時總督府改革當時臺灣的教育制度，除了經費募款更艱辛外，日臺共學的確立，讓許多宗教學校轉為普通的中學林，如曹洞宗的佛教中學林等學校，而鎮南學林並未轉型。此外，鎮南學林並沒有要求畢業的學生，要成為僧侶或服務母校，因此無法將培養的人才留住。〔註36〕鎮南學林廢校後，其餘的學生併入到臺灣佛教中學林，這也加深臺灣佛教中學林對臺灣佛教的影響。日後，在南瀛佛教會推動佛教改革的臺籍菁英，大多是該校的畢業生。

臺灣佛教中學林的教育，不是培養人才的終點，從臺灣佛教中學林畢業的學生，有些學生會被自己所屬的寺院法脈送去日本進修。

三、法雲寺與林覺力（1881～1933）

林覺力與江善慧、沈本圓不同，原先並非臺灣籍僧侶。他出生於清光緒 7 年（1881）農曆 12 月 1 日，父親是林月、母親是黃玉，是家中的長子，福建省廈門鼓浪嶼人。光緒 25 年（1899）在鼓山湧泉寺出家，拜釋萬善為師，法名復願，外號覺力。隔年，在鼓山湧泉寺受戒，戒師是本忠和尚。〔註37〕從光緒 27 年（1901）起，在本忠和尚身邊研究戒律 6 年，研習途中，也隨本忠和尚赴南洋群島募款。〔註38〕清宣統元年（1909），林覺力在中國大陸各地與日本考察佛教，並首次來到臺灣，並曾住在基隆的靈泉寺。他來到臺灣並住在靈泉寺，是因為與靈泉寺的長輩有關，但是無法得知原因，林覺力待了四或五個月便離開，隔年前往日本神戶的福建會館講佛法六個月，再回到鼓山湧泉寺。

〔註36〕林欐嫚，《臨濟宗妙心寺派在臺佈教史》（臺北：萬卷樓圖書股份有限公司，2019），頁 216～226。

〔註37〕本忠律和尚（1866～1935），20 歲在鼓山出家，在 1905 年赴南洋群島募款。1902 年，鼓山湧泉寺的住持就先赴南洋群島募款，並在馬來西亞的檳城創建極樂寺。而本忠律和尚，之後也成為極樂寺的住持。

〔註38〕江燦騰，《日據時期臺灣佛教文化發展史》，頁 206～210。慧嚴法師，《台灣與閩日佛教交流史》，頁 248～249。

大正元年（1912）前後，他受到劉緝光、吳定連等人的邀請，來臺灣大湖建立法雲寺。〔註39〕大正2年（1913）4月，法雲寺獲得官方允許興建，大正3年（1914）11月17日，落成。林覺力來臺建寺時，他的弟子葉妙果也一併到來，林覺力歸天後，成為法雲寺第二任住持。〔註40〕大正5年（1916），法雲寺與日本曹洞宗簽約，建立聯絡關係。大正11年（1922），林覺力正式規劃為臺灣籍的僧侶，與日本曹洞宗有更多合作的機會，法雲寺獲得良好的發展。〔註41〕

（一）重視教育——送學生至海外留學

僧人的培育，是當時有心改革臺灣佛教的志士，都會努力推行的方向，江善慧與沈本圓皆是如此。林覺力在擔任法雲寺住持後，也要培育僧人。他雖然加入日本曹洞宗的僧籍，外表打扮都是日式僧侶的樣貌，但是他教授弟子的佛法，都是中國大陸鼓山湧泉寺的佛學系統。林覺力的學佛歷程都在鼓山湧泉寺，他教授內容是鼓山的佛學脈絡，是可以想見的。林覺力除了自己教授學生鼓山佛學的系統外，他會將部分優秀的學生，送往中國大陸的佛學院學習。〔註42〕釋妙吉（1903～1930）與釋真常（1900～？），是林覺力送往中國大陸留學的弟子。〔註43〕這與當時臺灣佛教界，將自己的學生全部送往日本佛教學校學習，有很大的不同。彭妙信、彭妙機與高執德，則是林覺力送往日本駒澤大學留學的弟子。〔註44〕留學不同地方的林覺力弟子，同樣都

〔註39〕 在學者江燦騰的研究中，林覺力來臺灣與建法雲寺的時間，是有許多的說法，但是，這個議題並非本文所關注的核心議題，因此使用大正元年前後的說法。

〔註40〕 葉妙果，俗名葉阿銘，桃園平鎮人，生於清光緒10年（1881），他在出家之前是齋教龍華派的太空，在林覺力第一次來臺灣時，拜他為師，根據學者江燦騰的考究，可能是1908～1909年之間。大正元年（1911），在鼓山受戒。江燦騰，《日據時期臺灣佛教文化發展史》，頁212～214。

〔註41〕 江燦騰，《日據時期臺灣佛教文化發展史》，頁217。

〔註42〕 江燦騰，《日據時期臺灣佛教文化發展史》，頁217。李添春，〈臺灣佛教史資料：上篇曹洞宗史——大湖法雲寺高僧傳〉，《臺灣佛教》，27卷1期（1973），頁16。（http://buddhistinformatics.dila.edu.tw/taiwan_fojiao/indexMain.html），最後檢索日期：2019.12.2。

〔註43〕 釋妙吉，新竹人，俗姓羅。大正6年（1917），在法雲寺出家，由林覺力擔任剃度師。大正10年（1921），在鼓山受戒於釋振光，大正14年（1925）畢業於武昌學院。釋真常，新竹關西人，大正4年（1925），在林覺力法雲寺門下出家，禮釋聖達為師。大正8年（1919），在鼓山得戒於釋振光。之後，留學於閩南學院。慧嚴法師，《台灣與閩日佛教交流史》，頁452。

〔註44〕 大野育子，〈日治時期佛教菁英的崛起——以曹洞宗駒澤大學台灣留學生為中心〉，頁49。

對臺灣佛教做出貢獻。

（二）重視女眾佛學教育

僧人教育而言，林覺力與江善慧、沈本圓有很大的不同，他關懷女眾的佛學教育。日治臺灣佛教三大尼僧道場，岡山派的龍湖庵、法雲寺派的毗盧禪寺與圓通禪寺。〔註45〕三大尼僧道場，有兩座即是法雲寺派，可見其影響力。大正3年（1914），林覺力曾經在香山的一善堂，舉辦一期六個月的佛教講習會。這個講習會，是專門辦給臺灣傳統婦女的講習會。講習會結束後，林覺力將表現優秀的吳達智與許達慧，任命為講習會的候補女教師。但是，當時的臺灣佛教界不認同林覺力的舉動，認為有偏袒自己學生的嫌疑。吳達智與許達慧沒有因為旁人的議論而退縮，昭和2年（1927）6月，兩人率領其他女眾在法雲寺附近新建「觀音山研究院」，建立現代化的女性修行場所，是臺灣女性學佛自主的開端。

林覺力雖然不是主要影響臺灣佛教女性自主化的最重要的僧人，但是他是影響臺灣佛教女性教育的推手。〔註46〕林覺力除了為女信徒舉辦講習會，也曾經想要在法雲寺內成立佛學院，專門招收女信徒，但是教員不足與場地關係，而沒有下文。〔註47〕林覺力雖然沒能完成設立女性佛學院的目標，但是他在南瀛佛教會成立後，依然關心女信徒的佛學教育。林覺力重視僧尼，影響了他的弟子與其法脈。根據王宣蘋的碩士論文研究，日治時期赴日留學的女眾共有28人，光大湖法雲寺法脈就送出11位女性去日本留學，可以得知法雲寺法脈相當重視女性佛學教育。〔註48〕雖然留日回臺灣的女性佛教徒，不是臺灣佛教改革運動的要角，但是也是日治臺灣佛教的特色。

（三）重視傳戒

林覺力舉辦的傳戒活動，沒有被《臺灣日日新報》等大報報導，因此相較於江善慧與沈本圓舉辦的傳戒，較少為人知。但是，根據前人的研究，可以得

〔註45〕慧嚴法師，《台灣與閩日佛教交流史》，頁497～501。
〔註46〕江燦騰，《日據時期臺灣佛教文化發展史》，頁219～220。
〔註47〕大正14年（1925），林覺力在《臺灣日日新報》登報，宣布成立南溟佛學院，教授日文、佛學、歷史、地理等課程。慧嚴法師，《台灣與閩日佛教交流史》，頁252～253。不著撰人，〈法雲寺設佛學院〉，《臺灣日日新報》，1925年10月15日，4版，夕刊。
〔註48〕王宣蘋，〈日治時期留學日本的尼僧〉（臺北：國立臺灣師範大學臺灣史研究所碩士論文，2013），頁44～45。

知大正 7 年（1918）到大正 10 年（1921），連續 4 年舉辦傳戒活動。雖然要想要興辦佛教學校，而中斷幾年。但是在昭和元年（1926）隨即恢復進行到到昭和 3 年（1928）。〔註49〕從傳戒的時間紀錄來看，林覺力對於傳戒很重視。他對於戒律的重視，甚至列為臺灣佛教之振興的首要關鍵：

> 一、注重戒法
>
> 今世之佛法，僧伽寺院者，社會不崇信。僧伽之關係，行中而忘本，
> 時常缺模範。行違佛制戒，捨本而逐末，隨情欲流轉。社會之毀訴，
> 而缺於戒德。波羅提木叉，我等之大師。蓋於戒律者，三世一切佛，
> 共同尊守持。因無始卻。惑業煩惱障，不能得解脫，接由如此病。
> 雖是悟法身，而不能盡習。時間中作用，念念被境轉。如若不慧解，
> 縱然得妙悟。禪定雖現前，終是隨魔業。如行權大士，因時能制宜。
> 非本之條論，菩薩行非道，豈初學能為。普顧僧伽眾，急行戒莫缺，
> 絕能化全島。一切諸民眾，同獲身心安。〔註50〕

林覺力認為戒律是佛法的根本，社會對於僧人評價毀壞，原因出在僧人缺乏戒律。但是，林覺力也提到只遵守戒律，如果無法從中悟道佛法的精隨，還是無法獲得解脫。

四、小結

　　江善慧、沈本圓與林覺力是日治時期，引領臺灣佛教發展的重要領導人。他們振興臺灣佛教的種種舉動，固然有受到日本佛教勢力的影響，但是他們興辦佛教振興的事業，根本的原因是出在臺灣佛教本身舊有陋習。他們雖然各自培養自己寺院的影響力。但是，也會一起共同參與臺灣佛教的活動。江善慧、沈本圓與林覺力共同重視傳戒與僧人教育。他們透過舉辦傳戒儀式，以及要求僧侶遵守戒律，扭轉民眾對僧人沒有戒律的形象。此外，他們加強僧人的教育，利用舉辦講習會、建立佛教中學林、送學生前往日本念書等方式，將臺灣僧人的水準向上提升，不再停留於做法會經懺的程度。

〔註49〕蘇胤睿，〈佛教山派的形成與式微：以台灣法雲寺派為例〉（國立政治大學宗教學研究所碩士學位論文，2018），頁 53。王見川，〈光復前的中壢圓光寺〉，收入王見川、李世偉，《臺灣的寺廟與齋堂》（新北：博揚文化事業有限公司，2004），頁 120～121。

〔註50〕法雲寺住持林覺力，〈臺灣佛教之振興〉，《南瀛佛教》，10 卷 8 號（1932），頁 52。

日本東京曹洞宗駒澤大學是當時臺灣學生就讀人數最多的學校，因為曹洞宗在臺灣的知名度最高，勢力也最龐大，臺灣佛教中學林也是曹洞宗所辦，選擇駒澤大學就讀應是臺灣佛教徒最好的選擇。江善慧與他的法脈月眉山派送往駒澤大學的留學生中，李天春與曾景來是月眉山派留學生中最知名的學生。林覺力與他的法脈大湖法雲寺派送往駒澤大學的留學生中，高執德是法雲寺派中留學生最有影響力的人。〔註51〕雖然目前筆者現有的資料，無法得知沈本圓是否有派學生赴駒澤大學留學。但是，並不代表臨濟宗簽約的臺灣寺廟，沒有派人去駒澤大學留學。臺南開元寺的林秋梧，就是一個好的案例。〔註52〕他們三人在南瀛佛教會成立後，不僅擔任編輯或是投稿人，共同推動臺灣佛教改革。三人之中，高執德最常與洪池一起參與臺灣佛教改革的活動。

表 2 臺灣佛教改革前重要留學生

法　脈	重要留學生	時　間
基隆月眉山派（靈泉寺）	李添春	1925 年
基隆月眉山派（臺中佛教會館）	曾景來	1925 年
大湖法雲寺派	彭妙機	1925 年
大湖法雲寺派	高執德	1926 年

資料來源：大野育子，〈日治時期佛教菁英的崛起——以曹洞宗駒澤大學台灣留學生為中心〉，頁 49。

受過佛教中學林與前往日本念書的留學生，因為在日本受過更高的佛學教育，因此成為臺灣佛教改革運動的推行者。因為有江善慧、沈本圓與林覺力等人提升臺灣佛教水準，臺灣佛教改革運動才能在未來蓬勃發展。

第三節　佛教改革運動的推動者——齋教徒與出家僧侶

日治時期臺灣佛教改革運動興盛的關鍵，南瀛佛教會的成立最為重要。南瀛佛教會是全島性的佛教組織，創辦的會長是總督府社寺課課長丸井圭治郎。若分析南瀛佛教會理事成員組成，可以得知理事成員是由僧侶與齋教徒共同

〔註51〕大野育子，〈日治時期佛教菁英的崛起——以曹洞宗駒澤大學台灣留學生為中心〉，頁 49。
〔註52〕本文在之後的章節，會專門討論，便不再此先論。

組成。出家僧侶與齋教徒在南瀛佛教會中相互平等，似乎可視為日治時期臺灣佛教的縮影。正因為僧侶與齋教徒相互平等，他們才能共同掀起臺灣佛教改革運動的熱潮。

二戰結束中華民國政府遷臺後，最早由李添春纂修的《臺灣省通誌稿》記載，臺灣的齋教在日治時期多稱為在家佛教。〔註53〕但是，《臺灣省通誌稿》並沒有再進一步的說明，齋教在日治時期是佛教的門派原因。

在論日治時期臺灣齋教被視為佛教體系之前，首先談「齋教」一詞代表的意義。學者王見川的研究中，考證「齋教」一詞的源流。明治34年（1901）臺灣總督府實施的「臺灣舊慣調查」中，以「齋教」統稱在家修行的龍華、金幢與先天派。大正8年（1919）丸井圭治郎編纂的《臺灣宗教報告書》齋教一詞，正式成為三個教派的代名詞。〔註54〕學者江燦騰引述岡松參太郎對臺灣齋教的調查：

> 其何以要以在家俗人而舉措卻如僧尼之所為？彼等將約：其一，因僧尼唯以著法服、剃頭髮的出家樣子，作為糊口之資而已，其能守持世尊之戒法者，實寥寥無幾，更不說尚有精究教理、能濟度世人者；其二，因僧尼之徒，雖住寺廟而不事生產。假令；一、不著法服、不剃頭髮，又能持佛戒、通法義而無愧於佛教徒者；二、亦能作為務生產、不空費國用的國民，——則對比不務此兩者的僧尼，即（在家）持齋之一派，所以別立而起之由也。〔註55〕

江氏統整出臺灣齋教特性：「一、在家佛教弘法者所自覺和堅持的宗教主體性，二、以一面持戒弘法，另一面又從事生產和不空費國用，來證明不必出家亦可成為無愧的佛教徒。〔註56〕」審視岡松參太郎的調查與江氏的研究，可以知道臺灣的齋教徒，自我認同是在家佛教徒，比不守戒律的出家人，更能理解

〔註53〕林熊祥、李騰嶽監修，李添春纂修，《臺灣省通誌稿人民志宗教篇》，頁79。
〔註54〕日治時期官方的調查，除了齋教一詞外，《南部台灣誌》還曾使用過「持齋宗」一詞稱呼臺灣齋教三派。《南部台灣誌》是明治34年（1901）已有原稿，但是直到昭和9年（1934）才正式出版。王見川，〈日治時期「齋教」聯合組織——臺灣佛教龍華會〉，《臺灣的齋教與鸞堂》（臺北：南天書局有限公司，1996），頁143。台南州共榮會編纂，《南部台灣誌》（臺南：台南州共榮會，1934），頁478。
〔註55〕內文為江燦騰翻譯岡松參太郎編纂《臨時臺灣舊慣調查會第一部第三回報告書——臺灣私法（第二卷上）》的內容。江燦騰，《日據時期臺灣佛教文化發展史》，頁70～71。
〔註56〕江燦騰，《日據時期臺灣佛教文化發展史》，頁70～71。

佛陀的本意，也不會妨礙社會的進步。

　　從日治時期日本政府的調查，以及現代學者們的分析，似乎可以判定日本官方對齋教的態度，同樣將其視為臺灣佛教。臺灣的齋教自我認同上是在家佛教徒，而日本官方也不反對他們的說法。其中，明顯的證據便是齋教徒參加臺灣佛教組織，也與出家僧人一樣，獲得同等的權利。

一、南瀛佛教會成立前的臺灣佛教聯合組織

　　在南瀛佛教會成立之前，臺灣佛教徒已經有建立聯合組織的經驗。大正元年（1912），江善慧舉辦的愛國佛教講習會，臺灣佛教徒已經就有組大型聯合組織。民國60年（1971）出版的《臺灣省通誌》提到，大正元年（1912）臺南齋教三派七間齋堂，共同組成齋心社。學者王見川在他的研究指出，當時齋心社組成的七間齋堂分別為，化善堂、德化堂與德善堂屬龍華派，西華堂與慎德堂屬金幢派，報恩堂、崇德堂屬先天派。他更進一步指出齋心社的組成可能是為了愛國佛教講習會。〔註57〕如果史實真如學者王見川的推測，臺灣的齋教各派，可能在日治時代前期，就已經有組成大型聯合組織的構想。

　　大正5年（1916）臺灣總督府慶祝執政二十週年，舉辦「臺灣勸業共進會」。共進會舉辦期間，官方允許基督教與佛教舉辦講演會。因為基督教在自身的講演會不斷批評佛教，使得佛教徒必須也開設講演會捍衛自身的立場，引發兩方的論戰。根據林德林的看法，他認為當年的辯論結果，是佛教徒的勝利。不論結果如何，這場講演會的確提振臺灣佛教徒的信心。學者江燦騰指出這場大講演會後，影響「臺灣佛教青年會」的成立。〔註58〕

〔註57〕《臺灣省通誌》提到的愛國佛教會臺南佛心社的成立，是因為受西來庵事件的影響，怕日本政府追究齋教徒，所以組成佛教聯合會，請求日本曹洞宗的保護，共有臺南齋教三派14間齋堂組成。王見川認為應該是誤解，他根據看到德化堂盧普省的手抄，說明這個章程是在西來庵事件發生的前一年就擬好的。應該是齋心社成立後，加入的齋堂越來越多而成立愛國佛教會臺南佛心社。大正4年（1915）西來庵事件爆發後，因為明確表示服從日本政府與驅逐迷信的規章，免於受到政府迫害。但是，可惜的是目前在德化堂中，無法找到當時王見川看到的那份盧普省的手抄資料，因此本文無法非常確定事實就是如此，但是從愛國佛教會等名稱分析，查看《臺灣省通誌》的內容，王見川的說法應該是可信的。張炳楠監修，李汝和主修，王世慶整修，〈卷〉二人民志宗教篇《臺灣省通誌》（臺北：臺灣省文獻委員會，1971），1冊，頁58～59。王見川，〈從龍華教到佛教——台南德化堂的成立與其在近代的發展〉，收入王見川、李世偉，《臺灣的寺廟與齋堂》，（新北：博揚文化事業有限公司，2004），頁162～163。

〔註58〕江燦騰，《日據時期臺灣佛教文化發展史》，頁159～160。

　　學者范純武對「臺灣佛教青年會」的發展，有做更進一步的討論。臺灣
佛教青年會在大正 6 年（1917）正式成立，會中的幹部成員以曹洞宗相關派
下的人，為主要核心。曹洞宗別院大石堅童擔任會長，江善慧擔任幹事長。
范氏指出臺灣佛教青年會創立的目的，是要破除迷信。因為當時佛教只著重
形式，缺乏省思以及佈教的精神，導致民眾迷信的情況嚴重。加上之前西來
庵事件爆發的原因，也出自於迷信，使齋教徒人人自危。因此佛教青年以破
除迷信為訴求，向日本佛教尋求庇護。臺灣佛教青年會是一個研究宗教以及
佈教的組織，多次舉辦與佈教相關的講習會。大正 9 年（1920）3 月，曹洞
宗大石堅童去職後，臺灣佛教青年會規模逐漸減少。南瀛佛教會成立後，教
育臺灣佛教徒的功能性取代臺灣佛教青年會，臺灣佛教青年會的重要性，已
經不付存在。〔註59〕

　　臺灣佛教青年會的成員組成，是值得觀察的重點。齋教先天派的黃玉階與
日本曹洞宗布教師以及本島出家僧人江善慧，〔註60〕一同傳授佛法給民眾，並
沒有只限於出家僧人才能教授佛法的權力，出家僧人與齋教徒的權力，在此時
可能已經是平等的。

　　上述的佛教聯合組織，讓臺灣佛教徒有組織大型團體的經驗，這些經驗也
讓後面成立的聯合佛教組織，對臺灣影響力越來越大。臺灣佛教龍華會的成
立，對臺灣佛教發展上具有重要的意義。學者王見川的研究指出，臺灣佛教龍
華會是臺灣島內的齋教徒首次聯合組成的組織。大正 9 年（1920）臺灣佛教龍
華會初創，大正 11 年（1922）臺灣總督府正式認可成立。王氏整理臺灣佛教
龍華會設立的重要三點旨趣，一、臺灣佛教龍華會名稱的由來，雖然臺灣齋教

〔註59〕范純武，〈臺灣佛教青年會初探〉，收入范純武、王見川、李世偉，《臺灣佛教
　　　　的探索》（新北：博揚文化事業有限公司，2005），頁 119～144。

〔註60〕黃玉階（1850～1918）出生於彰化，同治 6 年（1867）皈依先天派。明治 44
　　　　年，中國大陸的雷道興，封他為臺灣先天派的最高領導人。日本統治臺灣初
　　　　期，臺北地區曾經發生鼠疫，他與日本政府合作擔任醫療相關職位，救人無
　　　　數。明治 30 年（1897），他與其他十四位士紳共同提倡「天然足運動」，改變
　　　　臺灣維新的風氣。明治 42 年（1909）擔任臺北大稻埕區長。除了一班行政外，
　　　　他也熱心於臺灣宗教事務。關於黃玉階詳細的研究，可以詳見李世偉的研究
　　　　或是《民間臺灣宗教資料彙編》。李世偉，〈身是維摩不著花——黃玉階之宗教
　　　　活動〉，《台灣佛教學術研討會論文集》（臺北：財團法人佛教青年文教基金會，
　　　　1966），頁 97～115。王見川、李世偉、高致華、闞正宗、范純武主編，〈黃玉
　　　　階的履歷〉，《民間私藏臺灣宗教資料第一輯》（新北：博揚文化事業有限公司，
　　　　2009），冊 23，頁 124～143。

三派的敬奉的祖師各不相同，但是教義上皆信仰彌勒下生龍華三會。所以採用此名稱。〔註61〕同時也是因為龍華派在龍華會佔有優勢地位的事實。二、臺灣佛教龍華會，明確表示學習日本佛教，放棄過往中國本山的傳統。三、積極從事社會事業，設立感化院與免求保護所。〔註62〕

臺灣佛教龍華會成員，中部的齋堂參加的數量最多，原因是會長廖炭、副會長林普海等人，都是中部名聲響亮的齋教人士或是堂主。因此臺灣佛教龍華會在中部的發展最為良好，但是並不代表南部與北部就沒有齋堂加入。臺南德化堂亦是其中的一員，本文的研究核心對象洪池，也曾在臺灣佛教龍華會中工作。〔註63〕

臺灣佛教龍華會由於前期資金短缺，較少舉辦的活動。會長廖炭等人透過募款方式，扭轉財務危機，並轉型為財團法人。因為經費逐漸見充裕，第二任會長陳登元開始舉辦許多活動，如宗教活動的春祭以及「第一回國語講習會」。因為臺灣佛教龍華會積極配合日本政府的政策，所以在日治末期的「寺廟整理運動」中，破壞的影響有限。學者王見川指出其原因，日治時期臺灣齋教屬佛教系統，因此可以受到日本佛教的保護，免於被嚴重的迫害。〔註64〕

雖然臺灣佛教龍華會是臺灣全島齋教徒的聯合組織，具有一定的影響力，也舉辦過不少的活動。但是，臺灣佛教龍華會沒有辦刊物，因此臺灣佛教龍華會成員的佛教思想，無法讓沒參與龍華會活動的世人所得知，無法擴展自身的影響力。相比之下，晚臺灣佛教龍華會成立的南瀛佛教會，不僅成員組成更多元，也有自己的刊物，成為臺灣佛教改革運動興起的關鍵。

二、南瀛佛教會的成員與其佛教改革思想

（一）出家僧侶與齋教徒平等並進

大正4年（1915）8月，臺灣爆發西來庵事件，余清芳等人煽動臺南鸞堂西來庵信徒與部分齋教徒，引起的武裝抗日事件。事件被平息後，為了防止類

〔註61〕明清民間的龍華三會信仰，宇宙自開創起到結束，會經過三個時期。無生父母（無極聖祖）（無生老母）在每一個時期，會派佛祖下凡，拯救迷失本性的「原人」回到家鄉。龍華初會，燈燃佛下凡，拯救二億原人。二會釋迦佛下凡，救回二億原人。三會彌勒佛下凡，將殘留人間的九二原人，帶回家鄉。王見川，〈日治時期「齋教」聯合組織——臺灣佛教龍華會〉，頁148。
〔註62〕王見川，〈日治時期「齋教」聯合組織——臺灣佛教龍華會〉，頁145～148。
〔註63〕王見川，〈日治時期「齋教」聯合組織——臺灣佛教龍華會〉，頁152～155。
〔註64〕王見川，〈日治時期「齋教」聯合組織——臺灣佛教龍華會〉，頁156～159。

似的宗教引起的抗日活動，日本政府展開大規模對臺灣的宗教調查。被任命負責調查的丸井圭治郎，大正 8 年時將調查的宗教資料出版，撰寫成《台灣宗教調查報告書（第一卷）》。〔註65〕

丸井圭治郎在大正 10 年（1921），得到靈泉寺住持江善慧以及凌雲寺住持沈本圓的支持，成立南瀛佛教會，讓臺灣佛教走向新的樣貌。〔註66〕根據《南瀛佛教》會報上的〈南瀛佛教會之沿革〉，已經可以得知江善慧與沈本圓對南瀛佛教的貢獻，但是在大正 10 年 4 月 6 日的《臺灣日日新報》寫到：「臺灣僧人所創之南瀛佛教會」。這段新聞報導，無疑是更提高江善慧與沈本圓的重要性。〔註67〕兩人對南瀛佛教會的重要性，從南瀛佛教會的沿革，就能明瞭：

> 丸井社寺課長乃於大正十年二月初旬，邀集基隆月眉山靈泉寺住職江善慧、觀音山凌雲寺住職沈本圓，到自己邸舍，示以諸端主旨喻以前記要綱。兩氏聞言之下，皆踴躍贊成決定舉行。又二月二十三日，再招集兩氏到社寺課內談論一切。開催協議事務，即由臺北附近之僧侶齋友聚集，決定日期、開催協議會，南瀛佛教會得以告厥成功。〔註68〕

從南瀛佛教會沿革中，可以推敲丸井圭治郎能夠成立南瀛佛教會，獲得江善慧與沈本圓的支持，是重要的關鍵。除了獲得江善慧與沈本圓兩位出家僧人的支持外，他也需要齋教徒的力量。臺北艋舺成立的協議會時：

> 大正十年二月二十六日午後一時，在於艋舺龍山寺前艋舺俱樂部，會同臺北附近有名之僧侶以及齋友。當日丸井社寺課長亦親臨講議，以勉勵該僧侶齋友。務為佛教之振興，必要組織佛教一團體，庶持久遠，而垂將來。滿場諸人，皆鼓掌贊成。丸井社寺課長之主旨，即推薦臺北州下，在住，江善慧、沈本圓、陳火、黃監等四名，為創立委員。〔註69〕

在臺北艋舺俱樂部召開的協議會，聚集臺北地區有名的出家僧侶與齋教徒。

〔註65〕此書只有第一卷有正式出版。臺灣總督府編著，《臺灣宗教調查報告書（第一卷）》，臺北：小塚商店印刷工廠，1919。

〔註66〕江燦騰，《日據時期臺灣佛教文化發展史》，頁 194。不著撰人，〈南瀛佛教會之沿革〉，頁 19。

〔註67〕不著撰人，〈長官接見僧侶〉，《臺灣日日新報》，1921 年 4 月 6 日，5 版。

〔註68〕不著撰人，〈南瀛佛教會之沿革〉，頁 19。

〔註69〕不著撰人，〈南瀛佛教會之沿革〉，頁 19。

丸井圭治郎在這場協議會裡，特別勉勵出家僧侶與在家齋教徒，一同振興臺灣佛教。從丸井氏的勉勵中，再度的確認日本官方對於臺灣齋教的態度，認定是在臺灣佛教體系中。臺北州的創立委員黃監，便是一名齋教徒，且極有可能是先天派的齋教徒。〔註 70〕丸井氏在初創的臺北協議會，不僅齋教徒出席者不少，而且讓齋教徒黃監擔任委員之一，可以想見在丸井氏規劃的振興臺灣佛教的藍圖裡，臺灣齋教的力量是不考或缺的。

表 3　大正 10 年（1921）2 月 26 日齋友出席名單

齋堂名稱	代表人
大稻埕日新街至善堂	黃監
基隆源齋堂	張添福
羅東郡羅東街振昌堂	陳普悅
汐止街白匏湖性善堂	蔡普揚
艋舺江瀬街慈雲堂	張加來

資料來源：不著撰人，〈南瀛佛教會之沿革〉，頁 19～20。

臺北協議會成立後，其他各地的協議會陸續招開，並同時選定協議會委員。臺灣各地有影響力的佛教徒，不少人就有參加協議會，甚至擔任委員。如新竹州的協議會，林覺力代理其弟子羅妙吉出席。臺中州林德林擔任臺中協議會的委員。其中，參加臺南州的協議會的齋教徒代表，不少是當時或是未來在南瀛佛教會扮演重要角色的人，如廖炭、陳耀文與盧振亨等人。〔註 71〕

丸井圭治郎對齋教徒與出家僧侶權利平等，並不僅限於會員的參與。在南瀛佛教會草創協議會時期，開設的佛教講習會。齋教徒也可以與出家僧侶一起

〔註 70〕透過《臺灣日日新報》的報導，可以得知黃監是齋教徒。接著在檢索臺北市財團法人的資料，進一步知曉臺北至善堂是先天派的齋堂，所以合理推測黃監是一名先天派的齋教徒。不著撰人，〈佛教講習修了式〉，《臺灣日日新報》，1921 年 7 月 25 日，4 版。〈財團法人台北市至善堂〉，社團／財團法人資料檢索（http://foundations.olc.tw/foundations/view/5981717d-dffc-42f3-b3cc-11e2acb5b862），最後檢索日期：2020.1.13。

〔註 71〕盧振亨為時任德化堂堂主，廖炭前文已提過是臺灣佛教龍華會首任會長，陳耀文是報恩堂堂主，王見川在其研究指出，陳耀文是當時臺南齋教領袖。王見川、李世偉、高致華、闞正宗、范純武主編，〈臺灣佛教名蹟寶鑑──德化堂〉，《民間私藏臺灣宗教資料第一輯》（新北：博揚文化事業有限公司，2009），冊 28，頁 454。王見川，〈從龍華教到佛教──台南德化堂的成立與其在近代的發展〉，頁 163。不著撰人，〈南瀛佛教會之沿革〉，頁 20～21。

擔任講師，對參加講習會的學生，講經說法。從第一回講習會開始，齋教徒許林與丸井氏、江善慧與沈本圓經常擔任講習慧講師。〔註72〕參加講習會的學生，出家僧侶與齋教徒幾乎各占一半。〔註73〕

　　齋教徒許林能與江善慧、沈本圓一同擔任講師的原因，是因為他是一位具有名望的齋教徒。他出生於光緒3年（1877），日本統治初期擔任警察表現優秀。根據王見川的研究，許林在1895～1912年期間皈依龍華派，是壹是堂派信徒。大正3年（1914）他與鹿港慎齋堂堂主施砲、彰化曇花堂堂主林柱，前往中國大陸晉見祖堂教主（空空）普梅，接授普梅口傳授密語新法、傳燈成為太空，位階僅次於空空，成為龍華派地方傳道的領袖。〔註74〕

　　大正4年（1915）大講演會的佛教徒與基督教論戰，許林曾經前去助講，並結識江善慧、沈本圓等人，他的名聲逐漸擴散至全臺。〔註75〕可以推想如果在齋教徒中，選出代表擔任講習會講師，由許林擔並不是讓人意料之外的人選。

表4 臺灣本島僧侶與齋教徒演講

講習會	講　師	教授科目
第一回	許林	金剛經大意
	江善慧	普門品
	沈本圓	阿彌陀經大意
第二回	江善慧	戒定慧
	許林	般若心經
	沈本圓	通俗布教大意
第三回	丸井社寺課長	台灣佛教
	江善慧	平等觀
	許林	維摩經
	沈本圓	通俗布教論

〔註72〕不著撰人，〈會報〉，《南瀛佛教會會報》，1卷1期（1923），頁24

〔註73〕闞正宗，《臺灣日治時期佛教發展與皇民化運動——「皇國佛教」的歷史進程（1895～1945）》（臺北：博揚文化事業有限公司，2011），頁196～197。不著撰人，〈南瀛佛教講習〉，《臺灣日日新報》，1921年7月4日，4版。

〔註74〕王見川，〈日治時期「齋教」聯合組織——臺灣佛教龍華會〉，頁160～162。

〔註75〕王見川，〈日治時期「齋教」聯合組織——臺灣佛教龍華會〉，頁162～163。

| 第四回 | 沈本圓 | 通俗布教論 |
| | 丸井社寺課長 | 台灣佛教 |

註：講師先後按南瀛佛教會資料順序。

資料來源：不著撰人，〈會報〉，《南瀛佛教》，1 卷 1 期（1923），頁 24～31。

南瀛佛教會的理事名單，第一次出現在《南瀛佛教會》雜誌的第 1 卷 2 期。初步分析這份名單，扣除丸井圭治郎會長外，15 名理事與一名幹事。這份理事名單中，至少有五位是齋教徒。〔註76〕南瀛佛教會協議會時期，德化堂的代表人盧振亨，照理會在南瀛佛教會正式成立時，極有可能成為南瀛佛教會的理事。但是他在大正 10 年（1921）舊曆 4 月 8 日去世。改由洪池代表德化堂成為南瀛佛教會的理事。〔註77〕這是洪池首次站上臺灣佛教界的舞台，之後成為臺灣佛教改革運動中，重要齋教徒代表。

1. 臺灣徒大會中的齋教徒與出家僧侶

昭和 10 年（1935）是日本統治臺灣 40 週年，在這一年裡臺灣總督府舉辦始政 40 週年紀念臺灣博覽會。南瀛佛教會與臺北佛教各宗聯合會，藉此機會舉辦臺灣佛教徒大會，是臺灣佛教界重要的活動。〔註78〕學者闞正宗稱臺灣佛教徒大會，是臺灣佛教改革的高峰。〔註79〕

這場臺灣佛教徒大會不僅臺灣總督府總務長官平塚廣義以及臺北知事等臺灣本地官員出席，日本本島的文部大臣松田源治也前來參加，得以想見佛教徒大會非常受到日本官方的重視。〔註80〕臺灣佛教徒大會除了臺灣本地的僧侶參與，還有日本內地的全日本佛教青年會聯盟與汎太平洋佛教青年會聯盟

〔註76〕不著撰人，〈本會役員住所氏名〉，《南瀛佛教會會報》，1 卷 2 期（1923），頁 32。

〔註77〕王見川、李世偉、高致華、闞正宗、范純武主編，〈臺灣佛教名蹟寶鑑——德化堂〉，頁 454。

〔註78〕始政四十週年紀念臺灣博覽會協贊會長松木幹一郎，〈祝辭〉，《南瀛佛教》，13 卷 12 號（1935），頁 7。不著撰人，〈卷頭詞〉，《南瀛佛教》，14 卷 1 號（1936），頁 1。

〔註79〕不過，本文對佛教徒大會的觀點，與學者闞正宗略有不同。理由為何？正文會繼續說明。闞正宗，《臺灣日治時期佛教發展與皇民化運動——「皇國佛教」的歷史進程（1895～1945）》，頁 240～241。

〔註80〕台灣總督府總務長官從三位勳二等平塚廣義，〈祝辭〉，《南瀛佛教》，13 卷 12 號（1935），頁 3。台北州知事從四位勳三等野口敏治，〈祝辭〉，《南瀛佛教》，13 卷 12 號（1935），頁 4。文部大臣松田源治，〈祝辭〉，《南瀛佛教》，13 卷 12 號（1935），頁 2。

代表藤井草宣，以及廈門的中日佛教會的代表神田慧雲來臺參加。〔註81〕

　　佛教徒大會吸引一千多名的佛教徒參加，臺灣本島人共有五百五十多人參加，日本內地四百五十餘人出席。〔註82〕不論臺灣或是日本佛教界，都很重視臺灣佛教徒大會，所以出席者眾多。

　　〈臺灣佛教徒大會出席者名簿〉是當時出席佛教徒大會的出席者名單，名單中部份成員註記◎，代表的是大會的地方委員，共有82名。〔註83〕值得關注的是，當時推動佛教改革運動的齋教徒與出家僧侶，也在佛教徒大會擔任地方委員。〔註84〕地方委員中的佛教改革者：齋教徒：洪池、陳耀文。臺灣僧侶：林德林、魏得圓、沈本圓。

表5 臺灣佛教徒大會地方委員統計表

（N＝82）		
日本籍僧侶	臺灣僧侶	臺灣齋教徒
62	6	4
名單中的神田惠雲並非日本人，是當時在廈門的林子青。〔註85〕其他10名臺籍成員，只能確認是關心佛教的人士，無法確定是齋教徒還是出家僧侶。		

資料來源：不著撰人，〈臺灣佛教徒大會出席者名簿〉

　　從臺灣佛教徒大會的地方委員統計表中，可以發現除了日本籍的僧侶人數佔多數外，臺灣僧侶與齋教徒擔任地方委員的人數，幾乎沒有差別，應該可以再次證明當時臺灣本地的僧侶與齋教徒的權利是平等的。

2. 臺灣佛教徒大會的提案與決議

　　臺灣佛教徒大會不僅參加的人數眾多，與會的貴賓也具有高度影響力。但是，這場大會對臺灣佛教界的影響力可能不大。筆者能就此推斷的原因，來自於〈臺灣佛教徒大會盛況〉的報導：

〔註81〕 全日本佛教青年會聯盟、汎太平洋佛教青年會聯盟（代表 藤井草宣），〈祝辭〉，《南瀛佛教》，13卷12號（1935），頁10。中日佛教學會、日華佛教學會（代表 神田惠雲），〈祝辭〉，《南瀛佛教》，13卷12號（1935），頁9。

〔註82〕 藤景草宣，〈面臨轉換期的台灣佛教之現況〉，《南瀛佛教》，14卷1號（1936），頁9。

〔註83〕 名單資料上記載150名地方委員，但是根據筆者點教，扣除名單上重複的人員，應只有82名。

〔註84〕 感謝王見川先生提供，詳見附錄。不著撰人，〈臺灣佛教徒大會出席者名簿〉。

〔註85〕 神田惠雲的身分是林子青，在本文第三章第一節中，有更完整說明。

臺北佛教各宗聯合會與南瀛佛教會所共同舉辦的全臺灣佛教徒大
會，按照原定計畫於十一月五日上午十時，在博覽會第一會場內之
公會堂舉行，先唱二遍國歌，接著合誦三歸敬文，唱完後由代表致
詞，……下午一時開始舉行先亡者追弔會，之後再開始決議，由於
時間關係，選出十五名執行委員，將諮詢事項及議案委託之。下午
二時左右完成宣言決議，最後由文教局長帶頭，在三唱天皇陛下萬
歲及台灣佛教徒大會萬歲後，結束大會。就這樣結束公會堂的會議
後，大家一起參觀博覽會。〔註86〕

根據報導的內容，臺灣佛教徒大會在11月5日召開，上午的時間出席大會的
代表致詞，下午進行議案討論。下午討論議案的時間也不長，便結束大會，眾
人前去參觀博覽會。這似乎說明佛教徒大會的必要性，並不是至關重要。此
外，佛教徒大會做出的決議，也可再次說明其對臺灣佛教的影響有限。

佛教徒大會中的提案與通過的決議：

提案者　東海宜誠

一、對於臺灣在來佛教系統之寺廟齋堂，建議確定其統制對策。

二、關於本島寺廟、齋堂、主職者（指住職、廟主、堂主）之資格認
定，建議其法規制定之實施方法。

三、對臺灣在來之佛教系統之寺廟齋堂，向當局請其確立統制方策
建議之件。

四、關於本島寺廟、齋堂主職者（指住持、堂主、廟主）之資格認
定之法規，向當局請其制定實施建議之件。

提案者　魏得圓

一、對於臺灣寺廟齋堂及其所屬財產之管理權，建議移交給住職或
堂主。

二、臺灣之寺廟齋堂及其所屬財產，向當局移管理權於住職或堂主
建議之件。

決議事項

一、願吾等佛教徒體認四大恩之真意義，奉答洪大無邊之聖恩。

二、願吾等佛教徒常致力於鑽研教義，大力修養人格，互相提攜以

使佛陀之慈光普照。

三、願吾等佛教徒大力發揮大乘精神，努力使一般社會事業之設施
普及、徹底。

四、願吾等佛教徒致力於普及國語（日語）、改善習俗等，以此實現
內臺一元之理想。〔註87〕

從報導的內文的第四項決議中，可以稍微看出佛教徒大會還是有其政治目的。
提案與決議的內容，可以說是幾乎沒有交集。雖然決議的內容，對於臺灣佛教
沒有太多的實質幫助。不過，從提案中可以得知，當時的東海宜誠與魏得圓都
建議，臺灣寺廟與齋堂的管理以及財產權，應屬於該寺的住持或是堂主。寺廟
與齋堂的管理權與財產，有可能是當時臺灣佛教改革人士所關心的議題。

（二）臺灣佛教改革的訴求

南瀛佛教會的成立主旨，明確的表示是為了要振興臺灣的佛教。南瀛佛教
會的理事都是臺灣佛教界的菁英，有助於推動臺灣佛教改革運動。臺灣佛教改
革的內容，不少學者對此有不少的討論。

學者江燦騰探討林德林發起的「臺灣新佛教運動」，該運動發起時間早於
南瀛佛教會成立，主要宣教地點在林德林根據地臺中佛教會館，並發行《中
道》雜誌，宣揚新佛教思想。不過，南瀛佛教會的活動與文章，林德林同樣都
有參與。江氏分析林德林發起「臺灣新佛教運動」的原因，由於林德林嚮往日
式佛教的信仰方式，希望將日本佛教引入臺灣，改變臺灣佛教舊有的樣貌，呼
籲僧人可以娶妻食肉是當時最受矚目的焦點。林德林也因為這個主張，加上自
己以出家僧侶身分結婚，展現自己主張的做法，引起許多臺灣傳統仕紳不滿，
爆發「中教」事件，以至於林德林遭人質疑勾引他人之妻。〔註88〕他的「臺灣
新佛教運動」的效益，也因為他的名聲所託累。

另一位學者闞正宗的研究，他整理南瀛佛教會裡的佛教改革文章。他與
江氏同樣提到當時佛教改革的焦點僧人娶妻的訴求，但是他認為並不是臺灣
佛教改革的核心問題，又提到日本佛教或是總督府從要求臺籍僧侶結婚，反而
是日式臺僧對此有強烈主張。〔註89〕

〔註87〕在不影響內文的情況下，筆者整合提案順序，以利閱讀。不著撰人，〈臺灣佛
教徒大會行事次第〉，《南瀛佛教》，13 卷 12 期（1935），頁 42。

〔註88〕江燦騰，《日據時期臺灣佛教文化發展史》，頁 390～391。

〔註89〕闞正宗，《臺灣日治時期佛教發展與皇民化運動──「皇國佛教」的歷史進程
（1895～1945）》，頁 232～234。

　　闞氏對佛教改革的觀點，筆者抱持著不同的見解。臺灣佛教改革運動並非由總督府與日本佛教所主導，應是臺灣佛教徒自發帶領的運動。雖然佛教改革運動的關鍵組織——南瀛佛教會，是由臺灣總督府社寺課的丸井圭治郎推動成立。但是，若沒有江善慧、沈本圓以及臺灣重要的齋教徒領袖支持，丸井圭治郎的影響恐怕有限。再觀看南瀛佛教會理事的名單，幾乎都是臺灣的僧侶與齋教徒。另外，從大正 12 年（1923）成立到中日戰爭爆發為止，南瀛佛教會的主編，都是臺灣佛教菁英。僧侶娶妻食肉，應是他們發起佛教改革運動的主張。

表 6 1923～1940 年《南瀛佛教》主編

主編姓名	擔任期間（年）
江木生	1923～1929
林德林	1929～1930
李添春	1930～1932
高執德	1932
曾景來	1933～1940

資料來源：大野育子，《日治時期台灣佛教菁英的崛起——以曹洞宗駒澤大學台灣留學生為中心》（新北：淡江大學歷史學系碩士班碩士論文，2009），頁 118。不著撰人，〈本刊各期編輯者〉，《臺灣佛教》，21 卷 12 號（1943），頁 39。

　　大野育子的碩士論文，研究留學日本駒澤大學的臺灣佛教菁英，他們回到臺灣後進行佛教改革的內容。她提到當時的臺灣佛教菁英對於臺灣佛教的改革，分為三個重要改革內容，1. 僧侶教育機構的必要，2. 建立寺院制度，3. 反對死守戒律、拘泥於形式。〔註90〕

　　經由上述三位學者的研究，應能得知臺灣佛教改革者們，他們追求佛教改革的方向。但是，過往的學者談到臺灣佛教改革份子，大多僅限於討論佛教改革的內容。他們真正追求的佛教改革核心，卻沒有被明確的注意。本研究認為反迷信、僧侶可取妻食肉，那些都只是改革佛教的手段。「追求佛佛的本意」才是臺灣佛教改革者，他們所最期望的本意，他們所提出的方法，都只是為了達成這個目的而已。

　　本文之所以認為佛教改革者們的想法，是追求佛陀本意，來自於當時跟他

〔註90〕大野育子，《日治時期台灣佛教菁英的崛起——以曹洞宗駒澤大學台灣留學生為中心》，頁 124～128。

們同期的佛教徒。昭和 11 年（1936）張玄達的文章，可以知曉臺灣佛教改革者，真正在乎的東西：

> 現在雖是有一班為佛教努力的志士，意欲要來做這種工作，把真正的佛教介紹出來給大家，而還有一部的人不但不歡迎而且極端的破壞像這種都是造就臺灣佛教不振的原因。佛教之不能受一般士女們的真正歡迎和深刻的認識者，是不是我們不能把真正的佛陀教理來給他們了解呢？〔註91〕

張玄達表達臺灣佛教改革者們的想法，他們提出的種種改革方法，都是希望民眾能夠理解真正的佛陀教理，這才是佛教改革者們最重要的目標。

在張玄達的文章之前，臺灣佛教改革者，已經有透露出端倪：

> 近來對僧侶娶妻逐漸認可，這對教界改革來說雖然是很好的變化，但卻不是佛教改革的真正目的，若非信仰的確立，也就是精神的改革的話，則無論如何進行外在的改革也都是無力的改革，不過是砂中樓閣罷了。我們強調必須要從根本確立信仰。……想要徹底改革現在的台灣佛教，發揚真正濟世利生的聖業，以圖人類救濟的大業，就要廢除百貨店式的佛教，實踐專修，也就是說，只要確立禪淨之分，致力於專修的話，我相信一定能獲得以上的效果。〔註92〕

僧侶可以娶妻的佛教改革方式，雖然逐漸得到認同。不過王兆麟點出佛教改革的真正目的核心，即是精神上的改革。如果內在對佛教的信仰，沒有正確建立，無論外在的形式如何改變，都是假的。另外，王兆麟說出他認為的改革方式，就是專心修行，透過修行改革佛教。

不只王兆麟在意佛教的精神，本文討論對象洪池，對於佛教改革的精神，也相似於王兆麟的看法。洪池的佛教改革思想。他認為當時的佛教應該走向自由、在家化的大眾佛教，不區分出家與在家的身分，共同追求佛陀的真理，才是最為重要的。〔註93〕洪池是德化堂出身的龍華派齋教徒，所以他對於在家化的佛教，比一般出家僧侶更為重視。關於洪池的佛教改革思想，會在下一章中做詳細的討論。

〔註91〕張玄達，〈回顧臺灣佛教〉，《南瀛佛教》，15 卷 1 號（1937），頁 56。

〔註92〕原文為日文，採取臺灣佛教史料庫翻譯。王兆麟，〈關於臺灣佛教改革〉，《南瀛佛教》，10 卷 8 號（1932），頁 35。

〔註93〕屏東市艷僧，〈我觀佛教與食肉帶妻問題〉，《南瀛佛教》，12 卷 9 號（1934），頁 26。

　　洪池所屬的齋教龍華派在日治時期已經被官方視為臺灣佛教的體系，龍華派在臺灣佛教改革運動期間，勢力逐漸達到高峰。昭和 17 年（1942）王進瑞投書至《臺灣佛教》寫下當時龍華派的極盛期與其主張〔註94〕：

　　本日（十月十四日）本人有幸能參加堪稱在家佛教本山的龍華會本部莊嚴的過光場儀式。……眾所週知的，龍華派乃是台灣各佛教宗派之中最受歡迎、信徒最多的。龍華派和先天派、金幢派同為台灣三大在家佛教宗派。……以下則簡單介紹大乘佛教運動者所建立的功績與成就。1. 將佛教從傳統被出家眾獨占的狀態解放出來，也就是向一般社會大眾開放，回歸到佛陀在世時四眾平等、道俗一如的精神。2. 從形式的、依存的信仰回歸到精神的、自主的信仰。3. 修行的最高理想從隱遁、非現實的羅漢果，拉回到協助苦惱於現實的眾生得到解脫，也就是給予眾生救濟的力量，讓他們能夠變成菩薩。也就是，大乘佛教徒的修行方式，必須與社會保持密切接觸。4. 從而，大乘佛教佛教徒修行時，應擺脫自利的觀點，而以利他救濟維本願。5. 從教條化、固定化的教法解脫出來，根據釋尊的精神，自由地、大膽地展開新思想，發展佛教教理。在這方面特別有重大貢獻。……佛教之所以能感化這麼多有情與非情的眾生，給予他們恩惠、救濟他們，完全都是大乘佛教的功勞。而知道這樣的歷史過程，我們就能更加了解在家佛教的價值與意義，所有在家佛教徒也一定能夠更有榮譽感與對自我的堅持。總之，大乘佛教的根本精神在於強調平等性、現實性以及道俗一如的原則。……目前龍華三家三派仍嚴格遵守吃素，其動機明顯源自於大乘佛教精神。而這樣的做法，當然也值得我們加以尊敬。只不過，眼前臺灣齋教信徒之中，確有不少不了解吃素的根本精神與意義，只是一味地遵守傳統形式，在他律的情況下固定化。這當然是有所欠缺的，也就是有必要重新回到大乘佛教的根本精神，作更積極的認識才好。〔註95〕

從王進瑞的敘述，可以知道當時龍華派已經是當時臺灣佛教界信徒最多的派別。龍華派的信徒以在家佛教徒自居，秉持大乘佛教的精神。擺脫教條式的佛教，根據佛陀的精神，開創自由新思想的佛教。大乘佛教精神，讓齋教徒會想

〔註94〕不著撰人，〈本會會則改正〉，《臺灣佛教》，19 卷 2 號（1940），頁 41。
〔註95〕王進瑞，〈臺灣佛教〉，《臺灣佛教》，20 卷 12 號（1942），頁 19～34。

積極的參與佛教活動。同時，日治時期官方將出家與在家視為臺灣佛教徒，沒有高低之分，因此齋教徒更熱衷投入臺灣佛教改革運動。不過，文章中也有提到也有不少的齋教徒不了解吃素的意涵，還是一昧的遵守傳統的教條。這是臺灣佛教改革者，一直努力的傳遞佛教改革思想的動力。

三、小結

日本統治臺灣中期後，受到日本佛學教育的臺灣青年，他們渴望改變傳統以法會為主的臺灣佛教，因此透過文章、演講等方式，改變臺灣佛教的樣貌。臺灣佛教改革運動的開端，應是源於南瀛佛教會的成立。南瀛佛教會的成員來自臺灣各地，是全臺性的佛教組織。南瀛佛教會成立後，臺灣與日本的佛教徒，在南瀛佛教會的刊物《南瀛佛教》上，積極發表他們的改革思想，讓群眾了解他們的訴求。

綜合前人與本文的研究，可以得知「佛教徒可以食肉娶妻」是當時佛教改革者們，對臺灣佛教界最具衝擊力的訴求。然而，「佛教徒可以食肉娶妻」只是佛教改革者們，作為推動佛教改革的外在口號。他們真正的佛教改革理念，是希望臺灣的佛教徒，不要只是墨守成規死守戒律，應該要理解並追求佛陀的真理，才是學佛最為重要的事。

第三章　洪池與僧俗同道對臺灣佛教改革運動的影響

本章論述洪池對臺灣佛教改革的影響，以及與他同時期的志同道合齋教徒的活動與思維。第一節研究洪池在日治時期，參與的佛教活動與思想。第二節以洪池的角度，審視與他共同參與佛教改革的同道。

第一節　洪池參與的佛教活動與其佛教改革思想

目前在學界中直接研究洪池的著作幾乎沒有，大多是在臺南齋堂的研究中提到洪池。王見川的《臺南德化的歷史》是目前學界對洪池描寫最豐富的著作。但是，他的研究是注重於臺南德化堂的歷史變遷，並非以洪池為其研究核心。〔註1〕因此本節的內容，將建立在王氏既有的研究基礎上，對洪池的生平與思想，做更深入的探討。

一、洪池與其家庭

（一）洪池的人格特質與家庭教育

洪池生於明治29年（1896）7月26日，生父為洪烏皮，生母為（洪）吳不，是家中的三男。大正2年（1912）3月5日，洪池被過戶成為「洪養」的養子，養母為「林看」。洪池的祖父為洪傳，養父洪養是洪傳的次男，職業是木工，養母林看是纏足的婦女。〔註2〕洪池原先的戶籍地住在嘉義廳鹽水港堡

〔註1〕王見川，《臺南德化的歷史》，臺南：德化堂，1994。
〔註2〕洪養生於同治11年（1872）12月11日，林看生於同治12年（1873）1月29日。

鹽水港街壬一百番地，大正 7 年（1914）9 月 8 日曾經短暫住到洪池的哥哥洪
麰戶籍，到大正 8 年（1919）12 月 17 日離開，搬到的臺南廳臺南市丙四百十
一番地。大正 11 年（1922）11 月 21 日，他與許良禽女士結為連理，並育有
三男四女，長男洪哲英、長女洪妙蓮、次女洪妙心、次男洪哲雄、三女洪妙玉、
四女洪妙花、三男洪哲勝。〔註3〕

圖 1 洪池與妻子許良禽的新婚照

洪池對於家庭的教育，洪池三子洪哲勝向筆者表示，他的父親算是一個
很開明的人，洪池經常提醒他做事情要注意的是目標，而不是達成目標的手
段。洪池對洪哲勝講一個故事，這個故事也可以看出洪池對於佛教的修行的
想法：

> 我爸很喜歡講經給我聽，講了一個例子，人若拿一隻手，指著月亮，
> 看月亮。你的目標是看月亮，不是看那隻手。用這個例子跟我們說，
> 做事情，要注重目標，不是注重你要完成目標的手段。比如說你坐
> 船去西方，你的目標是去西方，不是坐船。但有一些人修行，竟忘
> 記他的最終目標是要去修行？所以他用這個來跟你解釋，有的時候
> 他也很開放，例如說食菜（吃素）。多數人食菜（吃素），因為食菜

〔註 3〕在筆者的碩論中，因洪池的戶籍資料上缺乏，筆者誤將次女洪妙心植為長女，
　　　　經由曾淑敏女士指正，在此更正長女為洪妙蓮。感謝洪池的孫媳婦曾淑敏提供
　　　　洪池戶籍資料，詳見附錄。不著撰人，〈日治時期洪池戶籍資料〉。不著撰人，
　　　　〈戰後民國洪池戶籍資料〉。

（吃素）的結果，可以幫忙你，有慈悲的心。但是，食菜（吃素）不是目標，目標是要成佛。所以說，食菜（吃素）的過程中，不知道什麼原因，欠缺營養，醫生說一定要吃葷，你要怎麼辦？我爸是說，這種情形要吃葷。因為你要知道食菜（吃素），不是你的目標，食菜（吃素）是讓你比較好修行，是成佛的手段。……你要修行，有些能幫助修行的規定，要遵守。但是，有些時候，不能遵守。有時候不能將船，看成是目標。〔註4〕

由洪哲勝提到他爸爸告誡的故事中，可以想見洪池對於佛教修行的觀念，最重要的是如何達到佛教的最高境界，吃素等方式是讓人達成理想的方式，卻不是唯一的方法。由這個故事，也可以看出洪池不是一個死板的人，並非一昧的遵守規定，他是有去思考這些規定背後的意義。這個故事可以說明為何洪池會在日本時代，去推動佛教改革的人格特質。

　　除了從洪哲勝提供的故事外，洪池對於子女的關懷，也在二次大戰時期，洪池與長子洪哲英的書信中展現。洪哲英在戰爭期間前，曾經寫信給他的父親：

雖然說還有一些地方需要用到錢，但因寄錢過來實在是太麻煩，所以今後請不要再寄錢過來了，這件事我記得在之前也有和您討論過數次的，住在和歌山市的添華兄三天前有過來找我，說現在寄錢似乎比較困難，要我有缺錢就找他，說兄弟間互相幫助是理所當然的，對我表現出了這樣的善意，所以手頭上也不會那樣的拮据。但如果要送的話，我認為每月就一百至兩百就夠了，不知道父親的想法如何。取而代之，父親也可將那些錢送去給鹽水的阿姨我想會比較好。再靜待父親的意見。另外關於學校學費這回事也請父親再給予指示。如以上所述，希望今後不要再送錢過來了，但如果有什麼特殊狀況的話就寄航空信件或是打個電報給我，近日戰情漸漸擴大，我想更應該趕緊完成學業才是。〔註5〕

二月十五發出的支票，今早也確實的收到了。昨日因為還沒有接收到國際郵件通知，但因為今天早上接收到了，所以緊急的再寫了這

〔註4〕筆者與王惠琛女士共同訪談，洪池長孫洪英傑與長孫媳婦曾淑敏以及電話訪談洪哲勝，訪談時間：2019.6.23。

〔註5〕感謝成大歷史博士班楊家祈學長的翻譯，將日文書信翻譯成中文。完整信件內容，詳見附錄。洪哲英，〈長信〉，德化堂藏，1945。

封信通知。我想直到畢業前應該都是非常足夠的。也因受到了藥理
學的羽野教授及和歌山市的添華兄的照顧，我想今後如果沒有什麼
特別的原因，還請您不用再送錢過來給我了。學年試驗也順利地結
束，順利地升上了最高年級了。近來是變季之時，還請您保重身體。

因已領到了支票，於是想盡快地想通知您。〔註6〕

從這兩封信可以看到當時的洪池與洪哲英父子間的互動，因為戰爭的關係，兒
子體恤家中的經濟與親人，向父親說明自己在日本生活過得好，讓家人安心。
戰爭期間，洪池對兒子的經濟援助也沒有停止。

二、參加與龍華派活動與管理堂內事務

明治37年（1904）3月19日，洪池七歲時皈依臺南德化堂，隔年2月19
日再皈依至臺南德善堂。〔註7〕他具有兩間龍華派齋堂信徒的身份，並非只有
他如此，德化堂的信眾與德善堂的信眾重疊度高。〔註8〕大正6年（1917）1
月8日，在安平的化善堂晉升為龍華派階級的大引。〔註9〕洪池進入德化堂的
原因，可能是因為養父洪養也是德化堂的信徒，因此很有可能隨著家庭因素一
起加入德化堂。〔註10〕

依據德化堂遺留的史料〈明治37.39年德善德化堂土地登記申請書〉，明
治37年洪池進入德化堂時，德化、德善堂的管理人是甘普降，到了明治39年
（1906）德化、德善堂的管理人已經是盧振亨接替。〔註11〕因此，可以確信盧

〔註6〕洪哲英，〈短信〉，德化堂藏，1945。

〔註7〕不著撰人，〈信徒皈依簿〉，收入王見川、王惠琛編，《台南老齋堂的珍寶：台
南德化堂所藏的經卷與文獻》，（臺北：博揚文化事業有限公司，2018），3冊，
頁2。洪池，〈台南德善堂信徒名冊〉，藏於德化堂，1966。

〔註8〕德化堂的重要影響人陳日三、盧世澤也同樣是兩間齋堂的信徒，大正7年
（1918）道路改建，德善堂財產與信徒併入德化堂。民德寫真館編，〈臺灣佛
教名蹟寶鑑〉，收入王見川、李世偉、高致華、闞正宗、范純武主編，《民間私
藏臺灣宗教資料彙編第一輯》（新北：博揚文化事業有限公司，2009），28冊，
頁454。洪池，〈申請書〉，1966年，3月30日，藏於德化堂。

〔註9〕龍華派階級由高至低分別為空空、太空、清虛、四句、大引、小引、三乘、大
乘、小乘。王見川、王惠琛編，〈信徒皈依簿〉，《台南老齋堂的珍寶：台南德
化堂所藏的經卷與文獻》，頁2。

〔註10〕洪養，法號普緒，引進師為甘普降。生於清同治11年（1872）11月11日，
昭和7年（1932）4月28日去世。王見川、王惠琛編，〈信徒皈依簿〉，《台南
老齋堂的珍寶：台南德化堂所藏的經卷與文獻》，頁5。

〔註11〕不著撰人，〈明治37.39年德善德化堂土地登記申請書〉，德化堂藏。

振亨是載明治 37 年以後，最遲在明治 38 年就已經是德化堂的管理人。盧振亨是日治初期德化堂在社會上有高度影響力的堂主。

　　盧振亨（？～1921）是一名茶商，曾經擔任臺南地方的保正，在臺南地區是具有威望的地方仕紳。明治 28 年（1895），盧振亨由甘普降引進德化堂成為龍華派信徒，法號普省。〔註12〕大正 7 年（1918）他擔任兩堂的堂主時，因為市區改正道路拓寬，因此將德善堂財產併入德化堂。盧振亨在大正 10 年（1921）農曆四月八日去世。〔註13〕

　　盧振亨去世後，管理人是由薛塗成擔任。〔註14〕雖然無法得知德化堂何時選出，以及選舉方式。但是，按德化堂遺留的〈所屬財產處分願〉，薛塗成最晚在大正 11 年（1922）12 月 11 日就已經是管理人。〔註15〕從這份史料除了可以知曉薛塗成是德化堂的新任管理員外，也可以逐漸發現洪池在德化堂中的重要性，此時，洪池已經是堂內的信徒總代。

圖 2　所屬財產處分願

〔註12〕王見川、王惠琛編，〈信徒皈依簿〉，頁 32。

〔註13〕民德寫真館編，〈臺灣佛教名蹟寶鑑〉，收入王見川、李世偉、高致華、闞正宗、范純武主編，《民間私藏臺灣宗教資料彙編第一輯》，頁 454。

〔註14〕薛塗成（1862～1923），同治元年生，光緒 6 年（1880）1 月 6 日，經由蔡普杰引進至德化堂，法號普沛。他的職業是金銀佃工，大正 3 年（1914）1 月 11 日成為太空，大正 12 年 7 月 13 日去世。王見川、王惠琛編，〈信徒皈依簿〉，《台南老齋堂的珍寶：台南德化堂所藏的經卷與文獻》，頁 33。

〔註15〕不著撰人，〈所屬財產處分願〉，德化堂藏，1922。

　　前面本文雖然提到無法知悉德化堂選舉的方式，但是從其他的史料與研究，可以知道管理人的被選舉資格。因為，從其他學者的研究已經了解在龍華派的體系中，要掌管堂務、辦法會與傳燈，必須要達到龍華派的太空等級。〔註16〕根據德化堂的〈信徒皈依簿〉顯示，大正 3 年（1914）薛塗成已經成為龍華派的太空，有資格管理德化堂的堂務。〔註17〕

　　大正 12 年（1923）1 月 6 日，洪池與陳日三、薛塗成、葉超然一起加入臺灣佛教龍華會，〔註18〕洪池擔任理事、薛塗成擔任龍華會臺南支部長、陳日三擔任與葉超然擔任評議員。〔註19〕薛塗成接任德化堂管理員不到三年的時間，就在大正 12 年的 7 月去世，因為他的去世，使得許多職務上有所變更。

　　職務上的變動，最先可以從德化堂保留的大正 13 年（1924）3 月 9 日的臺灣佛教龍華會收據中看到，〔註20〕從這份史料可以知悉薛塗成去世後，臺灣佛教龍華會支部代理是由洪池擔任。這也再次證明洪池在德化堂，甚至是在臺南龍華派齋教徒中，逐漸受到信眾的支持。

圖 3　臺灣佛教龍華會領收證封面

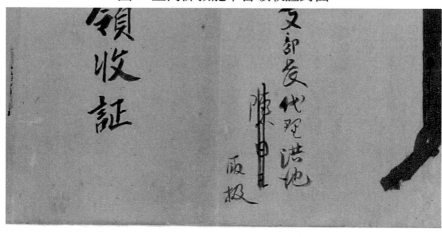

〔註16〕王見川，〈龍華派齋堂的個案研究〉，《臺灣的齋教與鸞堂》（臺北：南天書局有限公司，1996），頁 127。

〔註17〕王見川、王惠琛編，〈信徒皈依簿〉，《台南老齋堂的珍寶：台南德化堂所藏的經卷與文獻》，頁 33。

〔註18〕葉超然的資料缺乏，無法得知他的基本資料。王見川、王惠琛編，〈信徒皈依簿〉，《台南老齋堂的珍寶：台南德化堂所藏的經卷與文獻》，頁 33。

〔註19〕王見川、王惠琛編，〈臺灣佛教龍華會會員名簿〉，《台南老齋堂的珍寶：台南德化堂所藏的經卷與文獻》，（臺北：博揚文化事業有限公司，2018），4 冊，頁 123～30。

〔註20〕不著撰人，〈臺灣佛教龍華會領收證收據〉，德化堂藏，1924。

圖4　臺灣佛教龍華會領收證收據

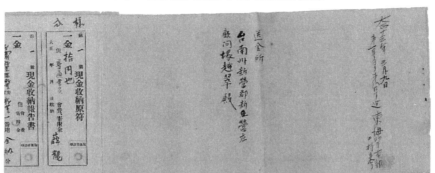

圖5　臺灣佛教龍華會領收證收據

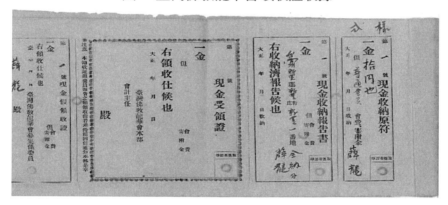

　　大正 14 年（1925）德化堂內部舉行選舉，選出管理者、評議員與理事等
職位。這場選舉德化堂吸引許多信徒參加選舉，其中包括洪池的養父洪養、胡
有義等人。〔註21〕選舉結果按照文件上註記排名的人選，照理應是盧世澤、陳
日三、洪池、王益四人為德化堂的管理者。〔註22〕

〔註21〕胡有義，大正 6 年（1917）10 月 15 日，盧振亨與洪池將他引進德化堂成為信徒，
　　　　法號普杉。胡有義成為德化堂信徒後，也進入南瀛佛教會，並與洪池出席
　　　　多次活動不著撰人，〈信徒皈依簿〉，收入王見川、王惠琛編，〈信徒皈依簿〉，
　　　　《台南老齋堂的珍寶：台南德化堂所藏的經卷與文獻》，3 冊，頁 31。
〔註22〕陳日三（1874～1941），同治 13 年（1874）6 月 24 日生。光緒 6 年（1880）
　　　　1 月 9 日，由蕭普晙引進，成為德化堂信徒，法號普湯。大正 12 年（1923）
　　　　成為太空。職業為文具商。盧世澤（1881～1955）是盧振亨之子，生於光緒 7
　　　　年（1881）8 月 25 日，他擔任過多次商業要職，如臺南信用組合長、臺南三
　　　　郊商業組合協會長、臺南信用組合監事、臺南信用組合理事、臺南州方面委
　　　　員、州稅調查委員、臺南信用組合長、臺南商工業協會副會長等。王益與盧世
　　　　澤的信徒資料，信徒皈依簿上沒有記載，所以無法得知何時進入德化堂。不著
　　　　撰人，〈大正 10 年管理人選舉〉，德化堂藏。不著撰人，〈信徒皈依簿〉，收入
　　　　王見川、王惠琛編，《台南老齋堂的珍寶：台南德化堂所藏的

圖 6 大正 14 年德化堂選舉管理人選舉結果信封

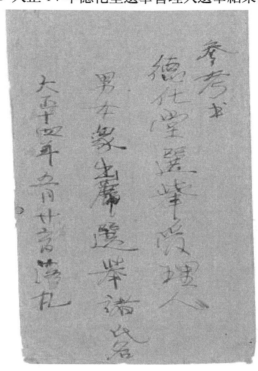

圖 7 不著撰人，〈議案〉，《大正 14 年管理人選舉》，德化堂藏

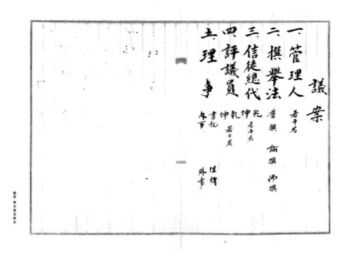

經卷與文獻》，頁 1～4。王見川，〈盧世澤草稿〉。唐澤信夫，〈盧世澤〉，《臺
灣紳士名鑑》，（臺北：新高新報社，1937），頁 24。中央研究院近代史所近現
代人物資訊整合系統（http://mhdb.mh.sinica.edu.tw/mhpeople/bookimage.php?
book=TM&page=24）

圖 8 不著撰人,《大正 14 年管理人選舉》,德化堂藏

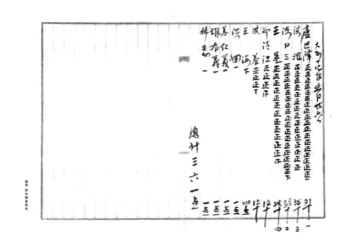

　　將圖三的票數做簡單的統計與解讀,其中有趣的是洪池的票數比養父洪養高尚不少,此時的洪池才二十九歲,就獲得七十五張堂內信徒的認同與支持,可見洪池是當時德化堂想要栽培的信徒。

表 7　大正 14 年（1925）德化堂管理者選舉

當選人	票　　數
盧世澤	91
陳日三	88
洪池	75
王益	64

　　昭和 16 年（1941）出版的〈臺灣佛教名蹟寶鑑〉,記載的德化堂的管理人,卻是只有盧世澤、陳日三、洪池三人,王益不在管理人名單中。〔註23〕德化堂中關於王益的資料鮮少,無法得知王益的生卒年與活動。因此推測盧世澤、洪池與陳日三應是日治時期德化堂主要參與活動的核心人物。

三、投入佛教改革運動與佛教改革思想

（一）洪池參與的佛教活動

　　大正 12 年（1923）,洪池以理事的身分進入南瀛佛教會。南瀛佛教會是臺

〔註23〕王見川、李世偉、高致華、闞正宗、范純武主編,〈臺灣佛教名蹟寶鑑〉,《民間私藏臺灣宗教資料彙編第一輯》,頁 454。

灣佛教改革運動的核心組織，洪池與許多關心臺灣佛教人的士在南瀛佛教會，推動佛教改革的理念。

　　臺灣佛教改革運動最重要的推手，除了前期已經在耕耘的江善慧、沈本圓、林覺力外，將臺灣佛教改革運動推到最高峰的就是開元寺派的林秋梧與高執德。林秋梧與高執德能夠在臺灣佛教界上嶄露光芒，也是在當時開元寺的住持魏得圓的支持下，才能對臺灣佛教有很大的影響。〔註24〕

　　原本是南瀛佛教會中的開元寺理事代表住持鄭成圓，因為疑似爆發醜聞而離開臺灣。開元寺主持改由魏得圓擔任，從《臺灣日日新報》可以得知魏得圓最晚在大正 12 年（1923）9 月，就已經是開元寺住持的身分。〔註25〕但是在南瀛佛教會中，魏得圓取代鄭成圓成為開元寺理事代表，卻是要等到大正 13 年 6 月。魏得圓成為理事的過程，在《南瀛佛教》中被揭露：

> 洪池氏冀宗氏王煌氏三理事，祈其力事會務之件一任囑林永定氏為
> 交涉。理事鄭成圓氏，于旅塗不返。故于總會席上，解囑本會理事。
> 其後任，推薦魏得圓氏。〔註26〕

> 臺南市三分子開元寺佳職魏得圓氏、高雄州鳳山郡鳳山街蔡遇氏于
> 六月二十五日，亦依囑為本會理事。臺南市開元寺前住職鄭成圓氏，
> 自創立本會以來，于會務功績不尟。然因其旅行中，久而不返，於
> 事務上徒有虛名而已。故去六月二十五，解囑本會理事。〔註27〕

從《南瀛佛教》雜誌的記載中，可以知道魏得圓能順利的成為開元寺的代表，是有賴洪池等人向同為理事的高雄超峰寺林永定交涉。〔註28〕洪池推薦魏得圓成為南瀛佛教會理事的舉動，雖然不是直接影響臺灣佛教改革運動的重要因素，但是正是因為魏得圓進入臺灣佛教界最受關注的組織，也因此讓魏得圓

〔註24〕魏得圓、林秋梧與高執德對臺灣佛教的影響，本文在第四章會有完整的分析，
　　　　在此先不多談。

〔註25〕不著撰人，〈赤崁／開元寺盆會〉，《臺灣日日新報》1923 年 9 月 1 日第 4 版。

〔註26〕不著撰人，〈臨時協議事項〉，《南瀛佛教會會報》，2 卷 4 號（1924），頁 32。

〔註27〕不著撰人，〈理事異動〉，《南瀛佛教會會報》，2 卷 4 號（1924），頁 32。

〔註28〕林永定（1877）生於明治 10 年，原本在臺南開元寺服務，明治 36 年（1903）
　　　　開始兼任超峰寺住持。林永定原本是開元寺監院兼住持，並非正式的住持。原
　　　　因是他未曾在福建鼓山湧泉寺受戒，所以無法擔任開元寺正式住持。明治 41
　　　　年（1908）他正式專職超峰寺住持。他積極參加臺灣佛教會的活動。王見川，
　　　　〈光復前的大崗山超峰寺──兼談其派下寺院〉，收入王見川、李世偉，《臺灣
　　　　的寺廟與齋堂》（新北：柏揚文化事業有限公司，2004），頁 231〜233。

的弟子林秋梧與高執德在南瀛佛教會發揮極大的影響力。

大正 12 年（1923）南瀛佛教會舉辦以「臺灣佛教振興策」為名，吸引許多關心臺灣佛教的人士投稿，這是掀起臺灣佛教改革運動的開端。〔註29〕大正 14 年（1925），洪池參加南瀛佛教會召開的第五回總會，共有十四位成員出席。南瀛佛教會副會長在該次總會報告大正 13 年（1924）年度的活動與花費。〔註30〕

圖 9 南瀛佛教會第五回總會

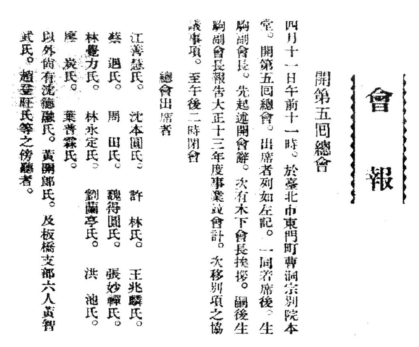

圖片來源：不著撰人，〈開第五回總會〉，《南瀛佛教》，3 卷 3 號
（1925），頁 27。

洪池能與江善慧、沈本圓、林覺力、廖炭等人一起出席總會，共同討論南瀛佛教會重要的決議，可以想見洪池在南瀛佛教會中的影響力，已經不容忽視。昭和 3 年（1928），南瀛佛教會在臺灣各地招開一週的演講會，讓民眾了解南瀛佛教會的主旨。此次全臺各地的演講會，臺灣佛教界有重要影響力的人士都是講師。〔註31〕下圖是當時出席的佛教講師：

〔註29〕〈臺灣佛教振興策〉的文章，在《南瀛佛教會會報》中刊登兩期，分別在 3 卷 2 號（1925），頁 11～28 與 3 卷 3 號（1925），頁 11～15。
〔註30〕不著撰人，〈開第五回總會〉，《南瀛佛教會會報》，3 卷 3 號（1925），頁 27。
〔註31〕不著撰人，〈本會開全島佛教講演會〉，《南瀛佛教》，6 卷 3 號（1928），頁 56～57。

圖 10 本會開全島佛教講演會

臺北州管內：江善慧、沈本圓、林覺力、趙登旺、蔡敦輝、沈德融、邱澤民
新竹州管內：葉普霖、洪速興、黃開郎、張妙釋
臺中州管內：許德林、林德林
臺南州管內：林峻山、黃景來、竹景圓、廖炭、魏得圓、洪得宗、繼得麟、王兆麟
高雄州管內：陳啟貞、林永定、施漢木、林朝遇、蔡遇木

又者各地方之講演。顧極盛況。然確實報告未達。詳細容之後報。倘本講演委員以外於各地臨時助講者亦多云。

圖片來源：不著撰人，〈本會開全島佛教講演會〉，《南瀛佛教》，6 卷
3 號（1928），頁 56～57。

　　這份名單中的講師有臺北州講師江善慧、沈本圓、林覺力，臺中州的林德林、曾景來臺南州的廖炭、魏得圓、王兆麟，高雄林永定等著名佛教人士，顯示要成為此次南瀛佛教會講師，必須要是在臺灣佛教有一定影響力的地位。洪池在這份名單中，也再次說明洪池能與江善慧、沈本圓、林覺力、廖炭共同站在佛教舞台的實力。

　　從大正 14 年的第五回總會與昭和 3 年的全島佛教講演會的例子中，其實說明南瀛佛教會對於出家僧侶與在家齋教徒的權力是同等的。只要在臺灣佛教界有影響力，都能參與會內舉辦的重要事務。洪池身為龍華派的齋教徒，大正 13 年擔任臺灣佛教龍華會臺南州支部的代理部長，他能與佛教龍華會的會長廖炭一起參與南瀛佛教會的重要活動，對佛教界的重要性不言而喻。

　　洪池除了在臺灣佛教界增加他的影響力外，他也曾經到中國大陸的廈門協助神田惠雲創辦《敬佛》月刊，〔註32〕並投稿自己對佛教界的期許：

〔註32〕本文判定神田惠雲並不是日本籍的僧侶，根據印順法師的回憶，民國 25 年
　　　　（1936）在廈門的惠雲法師是林子青，這個時間點與《敬佛》月刊的時間吻
　　　　合，所以認為神田惠雲是林子青。釋印順，《平凡的一生（增訂本）》，（臺北：
　　　　中華書局，2011），頁 14～16。網址：https://www.yinshun.org.tw/a23_1.htm。

當受臺灣臺南市洪池先生之聲援，今再接到先生惠投貴稿，添飾本
誌之光彩，始能拜見先生之獻身努力之姿，實感不至。〔註33〕

這是民國25年（1936）《敬佛》刊載的感謝之言，顯見洪池除了臺灣佛教外，
他也同樣的關心中國大陸佛教的發展。

　　因為洪池積極的參加各種佛教的活動，因此他的知名度逐漸廣為人知。
《臺灣佛教一甲子：吳老擇先生訪談錄（增訂本）》裡的內容，提到日治末期
到中華民國遷臺時期的佛教狀況：「當時出家人沒有人會講經，大部分都是在
家人在講。臺南就有一位在家人洪池會講經。〔註34〕」雖然出家人並非所有都
如吳老擇所述都不會講經，但是可以知道洪池在當時的佛教界具有一定的知
名度與影響力。

（二）洪池的佛教改革思想

　　從昭和3年開始，洪池在臺灣各地展開演講活動。這個時期至中日戰爭爆
發前（1928～1937）是臺灣佛教改革運動最興盛的熱潮，在此熱潮裡最受矚目
的出家僧侶林德林、林秋梧、高執德透過不斷的投稿，將他們的佛教改革思想
傳遞給大眾。

　　這波佛教改革的熱潮中，洪池與上述所提出家僧侶採取不同的方式，他幾
乎都用演講的方式來宣傳佛改革，較少投書到報刊雜誌上。為何洪池不與其他
人用大量投書的方式推動佛教改革？或許能從洪池對德化堂信徒鄭偉聲的教
誨中，找到其原因：「因感到能寫的人才多，而能講的人才少，故盡力於講的
方面。〔註35〕」這段話似乎可以視為洪池將重心放在演講的理由。本文認為洪
池生處的年代，臺灣民眾的教育水準普遍不高，能夠閱讀期刊雜誌的人不多，
所以與其用文字來鼓吹臺灣佛教改革，不如用言語來的更有效。

　　洪池的演講內容多數都沒有被刊在《南瀛佛教》雜誌上，但是仍然在其他
細節看得到他追求的佛教改革思想。從《南瀛佛教》雜誌上刊登洪池演講的題

〔註33〕神田惠雲，〈感謝之言〉，《敬佛》，2卷2號（1936），頁33。
〔註34〕邱麗娟，〈臺南府城地區齋堂與佛、道教關連性〉，真理大學宗教文化與組織管理學系、台灣黃帝道脈無極天道監修宮主辦「第四屆「臺灣道教」學術研討會──台灣道教與民間教派的交涉」，（2018年10月28日），頁18。吳老擇受訪，卓遵宏、洪坤宏主訪，《臺灣佛教一甲子：吳老擇先生訪談錄（增訂本）》（新北：國史館，2006），頁29。
〔註35〕問卷製作人：徐逸誠，交遞人：鄭偉聲，問卷交遞時間：2018.5.12。詳見附錄。

目，可以看出洪池想傳遞思想的方向。洪池曾經發表過〈佛教出世之動機〉、〈佛教三大解放〉、〈一超直入如來地〉、〈食菜與佛教〉、〈佛教真精神〉、〈佛教宇宙哲學與人生觀〉。〔註36〕這些題目其實顯示，洪池希望民眾了解什麼是真正的佛教，他希望民眾是因為了解佛陀的真理而信佛，不要盲目的信佛。在這些演講題目之中，〈食菜與佛教〉是值得在更進一步思考的主題。本節前面引洪池與三子洪哲勝的父子對話裡，已經有所揭示洪池對食菜與佛教的關係：「食菜只是成佛的手段，不是唯一的目標。」這顯示洪池的佛教改革想法，就是以成佛為最重要的目的，其餘戒律規範，只是幫助成佛的手段。

即使洪池的演講稿幾乎都沒有保留下，本文也可以從曾經聽過洪池演講的聽眾，知道洪池演講的內涵。昭和9年（1934）屏東的豔僧在《南瀛佛教》雜誌投書〈我觀佛教與食肉帶妻問題〉一文，該文就有提及他去聽洪池在屏東的演講：

> 余曾於東山禪寺，聞得臺南市洪池先生之講演，謂「今日之佛教，主張將食菜之僧尼、齋友、齋姑變為自由化、普遍化、通俗化、在家化大眾化之佛教，不著注食於葷素，不著僧俗唯重研究佛陀之真理，實行現世當為之實益主義，開發精神生活，與物質生活並進之兩輪云云。以此意義宣傳得人人覺悟，共存同榮之精華，在乎人人勞力共創，圖謀全人類之幸福，纔能實現人人立地成佛之真意義也。」〔註37〕

洪池強調的新佛教應該走向自由化、在家化的方式，不再執著於吃素，不分出家僧人或是在家修行的世人，只專注追求佛陀的真理。提升精神與物質生活，就能讓全人類獲得信服，才能達成人人都能成佛的真正意義。

本文前面雖然提到洪池大多採用演講的方式推動佛教改革運動，但是洪池其實亦有將自己的思想投稿至雜誌上。昭和8年（1933）洪池投書〈祝創刊十週年和說些人生哲學〉在《南瀛佛教》雜誌上：

> 我看臺灣一般人士，對佛教的看法和信仰，大部分是認識對反的樣子。換句話說，是看差錯的，是看不見佛教本來面目的，是認不著佛教根本精神的。非只一般平當人這樣，而專門佛教徒的僧侶與齋

〔註36〕洪池的演講主題與活動，詳見本節附表。
〔註37〕鑱能，應是才能，但是尊重原文，不做修正。屏東市艷僧，〈我觀佛教與食肉帶妻問題〉，《南瀛佛教》，12卷9號（1934），頁26。

> 友，亦多數這樣呢。何以家家有菩薩、戶戶有彌陀，而未能普及佛
> 法否。用一句話說，自開臺以來似乎佛教未出世的樣子，嚴格地說
> 起來，臺灣無佛教。怎樣臺灣無佛教呢？自命為佛教本身的寺院和
> 齋堂，尚且不知道什麼是佛、什麼是神、而奉祀註生娘娘啦、山神
> 土地啦，以外算不了的多神與幻神之類。而未嘗設立覺悟的教化，
> 而自命為佛教徒者，常以婆婆媽媽的言語，迷惑愚夫愚婦，以妄引
> 妄，相引入迷妄的黑暗生活。設有立志欲學佛法者，亦無處求學，
> 所致一般人們，雖知有佛教的名，而不知道佛法要素。〔註38〕

洪池提出對臺灣佛教長久以來的觀察，許多臺灣的民眾祭拜觀世音菩薩，但是
他認為臺灣大部分民眾都誤解佛教的義理與信仰，臺灣並沒有真正的佛教。
臺灣之所以沒有真正的佛教，是因為過去臺灣佛教參雜太多的民間信仰，許多
自詡是佛教徒的人，用妄想欺騙民眾，使民眾知道佛教的名稱，卻不知道佛教
的真正內涵。

> 至最近十餘年來，方漸設立佛教團體，如本會年年開催佛教講習會、
> 及月報、或開催佛教講演會等，這樣看來，似乎臺灣佛教初誕生的
> 樣子，但看近來月報的內容漸漸豐富起來，貢獻吾臺的佛光漸普現
> 出來。這也是一項可慶賀的現象，總而未能長足直進的，吾感覺雖
> 講演會之催，一地方一年間平均無一回的宣傳，而講師中常有帶混
> 什思想，或消極主義、或佛陀所認為外道的口氣，帶了這樣的色彩，
> 使學者無將摘從呢。〔註39〕

雖然南瀛佛教會成立後，發行刊物與舉辦許多的巡迴演講，讓臺灣佛教朝正確
的方向露出曙光。但是，作為巡迴演講的講師裡，仍有不少人在演講中混入非
佛的思想，讓民眾產生困惑。洪池研究佛陀的言行，最後認為佛教的根本就是
人生哲學。

　　洪池除了批評當時臺灣佛教不是真正的佛教外，洪池在《敬佛》月刊投稿
〈祝敬佛家庭修養雜誌——並談我的信仰〉提出對佛教的願景：

> 若欲值到佛陀的大目的，須從佛法普遍於社會，即實現社會化佛教，
> 家庭化佛教，通俗化佛教，大眾化佛教。而山林寺院的佛教，充作

〔註38〕洪池，〈祝創刊十週年和說些人生哲學〉，《南瀛佛教》，11卷7號（1933），
　　　　頁67～68。

〔註39〕洪池，〈祝創刊十週年和說些人生哲學〉，頁67～68。

布教師養成學院。而布教所當設於接近社會之處，使一般人們容易接法，欲指導社會，方知社會之缺點。〔註40〕

洪池提倡大眾化、在家化的佛教，讓佛教進入生活是佛陀最大的目的。佛教的講師應該與社會連結，讓民眾容易接觸佛法，佛教的講師更有責任改善社會的缺點。洪池如何落實自己的理念，他提出十二個要素：

以下談幾句我信佛的條件：

（一）理智的信仰：佛以起悟為一大事業，究其理之真而生智慧，則真正合理的信仰確立。

（二）非迷信的信仰：不知而信之曰迷信。教義云，不知佛而自謂信佛，其罪尚過於謗佛，佛教以轉迷為第一要務。

（三）入世的非厭世的：佛者莊嚴地獄之工人也，將這人人叫苦之世，改造為極樂勝景，不移寸步，直立西方，當安長樂，非厭此世界，而另求空想之天國與樂園。

（四）活人之佛教：人人得之人人立地成佛家庭得之家家幸福圓滿，社會行之即共存共榮，非為死人誦經超渡之佛教。

（五）自我之信仰：佛示人與無我中而會其我，我即是佛，則唯自我佛力，能自強獨立，人人得之即世無弱者矣。

（六）自由信仰：解粘棄縛不執不著，獨行自在。

（七）平等信仰：人人皆有佛性，不以賢而增，不以愚而減，心，佛，眾生，三無差別，諸佛菩薩一體同觀，本來無男女，男女則如，佛法平等，無階級之差別，一體同仁。

（八）安樂信仰：認識本然常安不變，一切諸苦悉皆是幻，化幻歸真，常住永樂。

（九）大乘信仰：真諦精神修養，俗諦社會事業，真俗二諦圓融，即兼善而非獨善。

（十）無限信仰：法界無邊，無始無終，無生無死，生命永活。

（十一）積極的：精進悲智勇，勇敢直前，為人類造幸福，完成這地球實現極樂世界。

（十二）世界的：山河大地我全身，山河大地皆露法王身，處處皆

〔註40〕 臺灣臺南市洪池，〈祝敬佛家庭修養雜誌——並談我的信仰〉，《敬佛》，2卷2號（1936），頁8。

是佛地，人人本具佛性，佛云一人未成佛□不成佛，佛以世界全體

成佛為前提。〔註41〕

從洪池列出的信仰佛教條件裡，前面四項的信仰條件，可以具體顯現洪池心中理想佛教徒應有的樣子。首要的條件就是理智的信仰，真正理解佛陀的思想，才能開悟。第二點條件是非迷信，銜接第一個條件，如果沒有理智，不理解佛教的精隨，卻稱自己理解佛教，比毀謗佛陀還嚴重。第三個條件強調入世，佛教徒應該積極的改善現處的社會，而非消極的期待死後西方極樂世界。第四項條件活人的佛教，與第三個條件呼應，佛教的存在是為了讓家庭與社會幸福美滿，而不是超度死人的宗教。

雖然日治時期洪池發表的文章不多，但是從他發表的文章中，可以清晰的知道他的佛教改革理念。二戰後中國佛教會在臺灣復會，以出家人為重的傳統漢傳佛教再度成為主流，佛教改革運動因此停止。民國55年（1966）6月15日，洪池在《佛青》日報發表〈請大慈大悲的釋尊做將來世界和平會議的議長〉一文。〔註42〕這可以證明即使面臨時代潮流的轉變，他依舊保持關心臺灣佛教的發展，與佛教應該積極參與社會的想法。

第二節　同道齋教徒的活動與思想

本節研究臺灣佛教改革運動期間，除了洪池之外，關心與參與佛教改革的齋教徒。其中許林與胡有義是本節重點討論的對象，不僅是因為他們與洪池有交集，也在齋教徒中具有代表性。更是因為相較於其他齋教徒，他們的史料相對較多，可以做更進一步的探討。其餘齋教徒的佛教思想，本節只能針對發表的文章內容，進行討論。

一、許林（1877～1932）

學界有關許林的研究，王見川〈日治時期的「齋教」聯合組職〉一文，是較早對許林完整敘述的研究。〔註43〕本文在第二章第三節討論南瀛佛教會的齋教徒成員時，就曾經提到許林。

〔註41〕臺灣臺南市洪池，〈祝敬佛家庭修養雜誌——並談我的信仰〉，頁9～10。

〔註42〕洪池，〈請大慈大悲的釋尊做將來世界和平會議的議長〉，《佛青》，1966 年 6 月 15 日，2 版。

〔註43〕王見川，〈日治時期的「齋教」聯合組織〉，《臺灣的齋教與鸞堂》，臺北：南天書局有限公司，1996。

（一）許林其人與其重要性

許林出生於光緒 3 年（1877），日本統治臺灣後，擔任彰化地區的警察。許林成為龍華派信的時間點，是在日本統治臺灣至大正元年（1912）間，法號普樹。許林是龍華壹是堂派的信徒，大正 3 年（1914）他晉升為太空。大正 4 年（1915）許林成為日本佛教曹洞宗的布教補助囑託，大正 5 年（1916）佛教大講演會在臺灣佛教界掀起很大的熱潮，許林在這場活動結識江善慧等人，許林在佛教界逐漸有其聲望。大正 11 年（1922）擔任臺灣佛教龍華會的佈教主任，隔一年成為南瀛佛教會的理事。許林在南瀛佛教會成立之初，就擔任南瀛佛教會的講師，是當時少數能擔任講師傳法的齋教徒。大正 14 年（1925）許林與江善慧、沈本圓、林覺力以臺灣代表身分，參加東亞佛教大會，發表演講。昭和 7 年（1932）55 歲時病逝。〔註44〕

從王氏的研究裡，就可以知曉許林是具有重要影響力齋教龍華派信徒。從《南瀛佛教》雜誌紀載中：「本會理事許林氏，為本會發展上常用真意，其功績之顯著乃眾人所共稱贊也。〔註45〕」更能得知許林是被臺灣佛教徒所敬重的齋教徒。在洪池尚未有很大的影響力之前，許林可以說是洪池在佛教改革道路上的前輩。洪池與許林之間的關係，除了都是臺灣佛教龍華會的成員外，在南瀛佛教會都是理事。〔註46〕大正 14 年（1925）南瀛佛教會召開第五回總會，許林與洪池都是在場出席的代表。〔註47〕昭和 3 年（1928），南瀛佛教會召開全島佛教講習會，許林是臺中州的講師，而洪池是臺南周的講師。〔註48〕雖然演講的地方不同，但是他們的所做的目的是一樣的，都是要告訴民眾南瀛佛教會成立的目的。

（二）許林的佛教改革思想

從前人的研究裡，已經可以知道許林是臺灣佛教界重要的影響者。在本節此段，要分析許林的佛教改革思想。大正 14 年（1925）許林在東亞佛教大會發表演說：

〔註44〕王見川，〈日治時期的「齋教」聯合組織〉，頁 160～165。

〔註45〕不著撰人，〈本會理事許林氏美舉〉，《南瀛佛教會會報》，4 卷 6 號（1926），頁 51。

〔註46〕不著撰人，〈本會役員住所氏名〉，《南瀛佛教會會報》，1 卷 2 號（1923），頁 32。

〔註47〕不著撰人，〈開第五回總會〉，《南瀛佛教會會報》，3 卷 3 號（1925），頁 57。

〔註48〕不著撰人，〈本會開全島佛教講演會〉，《南瀛佛教》，6 卷 3 號（1928），頁 57。

> 佛教社會事業，是由大乘佛教精神之發露，無非佛教思想當然之發
> 展也。我觀現今經營社會事業之人，若非營利，則必爭名譽者居多，
> 皆以善事，為假面，為手段，其實欲滿足其野心者也。……昔日佛
> 在世時，在家財施，出家法施，各有分限。今日世界文明，僧俗難
> 分。所以財法二施，為佛教徒者，當以並行。然後可以圓滿也，從
> 來社會事業，徒以物質布施。輕視精神上之法施，所以益救社會，
> 益盛社會事業。而社會問題，日增日多，終無了期。此無他焉，皆
> 因治其枝末。不治根本所致也。我臺灣者番提出之意見，全是注意
> 這點。主張治本為要，欲治其本者，必從信仰也。欲令其信仰雖有
> 種種方法，千萬不如教育青年少年，為勝也。所以社會事業，結局
> 歸於教育事業，方有根基。若非教育，社會事業，恰如空中樓閣，
> 無相異也。我臺灣提出設立孤兒院者，一是社會事業之當為，一是
> 主張社會事業，必以教育為根本。〔註49〕

許林對於佛教與社會的想法與洪池相近，而且呼籲的更早。他批評當時經營佛
教社會事業的人，多數都是為了營利或是賺取名聲，所做出的行為，都是為了
個人的利益。過去佛陀在世時，在家人以金錢救助人，出家人用佛法感化世
人。到了許林生處的時代，出家人與在家人沒有明顯的差別。佛教徒如果佛法
與經濟同時援助，社會自然會幸福圓滿。但是救助社會的，通常只有經濟的援
助，缺乏佛教意涵的灌輸，導致只能短期幫助民眾，卻無法解決真正問題。許
林提倡從事社會救助事業，必須要以教育為根本。

大正14年（1925）許林發表〈什麼是佛〉一文，表達對於佛的見解：

> 因為看見那些隨口念佛的和盲從學佛的人。都不識得佛的名字。不
> 懂得佛意義我所以做這篇文來說明白。給他們了知。使他們不至冤
> 枉念佛。誤認佛名。這是我一點應該盡的義務。〔註50〕

許林發現當時雖然有許多人信佛或是學佛的人，但是都不了解佛教的真正意
義。因此，他覺得有必要告訴民眾如何真正的學佛，才有可能成佛：

> 諸君要想成佛麼。千萬不可呆板板的等候。等候佛來救度諸君去成
> 佛。還是要諸君自己信行。自己靠得往證不退轉。能得成佛呢。何

〔註49〕許林講，李普現記，〈佛教與社會事業之關係〉，《南瀛佛教會會報》，4卷1號
　　　　（1925），頁10～12。
〔註50〕許林，〈什麼是佛〉，《南瀛佛教會會報》，4卷3號（1926），頁6～7。

以呢。我有一句話來問諸君。諸君成佛。想要靠著佛來救度。佛當
初成佛的時候。又是靠著誰來救度呢。我閱釋迦牟尼成佛的歷史。
他都是自己修行。自己救度的。並沒有什麼人來救度他。也沒有什
麼佛來救度他。諸君。現在要想成佛麼。還要發大覺悟。大信行。
大修證。大勇猛精進心。去實行以下的事。（一）慈悲。少用些心術
殺人。（二）喜捨。切莫做慳貪不捨的事。（三）忍辱。要學的大量。
自度度人。（四）精進。仔細多用些功夫。勇猛精進。（五）禪定。總
莫要東西去拉緣法。要老老實實學禪入定或念佛（六）般若。多看
幾本經書。做成佛的資本。我以上所寫的話。都是成佛的過程所必
要的。〔註51〕

他呼籲信眾想要成佛，不要單純的等待佛陀來帶領，而是自己體會佛法的精髓
成佛。許林呼籲的目的，是要民眾知道成佛是要靠自己的修行。從許林建議的
六項學佛重點裡，可以發現他的建議是相當務實，沒有一步登天的想法，勸導
民眾想成佛，必須從基礎做起。

　　雖然可以知曉許林對臺灣佛教有很高的影響力，但是他在佛教改革運動
發展的中途內病逝，他沒有遺留許多的資料供後人研究。因此在佛教改革運動
中的齋教徒角色，以時間與地區而言，洪池的影響力比許林來的長且又廣泛。

二、胡有義

（一）胡有義與洪池共同參加的佛教活動

　　胡有義，出生於明治42年（1909）7月20日，父親是胡德星，母親是胡
黃却。〔註52〕大正6年（1917）10月15日，盧振亨與洪池將胡有義引進德化
堂，成為龍華派的信徒，法號普衫。〔註53〕胡有義與洪池之間的互動，雖然無
法從德化堂遺留的日治時期的資料中，看出他們之間除了洪池將胡有義引進
德化堂外，還有其他的活動。但是，若從《南瀛佛教》雜誌上的報導，則是可
以看到多一點的資料。昭和9年（1932）林秋梧去世，他的追弔會在開元寺召
開。當時開元寺的鄭普淨將追弔會紀載在《南瀛佛教》雜誌：

〔註51〕 許林，〈什麼是佛〉，頁6～7。

〔註52〕 不著撰人，〈胡有義戶籍資料〉，德化堂藏，1999。

〔註53〕 不著撰人，〈信徒皈依簿〉，收入王見川、王惠琛編，〈信徒皈依簿〉，《台南老
　　　　齋堂的珍寶：台南德化堂所藏的經卷與文獻》，（臺北：博揚文化事業有限公
　　　　司，2018），3冊，頁31。

> 高執德氏、莊松林氏、蘇香源氏、洪池氏、李友三氏、胡有義氏、
> 林宣鰲氏、鄭少雲等各向靈前披讀吊辭,追述悼語深情悽楚。次寺
> 內諸執事,親族拈香次伊藤州教育課長及各位參會者拈香。次親戚
> 總代謝辭,次回向讚。寺執事閉會辭嚴肅退場在彌勒殿前記念撮影,
> 時已過午時一勾鐘,午餐後散會,亦哀亦榮詢盛況也。〔註54〕

這場追弔會是胡有義與洪池一起出席的場合,同時也是胡有義與洪池同場的
第一次紀載。當時的德化堂除了洪池外,陳日三與盧世澤都是當時的資深的有
代表性的齋教徒。但是,陪同洪池出席追弔會的卻是胡有義。胡有義應該與林
秋梧等佛教改革者們熟識,亦有可能也是當時佛教改革的成員,所以他才與
洪池一起出席追弔會。

　　胡有義除了他出席林秋梧的追弔會外,他曾經與洪池、高執德等佛教改革
人士一起出席佛教活動:

> 臺南佛教聯合會之懇談會于五用四日午後,二時起開于安平化善
> 堂。是日出席者開元寺得圓和尚,專圖監院、高執德教師、彌陀寺
> 黃夢塵氏、德化堂洪池氏、胡有義氏、報恩堂陳耀文氏、陳鐘濱氏、
> 明德堂王棟氏、化善堂葉劍創氏、蘇興山氏、王生氏、徐階氏等多
> 數之出席者懇談事項。一、會館建築之件二、講習會開催之件三、
> 雜誌刊行之件四、會則決定之件,俱皆熱心討論自午後七時半起在
> 當堂開佛教講演會聽眾有百餘名。〔註55〕

從《南瀛佛教》雜誌的報導中,可以得知不少參與佛教改革的僧侶與齋教徒,
都有出席臺南佛教聯合會。在這次的活動中,胡有義與洪池、高執德等佛教改
革者們,一同出席佛教活動。

　　雖然胡有義在日治時期,參與佛教改革活動的紀錄並不多。但是從日治到
戰後,只要洪池參與的活動,胡有義幾乎都會跟一起參加。民國 36 年(1947)
11 月 23 日,中國佛教會在臺南成立支會。洪池擔任臺南市佛教會常務監事,
胡有義則是候補理事。〔註56〕民國 37 年(1948)元旦到 3 日,洪池參加臺南
支會舉辦的演講大會,發表〈在家佛教,佛教與三民主義,以佛法建設大中華

〔註54〕鄭普淨,〈故證峰大師追悼錄〉,《南瀛佛教》,12 卷 12 號(1932),頁 30。
〔註55〕不著撰人,〈臺南佛教會聯合會開懇談會〉,《南瀛佛教》,14 卷 6 號(1936),
　　　頁 60。
〔註56〕不著撰人,〈臺南市佛教支會成立〉,《臺灣佛教》,7 號(1948),頁 8~9。

民國〉，胡有義發表〈人間為甚麼為佛〉。〔註57〕

　　從胡有義參與的佛教活動來看，他經常與洪池等佛教改革者們，一起參與佛教活動，似乎可以推測胡有義也是參與佛教改革運動的成員，再進一步分析胡有義的佛教思想，就可以證明這樣的推測是合理的。

（二）胡有義的佛教思想

　　洪池等佛教改革者推動的佛教改革思想，在南瀛佛教會中並非完全沒有異音。當時斗南的沈普源發表〈答煽動持齋食菜反對問題〉一文，對佛教改革思想提出質疑：

> 觀九月號本誌，有屏東市、艷福和尚之論文，與佛陀之宗旨反對。
> 其文中，句句如花似錦、說的胡胡混混，似欲打倒釋尊及羅祖的法
> 門，故有論出隔外異端的思想。但不才頗閱其文，真有令人可笑也。
> 其名稱為和尚，而不知和尚何等人格，濫稱是名，誠不知愧甚
> 矣。……論起為和尚之戒，務要學佛陀正業，而太虛法師教科書云：
> 一、要持戒。二、要學經。三、要依經修行，一切行為。四、要禮
> 誦禪定。五、要盡潔寺宇，供養佛教。六、要時常講演布教。七、
> 要廣行善慈。八、要儘力布施。九、要堅受忍辱。十、要寧死不二
> 的信愿，不然祇可算是地獄種子也。〔註58〕

文章中批評豔福和尚的論文，所指的就是屏東豔僧的〈我觀佛教與食肉帶妻問題〉一文。沈普源認為豔僧說的天花亂墜，似乎還有打倒佛陀跟羅祖的是異端思想。由於洪池的演講內容被豔僧引用至文章中，而且洪池的佛教改革思想受到豔僧的支持。所以，沈普源批評豔僧文章的同時，等於是間接否定洪池等佛教改革人士的理念。沈普源的佛教觀點，他認為持戒就是佛教徒最為重要的正業。

　　胡有義對於沈普源的說法，有不同的意見。昭和10年（1935）胡有義發表〈問「偽僧逆理」仙〉一文反駁沈普源的說法：

> 看著沈普源先生一段的論壇，閱之很妙，看又不知其意，看看一段
> 論壇胡不懂呢，我們不知道你們為什麼緣故那開口就大罵呢。原來
> 這部什誌是相罵劇本嗎？說什麼偽僧逆理呢，咱們若有些奧妙學理

〔註57〕不著撰人，〈臺南市支會元旦演講大會〉，《臺灣佛教》，7 號（1948），頁 10。
〔註58〕斗南沈普源，〈答煽動持齋食菜反對問題〉，《南瀛佛教》，12 卷 12 號（1934），
　　　　頁 22。

盡管拿出來談談，豈不是較為清雅嗎？至於偽僧二字的意思，我們
就大不知道了。我們有聽著人們說道，這僧字的語音是天竺（印度）
語音。咱們把他翻譯作眾字，這眾字的字義就是一切的說法，若從
廣義說起來，使是山河大地、森羅萬象，統說起來叫僧。由夾義說，
就是汝我，一切人們，統說起來叫僧。難道商人就不是僧嗎？或是
這僧亦有偽的嗎？這些偽僧的意思，我們全然不懂。〔註59〕

胡有義在他的文章開頭，就先針對沈普源指控他們是偽僧，做出反擊。胡有義
舉出僧字印度原文的本意，表示僧就是眾人，沒有真假的問題。胡有義接著反
駁沈普源的論點：

佛法這麼周至，卻是被食菜的高牆大壁所阻礙著。以致不能自由進
入，抑有些人們得入食菜的門戶內。總是亦未嘗有聽著真的佛理生
成是丸或是扁的，以致難以脫離開這個苦海，所以他們思欲將這阻
礙自由的牆壁打開給人人可得進入自由無礙。另一方面是演布佛
法，使人人均占佛陀的慈露，世的人們皆獲得極樂境地，而選名
為樂世僧亦未可知呀。這是我們的見解，世尊初悟道時有一句嘆氣
的話說道：一切蠢動含靈，俱有佛性。從這句話推想起來，便可證
明一切萬物盡皆是佛。〔註60〕

胡有義認為佛法很好很完善，但是卻因為食菜的規定，導致很多想皈依佛門的
人，因為食菜的規定而放棄。而因為食菜進入佛門的人，反而沒有學到正確的
佛法，使自己還深陷苦海。所以佛教改革者們的訴求，是希望讓更多人接觸到
佛教，讓真心學佛的人，不再因為食菜而被拒之門外。佛陀認為萬物都有佛
性，一切都可以成佛。

胡有義談完佛教應該是開放性的宗教後，他提出反對硬性規定食菜的論
證：

中間曾聽說起釋尊立一個大宏願道，世間上若有一個人不能成佛，
我們咒咀不成佛。據一句話看起來，有這食菜的事情來插在這裡，
是能達到世尊一句的大宏願也不？讓我們急激地說，是絕對不能
的。由實際上看便可以知道的，這食菜迄今已有數百年的歷史了。
而現在世界的人口，已經超過二十億萬人的多數了。而食菜人有了

〔註59〕胡有義，〈問「偽僧逆理」仙〉，《南瀛佛教》，13 卷 3 號（1935），頁 26。
〔註60〕胡有義，〈問「偽僧逆理」仙〉，頁 26～27。

一萬人沒有呢？準做有一萬人、纔是二十萬人有一人的食菜人而已。據你們說無食菜不能成佛，豈不是耽誤著那最大多數的人們無佛可做嗎？……在來的人們都是認持齋為食菜，食菜為持齋的。殊不知持齋是持齋，食菜是食菜的。食菜人未必然有持齋，持齋人未必然是食菜。怎樣說呢？食菜人呆心肝的很多，不僅可說為很多，是可說為全數的。怎樣說呢？食菜人常常籍這食菜的美名來欺騙了愚夫愚婦，迷惑了愚夫愚婦的精神使其昏迷，纔來於中取利者，難以枚舉。……持是堅守不變，齋是心肝潔淨無垢，簡直說就是時時緊守了眾善奉行，諸惡無作的念頭的，可叫持齋。〔註61〕

胡有義舉出曾有人說佛陀的本意，希望所有人都能成佛。接著，再談當時地球的人口已經非常的多，但是食菜的人口只有萬人的人數。如果是食葷不能成佛，只有食菜才能成佛，成佛變成食菜人的權利。食菜的限制，反而違背佛陀希望每人都能成佛的本意。胡有義再指出食菜不等於持齋，有些人只有表面食菜，內心卻不是真正的純潔。許多食菜人欺騙知識不高的民眾，興辦法會賺取利益。持齋，應是堅守內心的純淨。

胡有義提出吃素不等於持齋的見解之後，再敘述佛教的宗旨：

沈先生啊，你們突然說一句受戒為宗旨，害我們連想三四日都不能明曉的呵！原來釋尊設立了這佛教，豈但是要人人受戒就好了嗎？人人若來受戒便達到人生的目的地嗎？宗旨是能引導了人人達到無生、無恐、安樂、自在、無畏、無礙的境地名叫宗旨。換一句現代語說起來，就是「主義」的意思的。釋尊的主義豈是喚人人受戒而已嗎？人人若來受戒就會達到自由、自在、無畏、無礙的聖境嗎？我看釋尊不是把受戒為宗旨的，受戒只是教門中一小部份規矩而已。若無再研究經理，實實在在明白了什麼是我、我是什麼、什麼是佛、佛是什麼以後，欲達到人生的目的地，這是萬萬不能的。〔註62〕

胡有義反對沈普源的佛教徒要以受戒為宗旨的想法，他認為佛陀創立佛教，不是只要佛教徒受戒而已。受戒只是佛教的一環，研究佛教的經典，了解佛教的意涵，才是必較重要的。

〔註61〕胡有義，〈問「偽僧逆理」仙〉，頁26～28。
〔註62〕胡有義，〈問「偽僧逆理」仙〉，頁27～28。

三、其他齋教徒的佛教改革思想

　　除了許林與胡有義之外，其實還有其他齋教徒也是支持臺灣佛教改革運動。但是由於史料收集的困難，無法更深入探討他們的背景，只能呈現他們對臺灣佛教的建言。

　　齋明堂江普乾的〈聖誕與感想〉一文中，提出他對臺灣佛教的看法，也可以看出他是支持臺灣佛教改革：

> 我們大略可以知道佛學的特點是理學上，比論何學說高尚之一層。
> 因為佛陀所說的法門，不論是在甚麼地方，都極平等、極圓融的。
> 思想上不論怎麼思想的徹底，都可任意自由的解說的。……作佛徒
> 不研究真理「作道士」「廟祝」「術士」「巫覡」「作乩童」「立棹頭」
> 作出種種怪現象，以致世人視佛教是流毒社會的麻醉藥，看僧伽是
> 消極的人物、是厭世的一部份。這也難怪世人如此待度，最第一要
> 害者，是一班老前輩所致。自己睡著作夢，不準後輩覺醒何故呢？
> 「他們以為」穿著一領長衫、作作招牌，提著一串念，珠裝裝門面，
> 就能達到佛陀的目的。〔註63〕

江普乾認為佛陀所講的佛法，在任何地方都是平等互相圓融。思想是自由的，可以自由解說的。他認為過去臺灣佛教被世人鄙視的原因，源自於過去佛教界裡的老前輩們，以為空有佛教僧侶的形式，就能達到佛陀的目的，不允許年輕一輩的佛教徒改變。

　　齋教徒周維金的文章〈祝十週年記念與佛教宣言〉，〔註64〕提出他認為身為佛教徒的自我要求：

> 我等所鑑者，居今之世。若不知修，是歸於自棄者。不但廣化修
> 得，因人自本此，不棄他人。雖自利，亦須利他。不但得菩提之證
> 果，可以除一切之煩惱。同歸極樂之旨，應當布教。自南瀛佛教會
> 創設以，已達十二年。所養成布教者，雖屬不少，於佛教頗為有益。
> 然大乘教法，或禪學，以及淨土等之講演者，創立研究會於全島。
> 每星期聚會，不拘男女老幼，皆可研究佛理。止但為人生之修養亦
> 可企進佛教之振興，則指導人心，以助邦家之治，稗益不少。〔註65〕

〔註63〕齋明堂江普乾，〈聖誕與感想〉，《南瀛佛教》，11 卷 4 號（1933），頁 24～25。
〔註64〕周維金曾經以新竹齋堂總代的名義弔念陳火，所以可以確認是齋教徒。新竹齋堂總代周維金，〈弔詞（同前）〉，《南瀛佛教》，12 卷 6 號（1934），頁 47。
〔註65〕周維金，〈祝十週年記念與佛教宣言〉，《南瀛佛教》，11 卷 7 號（1933），頁 66。

周維金認為佛教徒要自我精進學習佛法，不但要自我精進外，也要激勵他人一起精進佛學，消除世間的苦惱。周維金鼓勵佛教徒要多佈教，南瀛佛教會成立後養成不少的佈教師。有些講述大乘佛教、禪學等講師，創立研究會，帶領信眾研究佛理。周維金覺得這樣的方式，是振興臺灣的佛教，有助於臺灣佛教的發展。

四、小結

許林在佛教改革運動時期，是洪池崛起之前的重要齋教徒。他的思想與洪池非常的相近，都呼籲佛教應該走入社會，同時也批判當時的佛教徒沒有了解真正的佛教。但是，許林在佛教改革運動的期間去逝，所以洪池成為佛教改革運動裡，具有高度影響力的齋教徒。

胡有義是德化堂的信徒，是洪池與盧振亨將他引進德化堂。雖然沒有證據可以顯示他曾經是南瀛佛教會的成員，但是他與洪池、高執德都曾經一起出席有關佛教改革的活動。胡有義的思想，也跟佛教改革者們的訴求幾乎相同。幾乎可以證明，胡有義也是當時與洪池一起投入佛教改運動的齋教徒。本文曾經在第二章第三節提過，臺灣在家佛教在日治末期成為最多信徒的教派，這樣的結果與洪池等齋教徒們推廣的佛教改革思想息息相關。

除了許林、胡有義之外，其他的齋教徒也是關心臺灣佛教的發展，如何改善臺灣佛教的環境，都有自己的想法。因為目前還無法找到更多其他的齋教徒史料，所以篇幅有限，未來當這些史料被發覺時，齋教徒對佛教改革的影響，將會更加清晰。

第四章　洪池的僧界同道：開元寺參與臺灣佛教改革運動的寺僧

　　日治時期開元寺的鄭卓雲、林秋梧與高執德，都是推動臺灣佛教改革的重要推手。鄭卓雲以在家居士的身分擔任開元寺書記，很早就在南瀛佛教會嶄露頭角。林秋梧是魏得圓培養，送去日本駒澤大學的留學生。高執德則是接替魏得圓的下一代開元寺住持。這四人在臺灣佛教改革的道路上，與洪池的理念相近，也曾經共同參與臺灣佛教改革的運動。

　　本章探討洪池的臺灣佛教改革的重要同道——開元寺寺僧，他們對臺灣佛教界的影響。除了鄭卓雲之外，林秋梧與高執德之所以能成為，臺灣佛教改革的重要影響人，正是因為當時的開元寺住持魏得圓的培育。本章的第一節中，分析鄭卓雲與魏得圓的佛教改革思想與貢獻。第二節，探討林秋梧的佛教改革思想，比較他與洪池思想的差異。第三節，研究高執德與洪池參與佛教改革運動對佛教界的影響，以及他們佛教改格思想的不同。

第一節　鄭卓雲、魏得圓與洪池等佛教改革者們的關係及其影響

　　本節討論鄭卓雲、魏得圓與佛教改革者們的關係，以及鄭卓雲、魏得圓對臺灣佛教的影響。鄭卓雲在南瀛佛教會成立初期，投稿建言臺灣佛教改革的方向，被南瀛佛教會選為徵文比賽的第三名。他的佛教改革思想，受到各界肯定。魏得圓是日治開元寺的重要住持，他讓開元寺成為佛教改革運動中，對臺灣佛教有重要影響的佛寺。

一、鄭卓雲（1892～1949）

（一）生平與洪池一起參與的活動

　　鄭卓雲，法號普淨。光緒 18 年（1892）生，嘉義大林人。12 歲時進入打貓公學校就讀，16 歲時畢業，22 歲與楊魯氏結婚。鄭卓雲在 15 歲時，拜土庫林普城太空為師，開始研究佛經，19 歲時參加臺北圓山臨濟禪寺開辦的青年佛教講習班。從 25 歲開始進入開元寺，跟隨得圓和尚參禪並禮拜為師。鄭卓雲在開元寺受到寺眾的擁護，以在家居士的身分，破例成為開元寺的當家兼職書記。〔註1〕

　　鄭卓雲很早就開始參與南瀛佛教會的活動，大正 10 年（1921）南瀛佛教會成立並舉辦第一回講習會時，他即是當時第一回講習會修業完成的學生。〔註2〕洪池是在南瀛佛教會成立後，便是德化堂的代表理事。根據《南瀛佛教》雜誌的記載，兩人第一次共同出席的場合，就是在林秋梧的喪禮上。〔註3〕但是，兩人在喪禮上並沒有太多的交集。他們兩人另一次一起出席的活動就值得關注，昭和 16 年（1941）臺灣佛教會在開元寺舉辦常設佛教講座，〔註4〕設立的目的是希望臺南開元寺身為南部佛教指導者者得立場，增進信眾的佛學素養。〔註5〕在負責教育佛教徒，這麼重要的活動中，洪池、鄭卓雲、高執德與王進瑞擔任講師一職。鄭卓雲能與洪池、高執德、王進瑞一起擔任教育信眾的講師，說明他在臺灣佛教界的評價，不輸給洪池與高執德等佛教改革者。

（二）佛教改革思想

　　鄭卓雲的佛教改革思想，本文在討論臺灣佛教弊病時，已經引用鄭卓雲發表的〈臺灣佛教振興策〉一文，不過之前的討論是針對鄭卓雲認為臺灣佛教的問題，沒有細談他的佛教改革思想。他在這篇文章中，提出改一、布教團之組織。二、布教機關之聯絡。三、勵行定期說教及定例巡回講演。四、佛學院及

〔註1〕鄭卓雲對外，也用鄭羅漢、鄭少雲等名稱。釋能元（陳登元），〈鄭羅漢居士略歷〉，收入鄭卓雲，《心經講略、信心銘註解合訂本》（臺中：瑞成書局，1961），頁 1～2。

〔註2〕不著撰人，〈第一回南瀛佛教講習會修了者〉，《南瀛佛教會會報》，1 卷 1 號（1923），頁 24～25。

〔註3〕開元鄭普淨，〈故證峰大師追悼錄〉，《南瀛佛教》，12 卷 12 號（1934），頁 28～29。

〔註4〕南瀛佛教會在昭和 15 年，改名為臺灣佛教會。

〔註5〕不著撰人，〈臺南市佛教支會成立〉，《臺灣佛教》，7 號（1948），頁 8～9。

布教研究會之設立。五、佈行信者券及宣揚大乘佛教指針。六、佛教雜誌發行。七、臺灣佛教大會開催。八、臺灣佛教振興事業費募集及積立。〔註6〕鄭卓雲提出的八項佛教改革建議中，第一、三、四、六，四項建議日後在南瀛佛教會都有成功的落實。

鄭卓雲不只一次發表對佛教改革的想法，昭和6年（1931）發表〈閒話三則〉，再度討論到佛教改革的問題。〔註7〕他再次呼籲臺灣佛教界要成立連絡的統一機關，希望更多佛教團體加入佛教改革的行列。接著，鄭卓雲針對「僧尼結不結婚」的訴求，提出他的想法。他認為善慧等人推動僧侶可結婚的訴求，沒有什麼問題。但是，他也質疑有不少社會毒瘤的和尚利用這個高潔的招牌，欺騙善良的女性。因此，鄭卓雲建議有意學佛的青年女性要有以下五點覺悟，才可住進佛寺中：

> 一、你們果然有志願修梵行嗎？
>
> 二、你們是厭結婚的生活嗎？
>
> 三、你們對正行的僧尼和邪行的野僧認識得出嗎？
>
> 四、你們能發菩薩心實行四弘誓願嗎？
>
> 五、假使有惡人要來加害你們能用大無畏力去抵抗嗎？〔註8〕

鄭卓雲並非反對佛教改革中僧侶可結婚的主張，但是他務實地指出臺灣有不少心術不正的和尚，藉此名義來欺騙想學佛的青年女性。因此，他必須提醒想在佛寺居住學佛的婦女，是否能做到這四點的要求。

昭和7年（1932），鄭卓雲接著再發表〈臺灣佛教進展策〉一文，宣揚他的佛教改革理念。他提出六項臺灣佛教界應該做的措施：

> 欲望將來之進展，其策有六。即一者、要確立僧伽教育機關。二者、要確立布教機關。三者、要改革僧伽制度。四者、要改革齋門迷信。
>
> 五者、要組織教務統一機關。六者、要辦佛教社會事業。〔註9〕

鄭卓雲的六項改革措施中，可以看見鄭卓雲很重視佛教徒的教育，僧伽的培訓、破除齋教徒的迷信，都是他所重視的問題。接著，他又再談到佛教組織的再造與功能，希望佛教能與社會結合，興辦佛教社會事業。

〔註6〕鄭卓雲，〈臺灣佛教振興策〉，《南瀛佛教會會報》，3卷2號（1925），頁24～27。

〔註7〕病夫鄭卓雲，〈閒話三則〉，《南瀛佛教》，9卷9號（1931），頁32～35。

〔註8〕病夫卓雲，〈閒話三則〉，頁34。

〔註9〕開元鄭卓雲，〈臺灣佛教進展策〉，《南瀛佛教》，10卷9號（1932），頁7～8。

　　鄭卓雲能以在家居士的身份，擔任開開元寺書記，顯示他的能力是受到寺內信眾的肯定。不僅如此，他也能與洪池、高執德等佛教改革者，一起擔任教育民眾的講師。鄭卓雲對臺灣佛教有很重要的影響力，他的佛教改革理念，很早就受到世人矚目。鄭卓雲一直呼籲希望能建立佛教聯絡、佈教機關，增加佛教改的力量。他認同僧侶結婚的訴求，同時也提醒女信眾要防範心機不軌的惡僧。除了鄭卓雲外，另一位對開元寺有著重要影響力的就是時任住持魏得圓。

二、魏得圓（1882～1946）

　　許多學者都曾研究開元寺的發展，這些學者在研究中都曾提及魏得圓。李筱峰寫的《臺灣革命僧林秋梧》，是較早點出魏得圓對林秋梧有重要性的研究，〔註10〕同時讓學界更多人討論魏得圓擔任住持期間發生的事件。以往學界在討論魏得圓時，大多關注日本時代開元寺的財產糾紛問題。〔註11〕但是，慧嚴法師與大野育子的研究，他們都提到魏得圓在開元寺擔任住持時期，重視僧人的培育的面向。〔註12〕本節除了整理前人研究的成果外，也把日治時期有關魏得圓的史料做統整，更清楚知道日治時期魏得圓參與的活動，以及對臺灣佛教的影響。

（一）魏得圓生平

　　開元寺鄭卓雲撰寫的開元寺治略稿中，曾經紀載魏得圓的略歷：

> 得圓和尚，字印如，魏姓，俗名松，台灣台南州新營郡白河庄馬稠後人，魏姓繼昌先生第四子也。光緒壬午年十二月十四日生，〔註13〕性溫純高濤，自幼讀書順通文理，念生死大事，於明治己亥年（十八歲）皈依龍華，〔註14〕矢志精修。歷四倡位於明治三十八年乙巳

〔註10〕李筱峰，《臺灣革命僧林秋梧》（臺北：自立晚報社文化出版部，1991），頁87～90。

〔註11〕闞正宗、談宜芳、邵慶旺、盧泰康撰稿，《物華天寶話開元——臺南市二級古蹟開元寺文物精華》。毛紹周，〈破戒的和尚？略論日治時期臺南開元寺成圓事件〉，頁175～209。

〔註12〕慧嚴法師，《台灣與閩日佛教交流史》，（高雄：春暉出版社，2008），頁155～161。大野育子，《日治時期台灣佛教菁英的崛起——以曹洞宗駒澤大學台灣留學生為中心》（新北：淡江大學歷史學系碩士班碩士論文，2009），頁61～62。

〔註13〕光緒壬午年為光緒8年，即西元1882年。

〔註14〕明治己亥年為明治32年，即西元1899年。

（二十四歲）圓頂禮玄精上人為師。〔註15〕翌年丙午（二十五歲）
往福州鼓山受比丘戒，〔註16〕得戒於好蓮老方丈，住湧泉寺一年，
戊申轉錫泉州崇福寺。〔註17〕己酉年歸臺，〔註18〕住台南開元寺，
歷監院職。壬子年蒞台南水仙宮位職，〔註19〕丙辰年轉為馬稠後關
帝廟住職。〔註20〕大正十年辛酉桂月轉承開元寺住持之任戒行。〔註
21〕精專禪理，達妙雕文，罹胃病亦不敢尸位素餐，而孜孜勉勵大眾。
協力經濟重修山門、施設僧伽教育。獎勵後學進上級學校，養成有
資格之僧伽。正宗風之丕振，建圓光塔、新彌勒殿，啟四眾戒壇，
皈依者盛矣。〔註22〕

魏得圓是現今臺南白河區內角里人，〔註23〕在鄭卓雲的記載中，可以得知魏得
圓在明治 32 年，開始皈依龍華派，明治 38 年在開元寺出家。魏得圓先皈依臺
灣齋教龍華派，而後出家拜玄精法師，可見魏得圓與齋教龍華派是有淵源的。
文中除了可以得知魏得圓曾經擔任過開元寺住持外，他也擔任過水仙宮跟關
帝廟的住持。他本身專研佛學外，他也提攜後進，鼓勵他們更進一步地留學。
讓開元寺在日治時期，成為影響臺灣佛教的重要寺廟。鄭卓雲提到魏得圓在大
正 10 年當上開元寺住持，根據鄭卓雲寫的〈開元寺例規〉，要成為開元寺的住
持，必須是傳芳和尚的徒弟體系。〔註24〕但是魏得圓並非是傳芳法師的門徒，
他能當上開元寺住持，是因為上任住持鄭成圓因為犯色戒而捲款而逃的關係。

　　江燦騰先生的研究對此有詳細的分析，他提到開元寺傳統成為住持的條

〔註15〕明治 38 年（乙巳），即西元 1905 年。
〔註16〕明治 39 年（丙午），即西元 1906 年。
〔註17〕明治 41 年（戊申），即西元 1908 年。
〔註18〕明治 42 年（己酉），即西元 1909 年。
〔註19〕西元 1911 年，因為沒有月份，所以無法判斷是大正元年，或是明治 45 年。
〔註20〕大正 5 年（丙辰），即西元 1916 年。
〔註21〕大正 10 年（1921）8 月（桂月）。資料來源：公共電視發行，〈白鷺秋分迎桂
　　　月〉，台灣民俗十二月令篇（https://library.nptu.edu.tw/search/av/b980514.html），
　　　最後檢索日期：2019.6.17。
〔註22〕王見川、李世偉、范純武、高致華、闞正宗編，鄭卓雲撰，〈台灣開元寺誌略
　　　稿〉，《民間私藏臺灣宗教資料彙編——民間信仰・民間文化第一輯》（臺北：
　　　博揚文化事業有限公司，2010）33 冊，頁 236～237。
〔註23〕根據筆者向今白河關帝廳的廟方人員表示，內角里人多數姓魏。筆者訪問時
　　　間：2019.09.12。
〔註24〕王見川、李世偉、范純武、高致華、闞正宗編，鄭卓雲撰，〈台灣開元寺誌略
　　　稿〉，頁 189～190。

件，是必須到福建鼓山受戒，這也是為何魏得圓會去福建鼓山受戒的原因。但是，這項條件在陳傳芳時代廢止。所以，鄭卓雲寫的成為住持條件，便是之後新設的。鄭成圓是陳傳芳的徒孫，蔡玄精之徒。蔡玄精因為被指控巫術詐財，而遭到逮捕。江燦騰認為這是開元寺從曹洞宗轉向臨濟宗關鍵。因為蔡玄精被逮捕，住持才由傳芳的徒孫接任。鄭成圓擔任住持期間，誘拐別人的妻女，被揭發之後潛逃至南洋。雖然，鄭成圓逃往南洋，但是舊有勢力依然存在，魏得圓是在開元寺鬥爭中接任住持。〔註25〕但是，鬥爭並未在魏得圓成為住持而中斷，反而更劇烈，本節之後再談魏得圓面臨的風波。

圖 11 筆者攝於臺南白河區關帝廟，拍攝時間：2019.9.12

　　曾景來曾在《臺灣時報》與《南瀛佛教》發表過〈開元寺略傳〉，昭和 12 年（1937）4 月他先在《臺灣時報》發表，12 月再投稿至《南瀛佛教》，內容上大同小異。其中，文章中也提及魏得圓的事蹟，而曾景來對魏得圓的描述，跟鄭卓雲相似，但是曾景來這樣的舉動，可以讓更多人知道魏得圓是熱衷貢獻臺灣佛教的僧侶。〔註26〕

　　除了鄭卓雲與曾景來的紀載外，曾經擔任過臺南市文獻委員的盧嘉興，〔註27〕在他自己的研究〈北園別館與開元寺〉中，也寫過魏得圓的簡歷：

〔註25〕江燦騰，《日據時期臺灣佛教文化發展史》，（臺北：南天書局有限公司，2001），頁 164～171。

〔註26〕曾景來，〈臺灣寺廟物語〉，《臺灣時報》，4 月號（1937），頁 89～98。曾景來，〈開元禪寺記略〉，《南瀛佛教》，15 卷 12 號（1937），頁 40～43。

〔註27〕盧嘉興，自號「廢廬主人」大正 7 年（1918）生，民國 81 年（1992）去世。他曾擔任臺南市文獻委員會委員，鍾情於研究臺灣史。他曾寫過《臺南縣志稿》〈卷首疆域篇〉〈人民志氏族篇〉〈自然志地理篇〉〈氣象篇〉四篇、《臺灣

得圓和尚主持（字印如，俗家姓魏，俗名松，嘉義縣店仔口馬稠後人，光緒八年——壬午，西元一八八二年十二月十四日出生，〔註28〕為魏繼昌的四子。光緒二十五年十八歲皈依龍華派，三十一年剃度拜玄精上人為師，翌年廿五歲往福州鼓山受比丘戒，住湧泉寺一年轉錫泉州崇福寺，宣統元年回臺住開元寺。歷任監院及臺南水仙宮、馬稠後關帝廟等住持），重修山門。……開元寺經得圓和尚主持：創設僧伽學堂，新建圓光寶塔，又改築大講堂、伽藍壇、父母堂等，民國二十三年開壇傳戒，自此宗風日漸光輝。自抗戰軍興日人敵視漢僧，因此得圓和尚為適應時勢，於民國三十二年（癸未，日昭和十八年）退隱，禪授高足證光師（係得圓和尚眾徒中，最傑出的人物）繼任主持。臺灣光復後不久得圓和尚於民國三十五年圓寂。〔註29〕

盧嘉興完成此篇研究的時間是民國 56 年（1967），從內文中，可以發現對魏得圓的介紹與鄭卓雲相似，筆者推測盧嘉興應是看過鄭卓雲的〈開元寺志略稿〉。盧嘉興在鄭卓雲撰寫的基礎上，增添鄭卓雲文章中，未提及或是尚未發生的事件，讓世人更了解魏得圓。鄭卓雲提到魏得圓曾經開壇受戒，盧嘉興更進一步指出開壇受戒的時間就是民國 23 年（1934），並在民國 32 年（1943）卸任，由高執德擔任開元寺住持，在民國 35 年（1946）圓寂。盧嘉興除了提到魏得圓培育僧眾以外，也提及當時住持接任者高執德，他認為是當時僧伽中最傑出的一位。

　　本文認為盧嘉興的說法合理，因為高執德確實參與許多臺灣佛教活動，他透過對民眾演講佛教主題時，將他的佛教改革傳達給社會。〔註30〕慧嚴法師的

研究彙集》、《輿地纂要》、《鹿耳門地理演變考》等著作，他的部分著作在西元 2000 年時，被臺南市政府收錄在《台灣古典文學作家論集》中。林雪娟，〈官方認證——盧嘉興紀念館 12 日掛牌〉，《中華日報》2017 年 3 月 8 日（http://www.cdns.com.tw/news.php?n_id=23&nc_id=149314），最後檢索日期：2019.7.2。蔡文居，〈專情於台灣史——府城歷史名人盧嘉興故居掛牌〉，《自由時報》，2017 年 3 月 12 日（https://news.ltn.com.tw/news/life/breakingnews/2001774），最後檢索日期：2019.7.2。

〔註28〕此處盧嘉興使用的西元年可能是有疑慮的，若鄭卓雲記載的是農曆光緒壬午 12 月 24 日，西元年就是 1883 年 2 月 1 日。因為沒有魏得圓的日治時期戶籍資料，所以無法明確知道魏得圓的出生日期。

〔註29〕盧嘉興，〈北園別館與開元寺〉，《中國佛教史論集（八）——臺灣佛教篇》，（臺北：大乘文化出版社，1978），301～303。

〔註30〕高執德的佛教改革思想與活動，筆者在本章第三節有詳細討論，便不再此說明。

研究中，基本上是引用鄭卓雲與盧嘉興的史料，藉此說明魏得對開元寺的貢獻，包括修繕開元寺的建築，以及在他任內林秋梧與高執德在開元寺開設佛教講習會等事蹟。〔註31〕

　　此外，魏得圓在開元寺是第幾代住持的疑慮，毛紹周曾經專門探討此問題。魏得圓是第幾代住持的疑慮，主要來自於開元寺上一任住持成圓的問題，成圓因為有犯色戒的疑慮，捲款潛逃。因此衍生出得圓是接替成圓成為45代住持的位置，或是成為全新一任的住持。依毛紹周的研究，他將得圓與成圓共同並列為開元寺45代住持。〔註32〕魏得圓是第幾代住持的疑慮，並非筆者在本文關注的焦點，因此筆者以毛紹周的說法，作為魏得圓是開元寺第45代住持的依據。

三、魏得圓對佛教改革的影響

　　本節前面已經討論魏得圓的生平，接續再研究他對臺灣佛教改革的影響。日治時期魏得圓參與不少活動，他與洪池等佛教改革者之間的互動，以及他對開圓寺僧伽的培育，是本文所關注的議題。

表 8　魏得圓大事紀及與洪池等佛教改革者共同參與的活動

時　間	事　由	備　註
大正 12 年 8 月 7 日（1923）	臺灣佛教龍華會會長廖炭、開元寺魏得圓上人與高雄超峰寺住持林永定，為了增加佛教的傳道，擬設立佛教傳道團。〔註33〕	
大正 12 年 11 月 11 日	臺北觀音山凌雲禪寺開設一週四眾戒壇，魏得圓以開元寺住持的身分，擔任尊證阿闍黎。〔註34〕	其他一同參與戒壇的重要法師，羯磨阿闍黎福州鼓山湧泉寺聖恩老和尚、教授阿闍黎浙江寧波接待寺

〔註31〕慧嚴法師，《台灣與閩日佛教交流史》，頁 155～161。

〔註32〕毛紹周，〈《臺灣開元寺誌略稿·歷代住職》待補錄的世代缺空〉，《文史台灣學報》，1 期（2009），頁 304～337。

〔註33〕報紙內文用德圓，筆者認為應該是錯字，應該是「得」字。不著撰人，〈諸羅特訊／龍華會傳道團〉《臺灣日日新報》，1923 年 8 月 7 日，6 版。

〔註34〕王見川、張二文、范純武、李世偉編，《臺灣宗教資料彙編：民間信仰·民間文化第三輯》，〈同戒錄〉，34 冊，（新北：博揚文化事業有限公司，2019），頁 301～395。

		圓瑛住持、導戒阿闍黎基隆靈泉寺善慧住持、證戒阿闍黎新竹大湖法雲寺覺力住持、尊證阿闍黎新竹獅山金剛寺妙禪住持。
大正 13 年 1 月 24 日（1924）	魏得圓、陳鴻鳴、黃宗岳、謝群我會等人，邀請中國寧波佛教演講家圓瑛法師在臺南公館演講。〔註35〕	
大正 13 年 6 月 25 日	南瀛佛教會洪池、龔宗、王煌三位理事拜託林永定交涉，推薦魏得圓取代鄭成圓成為南瀛佛教會理事。〔註36〕	鄭成圓因為犯色戒的疑慮，捲款潛逃，因此遭到除名。〔註37〕
大正 13 年 8 月 4 日	魏得圓接替鄭成圓成為臺南開元寺住持，但是接任之初，並未受到正式公認，因此在 7 月 27 日正式召開選舉大會，經由選舉，正式確認魏得圓為開元寺住持。〔註38〕	
大正 13 年 12 月 28 日	魏得圓參加丸井圭志郎卸任南瀛佛教會會長歡送會。〔註39〕	一同出席的有江善慧、沈本圓、陳火、王兆麟、林永定。
大正 14 年 4 月 11 日（1925）	魏得圓出席南瀛佛教會五回總會。〔註40〕	一同出席的有江善慧、洪池、林覺力、王兆麟等人。
昭和 2 年 3～4 月（1927）	三月，林秋梧禮魏得圓為師，進入開元寺。四月，魏得圓資助林	

〔註35〕 不著撰人，〈理學講演〉，《臺灣日日新報》，1924 年 1 月 24 日，6 版。

〔註36〕 不著撰人，〈臨時協議事項〉，《南瀛佛教》，2 卷 4 號（1924），頁 32。不著撰人，〈理事異動〉，《南瀛佛教會會報》，2 卷 4 號（1924），頁 32。

〔註37〕 目前學界對鄭成圓的評價，大多認為他犯色戒，捲款潛逃。但是毛紹周對於鄭成圓犯色戒的事情，抱持懷疑的角度，認為可能與開元寺內部的鬥爭相關。慧嚴法師，《台灣與閩日佛教交流史》，頁 153～155。毛紹周，〈破戒的和尚？略論日治時期臺南開元寺成圓事件〉，頁 175～209。

〔註38〕 不著撰人，〈赤崁特訊／開元寺財產問題〉，《臺灣日日新報》，1924 年 8 月 4 日，4 版，夕刊。

〔註39〕 不著撰人，〈開理事會及丸井會長之送別會〉，《南瀛佛教會會報》，3 卷 2 號（1925），頁 39。

〔註40〕 不著撰人，〈開第五回總會〉，《南瀛佛教會會報》，3 卷 3 號（1925），頁 27。

	秋梧進入東京駒澤大學專門部漢文科就讀。〔註41〕	
昭和2年5月27日	臨濟宗南部寺院創設佛教醫院與組織佈教團。教團成立大會在開元寺召開，教團名為「佛教慈濟團」，得圓擔任佈教團庶部委員。〔註42〕	佈教團正委員長為東海宜誠、庶部其他委員為許清江、黃宗岳、陳徹淨、龔宗。
昭和3年11月21日（1928）	第二回佛教講習會，在臺南彌陀寺召開。魏得圓為講習會講師。〔註43〕	其他講師為口羽義教、王兆麟、東海宜誠。
昭和5年12月15日	臺南開元寺魏得圓與基隆靈泉寺江善慧，共同邀請林永空、郭善昌、邱德馨、林德林、張妙禪、甘盛宗、釋茂峰、林覺力、沈本圓，共同籌設佛教統一機關，在臺灣南北設立六大本山與三事務所。〔註44〕	開會地點在臺中佛教會館。
昭和9年10月17日（1934）	魏得圓重要弟子林秋梧病逝。〔註45〕	
昭和9年11月13日至26日	魏得圓參加南瀛佛教會第15回講習會閉會宴會。〔註46〕	洪池、陳耀文、王兆麟也有出席該宴會。
昭和9年12月17日	開元寺彌勒殿與東廂大講堂重修修建完成，住持魏得圓傳授四眾戒律，在17日圓滿傳授菩薩戒，恭祝重修完成。〔註47〕	

〔註41〕 李筱峰，《臺灣革命僧林秋梧》，頁85～90。大野育子〈日治時期台灣佛教菁英的崛起——以曹洞宗駒澤大學台灣留學生為中心〉，頁61～63。

〔註42〕 不著撰人，〈佛教慈濟團設立大會〉，《臺灣日日新報》，1927年5月27日，4版，夕刊。

〔註43〕 筆者日文能力有限，內文疑似南瀛佛教會主辦，但是在《南瀛佛教》雜誌並沒有看到相關的報導。不著撰人，〈臺南佛教講習會〉，《臺灣日日新報》，1928年11月21日，6版。

〔註44〕 不著撰人，〈臺灣佛教計劃統一設六大本山三事務所——來十四日開發起磋商會〉，《臺灣日日新報》，1930年12月15日，4版。

〔註45〕 不著撰人，〈臺南市開元寺魏得圓師得意弟子林秋梧君〉，《臺灣日日新報》1934年10月17日，4版，夕刊。

〔註46〕 不著撰人，〈第十五回講習會閉會式〉，《南瀛佛教》，13卷1號（1935），頁47。

〔註47〕 不著撰人，〈臺南開元禪寺授戒會啟〉，《南瀛佛教》，12卷12號（1934），頁37。

昭和 10 年 10 月 1 日	魏得圓將出席 11 月 5 日舉辦的臺灣佛教徒大會。〔註48〕	地點位於臺北市公會堂。
昭和 10 年 11 月 5 日	魏得圓在臺灣佛教徒大會上提案，提案「關於本島寺廟、齋堂、主職者（指住職、廟主、堂主）之資格認定，建議其法規制定之實施方法」。〔註49〕	
昭和 11 年 1 月 2 日（1936）	魏得圓參加在德化堂舉辦的南部寺堂懇親會。〔註50〕	同場出席的有高執德、王兆麟、陳耀文、陳日三、洪池、蘇子堂等人。
昭和 11 年 5 月 3 日	魏得圓、高執德出席臺南佛教婦人會。〔註51〕	洪池負責該會開會詞。
昭和 11 年 5 月 4 日	開元寺的魏得圓、高執德參加在安平善化堂舉辦的「臺南佛教會聯合會開懇談會」。〔註52〕	同場出席者洪池、胡有義、陳耀文等眾人。
昭和 12 年 1 月 1 日（1937）	魏得圓、洪池、陳耀文以南瀛佛教會理事身分，祝賀新年。〔註53〕	李添春、高執德以南瀛佛教會教師身份、曾景來以南瀛佛教會教師編輯群身份祝賀。
昭和 12 年 4 月	魏得圓作為張金出，進入東京駒澤大學的就學保證人。〔註54〕	臨濟宗妙心寺派高林玄寶出資贊助、高執德撰寫推薦函。
昭和 13 年 1 月 1 日（1938）	魏得圓、洪池、陳耀文以南瀛佛教會理事身分，祝賀新年。〔註55〕	李添春、高執德以南瀛佛教會教師身份、曾景來以南瀛佛教會教師編輯群身份祝賀。

〔註48〕不著撰人，〈臺灣佛教徒大會出席者〉，《南瀛佛教》，13 卷 10 號（1935），頁 29。不著撰人，〈佛徒大會期接近〉，《南瀛佛教》，13 卷 10 號（1935），頁 57。

〔註49〕不著撰人，〈協議事項〉，《南瀛佛教》，13 卷 12 號（1935），頁 42～43。

〔註50〕不著撰人，〈南部寺堂懇親會〉，《南瀛佛教》，14 卷 2 號（1936），頁 40。

〔註51〕不著撰人，〈臺南佛教會聯合會開懇談會〉，《南瀛佛教》，14 卷 6 號（1936），頁 60。

〔註52〕不著撰人，〈臺南佛教婦人會發會式〉，《南瀛佛教》，14 卷 6 號（1936），頁 60。

〔註53〕不著撰人，〈謹賀新年〉，《南瀛佛教》，15 卷 1 號（1937），頁 1。

〔註54〕大野育子〈日治時期台灣佛教菁英的崛起——以曹洞宗駒澤大學台灣留學生為中心〉，頁 65。

〔註55〕不著撰人，〈謹賀新年〉，《南瀛佛教》，16 卷 1 號（1938），頁 89。

昭和 13 年 4 月 30 日	魏得圓、陳耀文等其他佛教人士共同聯名弔辭，對林德林母親表示哀悼。〔註56〕	林德林將此次葬禮儀式，做為手冊，希望成為皇民化運動的參考。
昭和 16 年 3 月 15 日（1941）	魏得圓與高執德被臺灣佛教會選為講習會的評議員。〔註57〕	陳耀文也是評議員之一。
昭和 18 年（1943）	魏得圓將住持傳給高執德，他成為開元寺 46 代住持。〔註58〕	

資料來源：《臺灣日日新報》、《臺南新報》、《南瀛佛教》、王見川、張二文、范純武、李世偉編，《臺灣宗教資料彙編：民間信仰·民間文化第三輯》，新北：博揚文化事業有限公司，2019。大野育子〈日治時期台灣佛教菁英的崛起——以曹洞宗駒澤大學台灣留學生為中心〉，臺北：淡江大學歷史學系碩士班碩士論文，2009。李筱峰，《臺灣革命僧林秋梧》，臺北：自立晚報社文化出版部，1991。

　　上面的附表是本文，列舉魏得圓的重要事紀與佛教改革們共同參與的活動。從這份附表就可以發現，魏得圓與江善慧、沈本圓、洪池等佛教改革者，經常一起參與佛教活動。本文認為魏得圓的活動事紀，有兩項值得討論。一、魏得圓可以擔任南瀛佛教會的開元寺代表理事，與洪池有密切的關聯。二、魏得圓將林秋梧送往日本駒澤大學留學，對臺灣佛教改革有很重大的影響。本節將針對這兩項，做進一步的分析。

（一）魏得圓與洪池的關係

　　南瀛佛教會是日治時期臺灣全島性的佛教組織，同時該會是在官方的協助下成立，而且許多佛寺與齋堂都有加入該會，因此影響力極大。〔註59〕同時鄭成圓在南瀛佛會成立之初，便是代表開元寺的理事。〔註60〕因此，開元寺住持的更換，不再是一寺之事，而是臺灣佛教界之事。因此，為了解決當時鄭成圓因為醜聞事件離開臺灣，所造成的空缺。洪池與其他理事共同拜託林永定

〔註56〕 不著撰人，〈佛式模範葬儀錄——慈林院理妙善政大——俗名林廖氏理葬儀概要〉，《南瀛佛教》，16 卷 6 號（1938），頁 48～52。

〔註57〕 南瀛佛教會在昭和 16 年改名為臺灣佛教會。不著撰人，〈有關僧侶齋友教養之件〉，《臺灣佛教》，19 卷 3 號（1941），頁 35。

〔註58〕 闞正宗、談宜芳、邵慶旺、盧泰康撰稿，《物華天寶話開元——臺南市二級古蹟開元寺文物精華》，頁 166。

〔註59〕 不著撰人，〈南瀛佛教會之沿革〉，《南瀛佛教會會報》，1 卷 1 號（1923），頁 19～22。

〔註60〕 不著撰人，〈本會役員住所氏名〉，《南瀛佛教會會報》，1 卷 2 號（1923），頁 32。

交涉，推薦魏得圓成為南瀛佛教會理事。

　　魏得圓、林秋梧與高執德是讓開元寺在日治時期，成為臺灣佛教界重要寺廟的影響人。開元寺之所以能成為重要寺廟的原因，因為林秋梧與高執德，都是日治時期臺灣佛教改革的推動者。〔註61〕但是，筆者認為若是魏得圓沒有成為開元寺住持，以及被洪池等人推薦魏得圓，成為南瀛佛教會開元寺代表理事。林秋梧與高執德是否還會加入開元寺，或是開元寺依舊能成為日治時期臺灣佛教界的重要佛寺，筆者對此抱持著疑慮。

（二）魏得圓的僧伽培育

　　李筱峰在他的著作《臺灣革命僧林秋梧》中，提到林秋梧是魏得圓提攜，利用開元寺的經費，贊助林秋梧去東京駒澤大學留學。李筱峰特別強調魏得圓對於林秋梧而言，是影響林秋梧人生的重要老師。〔註62〕

　　大野育子的碩士論文，她的研究對象是日治時期去東京駒澤大學的臺灣留學生，她以臺南開元寺派稱呼在魏得圓擔任住持期間，開元寺送出去的留學生。大野育子以〈駒澤大學學籍簿〉為依據，向世人說明林秋梧並非魏得圓唯一送出的留學生。昭和12年4月，張金出進入東京駒澤大學專門部佛教學科，是繼林秋梧之後，第二個從開元寺送去的留學生。值得一提的是，除了魏得圓擔任張金出的就學保證人外，當時在開元寺擔任講師的高執德也幫忙撰寫推薦信。〔註63〕

　　慧嚴法師的《台灣與閩日佛教交流史》對於魏得圓擔任開元寺住持的時代，有諸多的肯定，讚賞魏得圓積極培育僧伽，不僅資助林秋梧留學，林秋梧學成返臺後，讓他在開元寺開設佛教講習會授課。林秋梧死後，魏得圓又招攬高執德擔任開元寺的講師，繼續開班授課。〔註64〕

　　透過史料與前人的研究，可以了解魏得圓是真的用心於僧侶教育，但是本文發現較少人談到魏得圓注重僧侶教育的原因。從本節列的日治魏得圓事紀表中，可以知道一些端倪。大正8年到12年魏得圓尚未擔任開元寺住持之前，

〔註61〕林秋梧與高執德的佛教改革思想，以及他們與洪池的關係，筆者下兩節會專門討論，因此不再此敘述。

〔註62〕李筱峰，《臺灣革命僧林秋梧》，頁87。

〔註63〕從筆者做的表中，可以得知高執德在昭和12年初，就已經擔任南瀛佛教會講師。大野育子，《日治時期台灣佛教菁英的崛起——以曹洞宗駒澤大學台灣留學生為中心》，61～65。

〔註64〕慧嚴法師，《台灣與閩日佛教交流史》，頁158。

他曾在《臺灣日日新報》發表兩三篇詩文與弔文。從鄭卓雲對魏得圓敘述的以及他在報刊上所留下的詩文裡，雖然無法準確了解魏得圓的教育程度，但是魏得圓的漢文造詣具有一定程度的水準。魏得圓除了投稿詩文外，他也經常參與佛教演講活動。魏得圓除了有相當程度的漢學造詣外，也有服務、改革社會的熱誠。擁有這樣的熱誠，才會造就魏得圓成為住持後，培育林秋梧出國留學，以及招攬高執德來開元寺擔任講師的事蹟。

四、小結

鄭卓雲以在家居士得身份，擔任開元寺書記。他很早就在南瀛佛教會嶄露頭角，他積極的在南瀛佛教會發表佛教改革思想，他希望提升僧伽的教育水準，破除民眾對佛教的迷信。日治末期，他有能力與洪池、高執德等佛教改革者一起擔任講師教育信眾，說明他對臺灣佛教界有重要影響力。魏得圓是日治時期開元寺的重要住持，他受到洪池等人的幫助，成為南瀛佛教會的開元寺代表理事。魏得圓進入南瀛佛教會後，除了積極參與佛教活動，更重要的是培育佛教人才。他培養林秋梧與拉攏高執德進入開元寺，使開元寺成為佛教改革運動中，非常重要的佛寺。

第二節 林秋梧（1903～1934）的佛教改革思想

林秋梧，法號「證峰」，明治 36 年（1903）出生於臺南，大正 6 年（1917）畢業於臺南第一公學校，隔年（1918）就讀臺北師範學校，因為參與學運遭到退學。之後，大正 13 年（1924）他曾經短暫去廈門遊學。因為母親病逝，林秋梧從廈門返臺，在家研究佛學與西洋文化。大正 15 年（1926）他投入臺灣社會運動，參加「臺灣文化協會」底下的美臺團，並擔任當時電影播放的解說員，藉由解說電影的機會，向民眾傳達反對日本殖民統治的思想。昭和 2 年（1927）臺灣文化協會內部發生分裂，林秋梧選擇退出協會。同年，林秋梧決定在開元寺出家並拜得圓和尚為師，選擇開元寺的原因，是因為他曾在大正 14 年（1925）先與開元寺的鄭少雲相識。〔註65〕

林秋梧成為開元寺僧侶後，便被被送往東京駒澤大學唸書。昭和 5 年（1930）三月，林秋梧從駒澤大學畢業，他短暫赴朝鮮考察當地的佛教。他在

─────────────

〔註65〕 李筱峰，《臺灣革命僧林秋梧》，頁 85。鄭少雲，〈弔辭〉，《南瀛佛教》，12 卷 12 號（1934），頁 30。

同年五月回臺，先擔任南部臨濟宗佛教講習會講師，〔註66〕九月成為開元寺教師與書記，十二月再兼任南瀛佛教會講師，昭和 9 年（1934）林秋梧因病去逝。〔註67〕他被學者認為是日治時期，影響臺灣佛教界的重要人物。〔註68〕

　　學界對林秋梧的思想有許多的討論，李筱峰先生曾經撰寫《臺灣革命僧林秋梧》研究林秋梧的一生，他關注林秋梧的一生經歷與他的社會主義以及佛學思想，將林秋梧佛教改革思想歸類為，一、反對民眾迷信。二、呼籲僧侶要走入社會。三、反對僧侶死守戒律。四、厭惡僧侶諂媚官員。〔註69〕本文同意李筱峰先生的觀點，但是同時認為林秋梧的思想研究，還有可以討論的空間，尤其是林秋梧的佛教改革思想。本節探討林秋梧的佛教改革，分析他為何想改革臺灣佛教界，以及他提出的佛教改革建言。

一、忽滑谷快天對林秋梧的影響

　　林秋梧在開元寺出家拜魏得圓和尚為師後，以開元寺留學生的身分赴日本駒澤大學留學。〔註70〕他在日本駒澤大學留學受到忽滑谷快天（1867～1934）的影響，忽滑谷快天在昭和 7 年（1932）再度來臺灣時，林秋梧在《南瀛佛教》寫給臺灣佛教界認識他的老師忽滑谷快天的介紹文：

> 忽滑谷快天老師的人格的圓滿、學識的廣博、教理的精微，……老師的主張，這二十餘年來，隨時隨處都有所表現，就是他所刊布的著作也算不少。然而他的態度始終一貫。抱定純一無雜的信仰，在宣揚著曹洞純密的宗風。他在他所著的「四一論」裡、極力提倡著：信一佛不信餘佛；奉一教不奉餘教；行一行不行餘行；證一果不證

〔註66〕駒澤大學是戰前日本佛教私立大學的名校，林秋梧入學駒澤大學前，駒澤大學就有許多臺灣的留學生，如曾景來、李添春等人。所以，筆者認為這是當時林秋梧選擇駒澤大學就讀的理由。而林秋梧畢業後，返回開元寺時，開元寺在大正 6 年（1917）成為臨濟宗妙心寺派的聯絡寺廟，所以這也是筆者認為林秋梧返國後擔任南部臨濟宗講師的原因。大野育子，〈日治時期佛教菁英的崛起——以曹洞宗駒澤大學台灣留學生為中心〉（新北：淡江大學歷史學系碩士論文，2010），頁 39～41。江燦騰，《臺灣佛教史》，（臺北：五南圖書出版股份有限公司，2009），頁 115。

〔註67〕王見川、李世偉、范純武、高致華、闞正宗編，鄭卓雲撰，〈台灣開元寺誌略稿〉，頁 234～235。

〔註68〕李筱峰，《臺灣革命僧林秋梧》，頁 1～4。

〔註69〕李筱峰，《臺灣革命僧林秋梧》，頁 107～112。

〔註70〕李筱峰，〈附錄一林秋梧年表〉，《臺灣革命僧林秋梧》，頁 215。

餘果的四一主義。這便是老師的信仰精粹。……老師在青年時代，似乎是個很嫌惡偏重形式的既成宗教的宗教家一樣，所以他對於死板的戒禁，一切不大關心。聽說在曹洞宗中便是他率先穿起普通服，做了結婚的第一人者。當時他雖被斥為異端者，受了許多的排擊，卻不因此而灰心失志。對於老師的主張，在現在同一曹洞宗內也有些抱不平說反對的人。但是他毫不以此為意，一一和這些人們辯駁應酬著。其諄諄善訓教人不倦的精神，真真令人欽服不止。……老師可說是個不怕死、不求名、不貪財（老師唯一的財產是他一生所讀過的書籍吧。但他卻把這莫大的書籍全部寄付於駒澤大學的圖書館）的偉大的人格者。可是我們不可不知道的，就是老師在其要達到今日這樣的地位的中間，是和許多的老頭腦、外道、雜信者戰鬥過的，就是現在也在交戰著。不過他是個連戰連勝的老將，所以我稱他為現世的戰鬥勝佛。臺灣佛教的青年份子，若能學得老師這樣百折不回任打不屈的精神，臺灣佛教的革命就不怕不能成功了！〔註71〕

從該文可以得知林秋梧非常推崇忽滑谷快天，甚至認為若臺灣的佛教青年都學習忽滑谷快天的精神，臺灣佛教改革就會成功。忽滑谷快天的一佛思想、反對注重形式的習俗以及僧侶結婚等訴求，都影響著林秋梧。〔註72〕

忽滑谷快天不僅來臺灣演講數次，〔註73〕他也在《南瀛佛教》發表自己的佛學思想，《南瀛佛教》雜誌曾經在他投稿的專欄附上他的簡介：「忽滑谷快天，慶應3年（1867）出生於東京府，明治20年（1887）曹洞宗學林畢業，明治26年（1893）慶應大學文學科畢業，為曹洞宗高等中學教導主任。他精通英文並擁有歐美遊學的經驗，著作包含「和讚類數種」、「佛遺教經」、「曹洞教會修證義」、「怪傑マホット」、「禪學批判論」、「宇宙美觀」、「禪學新論」、

〔註71〕 林秋梧，〈現代的戰鬥勝佛忽滑谷快天老師〉，《南瀛佛教》，10卷2號（1932），頁22～23。

〔註72〕 林秋梧，〈階級鬥爭與佛教〉，《南瀛佛教》，7卷2號（1929），頁52～58。

〔註73〕 忽滑谷快天在大正6年（1917）第一次來臺灣，他來臺灣的目的是參加臺灣佛教中學林的開幕活動。釋慧嚴，〈忽滑谷快天對台灣佛教思想界的影響〉，華梵大學哲學系編，《華梵大學 第六次儒佛會通學術研討會論文集——上冊》，（新北：華梵大學，2002），頁369～387。網址：http://buddhism.lib.ntu.edu.tw/FULLTEXT/JR-HFU/nx020898.htm。

「禪學講話」、「我對曹洞宗宗義之看法」、「禪之妙味」、「達磨與陽明」、「禪的四大信條」、「禪學思想史」（上、下二卷）、「朝鮮禪教史」等書。」〔註74〕

李添春、高執德、林秋梧與其他留學生在駒澤大學唸書時，曾經組成駒澤大學臺灣學生會，推舉忽滑谷快天為他們的會長，可見忽滑谷快天對於在駒澤大學留學的臺灣留學生有不容忽視的影響力。〔註75〕釋慧嚴的〈忽滑谷快天對台灣佛教思想界的影響〉一文研究忽滑谷快天對於臺灣佛教界的影響力，該引文中李添春稱讚他的老師忽滑谷快天是東來的達摩，林秋梧讚許他是改變佛教界的現世鬥戰勝佛，釋慧嚴認為李添春、林秋梧思想受到忽滑谷快天影響很深，所以釋慧嚴認為忽滑谷快天「四一論」的一佛思想影響臺灣佛教界的發展。〔註76〕

除了上述的原因外，林秋梧之所以贊成忽滑谷快天的思想，另一個原因是當時臺灣佛教界有許多的弊端，使林秋梧認為忽滑谷快天的精神與思想，適合作為臺灣的佛教界改革的方針。

二、林秋梧所見臺灣佛教界弊病

林秋梧除了留學時受到忽滑谷快天的思想影響外，臺灣傳統僧侶紀律敗壞或是不熟讀佛教經典、一昧墨守成規的弊端，更激起林秋梧想改革臺灣佛教界的動力。林秋梧感嘆臺灣僧侶助長民眾消極厭世的風氣：

> 然而今日之僧伽，岐於禪講之論、混於頓漸之辯、少投機、執斷常。
> 〔註77〕於是乎偏袒帝國主義之野禿疊出，助長厭世消極之枯禪叢
> 生，而大乘佛法，則為之不振矣。若夫我臺僧伽，即匪特盡其職者
> 殆無，問其如何為僧伽應盡之天職，如何可解放島內弱少於鞭笞之
> 下，亦多叉手瞠目不知所以對。高等乞丐之嘉西特賜錫，寄生害蟲
> 之徽號頗來，是亦非無謂也，余每與吾師及諸同志，語至於此，未
> 嘗不嘆息悲痛，而引以自警也。今者不揣固陋，特草此文，實欲促

〔註74〕不著撰人，〈作者簡介〉，《南瀛佛教》，11 卷 8 號（1933），頁 7。

〔註75〕不著撰人，〈駒澤大學臺灣學生會出現〉，《南瀛佛教》，5 卷 4 號（1927），頁 56。

〔註76〕釋慧嚴，〈忽滑谷快天對台灣佛教思想界的影響〉，頁 369～387。

〔註77〕投機，指禪師與學人之機，彼此相契；又謂學人徹底大悟而契合佛祖之要機。不著撰人，〈投機〉，「佛光大辭典」，網址：https://www.fgs.org.tw/fgs_book/fgs_drser.aspx，最後檢索日期：2019.9.29。

全島僧界同袍，互相激勵反省，廣思集益，以期有所宏揚我佛大乘

教理，而為三百餘萬之弱少指出光明之路也。〔註78〕

李筱峰先生解釋林秋梧文的文章，認為他指出「高等乞丐」、「寄生害蟲」是當時臺灣佛教界頹廢落伍的現象。〔註79〕

本文認同李筱峰的說法，但是也認為林秋梧不僅只是批判臺灣佛教的頹廢，他同時也指出造成臺灣佛教衰弱的原因，當時的僧人陷入對禪學研究的泥淖，爭論於禪宗的頓悟還是漸悟的概念，很少有大澈大悟理解佛祖本意的人，卻又執著一定要離開現世。這些僧侶的行為，使厭世的思想瀰漫民間，大乘佛法所推崇的眾生皆可成佛的理想，就無法推行。消極厭世的思想，造成擁有帝國主義野心的人繼續剝削與增加，僧侶則是變成對社會沒有貢獻的高級乞丐。

林秋梧對於臺灣傳統僧侶的不滿，在其他篇的投稿更是指出臺灣的僧侶跟不上社會潮流：

> 當布教的僧伽、若不明白時代的潮流、人文的進化、不知道現代社會的組織有沒有缺陷？對於民眾的要求、不問其如何馬耳東風、而一面逢人便勸誘其無理解的念佛和消極的持齋、偶上講臺則敷演那莫須有的因果報應、混說荒唐無稽的鬼話、把大乘佛法置之腦後、視受過科學教育的現代人為末法眾生、不想力求學問、只管修飾外觀、而強欲維持其將崩潰的生活、如此不但不能利己利人、反要被人家拿在打倒之列、阻害佛化的進展沒有更甚於此。……現在僧侶中、有動輒便說「末法眾生愚昧頑迷、人心險惡、非念佛持齋、不足以解救」的、但是我們若仔細檢點起來、便可以看出時代的所謂末法、大都由於傳教的導師、不精進學業不識時勢所招致的、決不得全部歸眾於現代的人們。不但如此、就現代人的智識比較來說、倒是所謂俗人的頭腦勝過出家人的地方很多、這都是在來的僧伽傲慢增長、耽溺於叢林平穩的甜夢、而不知社會的進化已達到飛天潛地的地步所致。〔註80〕

〔註78〕林秋梧，〈活殺自在之大乘佛教（二）朝鮮僧伽之報國〉，《南瀛佛教》，8 卷 5 號（1930），頁 28。

〔註79〕李筱峰，《臺灣革命僧》，頁 107。

〔註80〕本文以李筱峰先生的考證作根據，認定此處的作者梧為林秋梧。梧，〈卷頭辭〉，《南瀛佛教》，10 卷 7 號（1932），頁 1。李筱峰，《臺灣革命僧》，頁 109、154。

他看到僧侶活不切實際的勸人吃齋唸佛，但是卻不根據時代的轉變、社會出現的問題以及民眾的需求進行改變。不但如此，還試圖掩蓋這些的事實，反而遭人唾棄。臺灣僧侶跟不上社會潮流的原因，就是傳教的導師不精進佛學，不注意社會時事安逸的過日子，造成僧侶與社會脫節。林秋梧甚至指出出家的僧人的頭腦，比不上生活在俗世的人，就是因為自身的傲慢不願意接受新知。

三、林秋梧的臺灣佛教改革方針

　　林秋梧看見臺灣佛教界的問題後，他將他對佛教界的期許與建言發表在《南瀛佛教》。他的〈大乘佛教與小乘佛教〉一文是早期投稿的重要文章，林秋梧追求大乘佛教的理念，他認為大乘的精神是利他，小乘是利己精神。在文章中的前段，他先解釋大乘佛教的由來：

> 佛教原本就是一乘教，大乘小乘的名稱是後世才有的。也就是說，後世的佛教徒將奉行釋尊教誨中淺顯部分的稱為小乘，而理解深遠方面的稱為大乘，而且，所謂小乘的名稱並非奉行者自己所使用的，而是奉行大乘的人以輕蔑的意思所加上去的名字，同樣地，所謂大乘的名稱，是主張大乘的人自己自誇所加上去的名字。從而，釋尊並沒有大小乘的區別，在小乘佛教中也沒有，只有在大乘佛教這邊才有說明。……從當時開始，訂定關於大乘與小乘相異之處的說法認為，小乘是利己，大乘則為利他。然而，我想光只是這樣並不能十分了解，所以接下來將兩者的區別稍微列舉出來看看。〔註81〕

林秋梧指出佛教就是一乘教，大小乘是後人所區分，並點出大小乘除了利他與利己精神差異外，還有其他的不相同之處。兩者之間的不同之處是：

A. 立場的不同

1. 小乘是形式主義，大乘則為精神主義。

將釋尊所說的教誨，毫無更改地以原本的樣子、原本的形式流傳下去的，是小乘，大乘則汲取釋尊的精神而不拘泥於言語或形式。從而，小乘傾向保守，大乘則為進步主義、自由主義。

2. 小乘是出家主義，大乘則為在家主義。

雖然在小乘佛教中，必須要出家成為沙門、入僧迦（Samgha 和合眾），專注於修行佛道，完全捨棄世俗的生活，但大乘佛教並沒有一

〔註81〕林證峰，〈大乘佛教與小乘佛教〉，《南瀛佛教》，6 卷 1 號（1927），頁 43～44。

定要出家的必要，主張可以在家一邊經營家庭生活一邊修行佛道。

又，小乘是僅限於僧眾的佛教，而大乘則是僧俗共通的廣大佛教。

3. 小乘是獨善主義，大乘則為救濟主義。

小乘以自我解脫為目的，忘了要救人、救社會的事。然而大乘一開始就從救濟眾生、將人類導向幸福的社會奉獻的動機出發，修行佛道。

4. 小乘是隱遁主義，大乘則為活動主義。

小乘是要遠離世間、盡量脫離與現實社會的關係的，大乘則是自己從現實社會中跳脫出來救濟社會，努力導人向善，就算自己開悟了，只要還有在塵世中迷惘的人在，就混入其中，不拯救他們就不罷休，其本願就是要發起這樣的念頭而持續無限的努力與活動。〔註82〕

從 A 部分可以知道林秋梧的支持大乘佛教的原因。第一點大乘佛教是注重佛陀的精神，不拘泥於佛陀留下的形式。第二點在家主義提倡一邊工作一邊修行，符合當時逐漸現代化的臺灣社會，更可以將佛法普及到大眾，而不是僅限於出家僧人。第三點大乘佛教除了自己開悟解脫開悟，同時也要救助社會一同達成圓滿。第四點不與社會脫節，積極參與社會活動。

除了上述的原因之外，林秋梧繼續補充他的觀點：

B. 理想人格的差異

不用說，不管是小乘也好，大乘也好，都是以人格的完成為目的，但小乘以阿羅漢（Arhan）為其理想人格，大乘則以成佛（Buddhn）為理想，在這一點上，各自有其不同的標準。阿羅漢只是依佛的教誨自己開悟，佛陀則是自己覺悟的同時，也要努力救贖人類的大人格者。因此，佛的定義是自覺覺他、覺行圓滿，而阿羅漢則只言應供、殺賊、無生，可看出並不是像佛那樣偉大的人格。其此，修行大乘的人稱為菩薩（Bodhisattva），相對於此，學習小乘的人則稱為聲聞（Sravaka）。所謂的菩薩，本來是菩提（dodhi＝智慧），也就是追求佛道之人（Sattva＝有情）的意思，因此，不論大小乘，只要是有志於佛道的人都可稱之為菩薩，然而後來將菩薩定義為上求菩提、下化眾生後，就變成只有修行大乘、一面自己求道、一面發願救濟社會的人，才稱之為菩薩了。而由於只有這種大乘的菩薩才能成佛，

〔註82〕林證峰，〈大乘佛教與小乘佛教〉，頁 44。

所以菩薩就被認為是佛陀的候補者了。相對地，聲聞是聽聞佛陀說法之聲而開悟的人的意思，因此是只求自己解脫、不思救濟社會人類的人們。像這樣的聲聞，相信自己的修行完成之時就成為阿羅漢，以此就獲得了無上的境位，決不會自己朝佛陀之位邁進。修行小乘的人，除了聲聞以外，還有緣覺（辟支（尸）佛 Pratycka buddha），又稱獨覺。這是指不聞佛陀說法之聲，亦不借其教誨之力，獨力洞觀世相而開悟，最後成為羅漢的人。這雖然猶勝聲聞幾分，但仍然是以羅漢為目的、只滿足於自利的人，因此同樣也是小乘的修行者而劣於大乘菩薩。通常將此聲聞與緣覺（獨覺）稱為二乘，加上菩薩則稱三乘。二乘僅限於小乘，而三乘則共通於大小乘。總之，小乘的理想人格是阿羅漢，以此為目的不斷精進的人稱為聲聞、緣覺，而大乘的理想人格則為佛陀，以此為目的精進的人稱為菩薩，兩者之間實有人格的內容與價值的區別。〔註83〕

從修行的理想人格目標而言，修行大乘的人最終可成為菩薩，能成為菩薩的理由，就是不僅救助自己也要救濟他人，成為菩薩就離佛陀的境界不遠了。反之修行小乘佛教的人，因為依照佛陀的教誨修行注重個人的解脫，缺乏救濟社會的動力，所以無法成為菩薩。

接著林秋梧繼續談到教理的差異：

C. 教理的不同

小乘佛教的教理，種類很少。小乘雖分為二十派，但其中有完整教理的，只有主張一切事物是永遠存在的有部宗，以及主張一切事物實為一體、而非真正存在的成實論（經量部）的教義，二者而已，除此之外，沒有任何完整的教義。其中，有部的教義是最有系統的，也留有很多書籍，勢力也很強大；而成實論的主張有幾分模仿大乘的說法，其組織也不是非常有系統，所以實際上，小乘佛教的代表教理祇有有部宗而已。因此，從以前開始，只要說到小乘佛教的教理，就是指有部宗的教理。然而在大乘，教理分成非常多種，其複雜而發達的程度，甚至無法以其中的任何一種來代表（大乘）。從而在聖典方面，大乘的部分也有很多，而小乘部分則相當地少。大乘不僅教義分類複雜，同時也非常地深遠，含有深厚的哲學思想。一

〔註83〕林證峰，〈大乘佛教與小乘佛教〉，頁45。

般稱呼佛教為智慧宗教，認為其中加入了許多哲學思想，然而這指
的並非小乘佛教，而是大乘佛教。當然，我們不能說小乘裡頭沒有
包含哲學思想，但與大乘相比較的話，則完全不足以取。大乘佛教
中常以真如（Tathagata）法性這樣的字眼，來說明宇宙的根本原理，
或可說是在現象深處所擁有的本體，而小乘佛教中則幾乎沒有這樣
意義深遠的語詞。〔註84〕

教理層面而言，大乘佛教對比小乘佛教複雜許多。大乘佛教因為教義複雜且內
含極深，因此世人對於佛教產生智慧宗教的印象。

　　雖然林秋梧對於小乘佛教的認知未必完全正確，但是藉由這篇文章可以
得知林秋梧非常推崇大乘佛教，以大乘佛教的修行方式改革社會。文章中提到
大乘佛教是在家主義，這點與洪池在推動的在家佛教理念相近，都是認為學佛
獲得解脫不應只是出家僧侶的權力，而是只有修行佛法的大眾都可以悟道獲
得解脫。同時兩人都是以追求佛陀的精神為自己的核心理念，反對空有形式的
佛教。

　　林秋梧的佛教改革思想融入了當時流行的社會主義思想，他的〈階級鬥爭
與佛教〉一文可以得知：

「沒階級的社會的情形。貨惡其棄於地也……故外戶不閉、」的一段，
便是指明著生產分配，實行均分的狀況。各盡所能、各取所需、沒有
絲毫的私意，人民個個盡力於公共的生業。在這個社會裡面，家給人
足、自然沒有盜竊的事。這樣的世界，佛教則叫做極樂淨土。……那
末佛教所信仰的究竟是什麼？就是一佛，一佛的一，不是一二三的一，
是全一的一。所以佛教說一佛一切佛。佛是周遍活動於無限大的宇宙
中之絕對的靈光。故天空地濶之間，森森羅列的一切事象、無不是這
個靈光的片片。所以經裡說「一切眾生悉有佛性」又說「草木國土悉
皆成佛」「有情非情同時成道」那末人類自然都可以叫做佛的。人類
已然都是佛，一定佛是很多的。很多的佛就是所謂一切佛。因為一佛
是一切佛。所以一切佛畢竟歸於一佛。人類若能信仰到這裡、自然是
認不出什麼差等、親疏、人我。金剛經說「是法平等、無分高下。」
就是這箇意思。是法就是佛法。佛法只有一個、所以佛法是一法、一
法一切法、結局一切法便是一法。佛教叫人家信一佛奉一法，同時要

────────────────
〔註84〕林證峰，〈大乘佛教與小乘佛教〉，頁46。

循從這個一法去實行。這叫做一行。一人一行就是一切行。一行一切
行，所以一切行結局只是一行。人類能信一佛、奉一法、行一行，那
末兵革、財產、法律等等的形影，自然會由這個娑婆世界完全消滅了。
又到這個時候，現世淨土自然就會實現了。……對於階級鬥爭的佛教
之態度，始終一貫，是站在無我即大我的境地，以擁護無產大眾、解
放被搾取階級為目標，其所采的方法，則排兵革刀槍的暴力行為，專
以無抵抗的大抵抗主義為原理的，這與現在一般主義者所唱的激烈手
段比較起來，實在可謂天淵之差了。〔註85〕

林秋梧將社會主義理想的世界與佛教淨土思想的極樂淨土結合，變成活在現
世的民眾一同建設的現世淨土。現世淨土與來世淨土思想的差異，現世淨土思
想會促使人們積極改善自己生活的環境，讓現世成為極樂淨土不需要來世才
能到達極樂世界。林秋梧提到的一佛思想是受到忽滑谷快天的影響。一佛思想
提倡眾生平等，雖然佛經眾多，但是佛陀的思想是互相貫穿，只要體悟與奉行
佛陀的精神與思想的人都可以成佛，越多人成佛就可以減少社會不平等的現
象，自然就能達成現世淨土的目標。他希望民眾學習佛陀的精神與思想，改善
人民的素質提升生活品質。

四、洪池與林秋梧的關係與佛教思想

洪池與林秋梧彼此之間的關係，在李筱峰的研究《臺灣革命僧林秋梧》
中，首度引用洪池的史料，形容林秋梧對佛教的重要性。〔註86〕接著，在王見
川的研究〈從龍華教到佛教——台南德化堂的成立與其在近代的發展〉裡，
提到林秋梧去世時，洪池曾經發表弔辭掉念林秋梧。〔註87〕

本文比照兩位的研究，發現兩篇研究所指的事情，其實都是指洪池對林秋
梧去世時所發的弔辭一事。但是，引用的內文卻大不相同。若更進一步的探
討，王氏研究的內文可能誤植成高執德的弔辭。本文研究之所以能夠做出此判
定的原因，有關鍵性的證據得以支持。《南瀛佛教》12卷12號林秋梧表妹的
吊辭最為關鍵。從林秋梧表妹的弔辭中，可以知道那一期《南瀛佛教》雜誌的

〔註85〕林秋梧，〈階級鬥爭與佛教〉，頁57～58。
〔註86〕李筱峰，《臺灣革命僧林秋梧》，頁194。
〔註87〕王見川，〈從龍華教到佛教——台南德化堂的成立與其在近代的發展〉，收入
　　　　王見川、李世偉，《臺灣的寺廟與齋堂》（新北：博揚文化事業有限公司，2004），
　　　　頁181。

吊辭，是將投書者名字放在弔辭文後。〔註88〕而王氏的研究將高執德的吊辭誤認成洪池的原因，是因為高執德的吊辭緊接在洪池的吊辭之後，所以產生誤認的情形。

圖12　林秋梧表妹弔辭

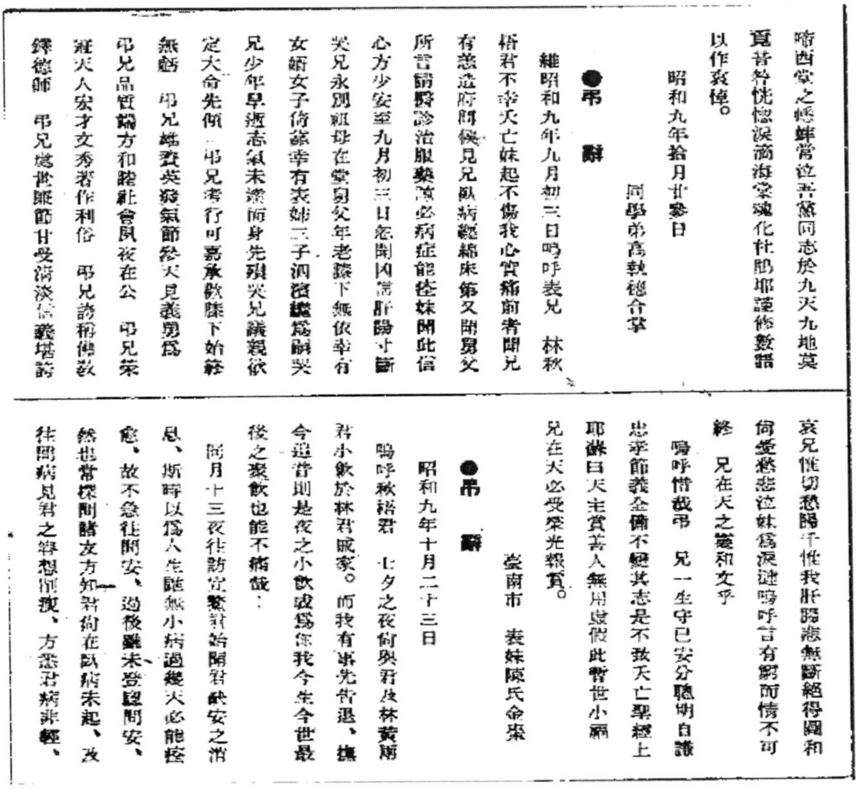

（圖中為《南瀛佛教》所載之兩篇弔辭影本，直式排版）

圖片來源：臺南市表妹陳氏金棗，〈吊辭〉，《南瀛佛教》，12卷12號（1934），頁40。

雖然李氏的著作提到洪池對林秋梧的評價，可惜沒有更進一步闡述兩人的關係。洪池除了發表弔辭外，他與同為德化堂信徒胡有義亦有參加林秋梧的追弔會。〔註89〕本文再進一步分析洪池所寫的吊辭內文，更能發現他們對佛教改革的熱誠是相同的：

> 證峰林秋梧先生喲！想舊六月十四日夕，與吾攜手往屏東詣東山寺，
> 次夜在寺開催佛教講演會。其次兩日於屏東市關帝廟內，再開佛教
> 大講演會。君的命題曰大小乘與精神和物質生活，大開方便門出廣

〔註88〕臺南市表妹陳氏金棗，〈吊辭〉，《南瀛佛教》，12卷12號（1934），頁40。

〔註89〕開元鄭普淨，〈故證峰大師追悼錄〉，《南瀛佛教》，12卷12號（1934），頁29。

長舌，相演出佛教與人生生活的密切關係，使臺下之人，感看佛教
與人生的不離和吾人不可不學佛教之感慨。秋梧先生喲！君真真今
日社會佛教的大明星耶！翌日屏東人士歡迎先生，于東山寺開擊缽
會。是夜在東山寺門握手拜別，既而聞君遺和吾意數年來，進臺灣
佛教革命工作正如日之初昇，豈恐一葉野雲之撒空者哉。……秋梧
先生喲！屏東之講演是君最後之工作歟！所著真心直說白話注解佛
說堅固女經講話，是先生永遠記念工作歟！〔註90〕

洪池沒有使用華麗的詞彙來表示他的哀悼，他的弔辭雖然比較偏向口語，但是
卻可以看出是真心對林秋梧的去世感到惋惜。洪池認為林秋梧是佛教界的大
明星，他們多次一同到各地演講，林秋梧是與他共同進行佛教革命的戰友。弔
辭中提到，洪池認為林秋梧的著作《真心直說——白話註解》是值得永遠紀念，
而現今德化堂依舊還保存該書，似乎可以推測洪池認為真的有其重要意義。

圖 13　林秋梧，《真心直說——白話註解》，藏於德化堂

　　洪池與林秋梧的關係，在洪池紀念林秋梧的弔辭中，可以看出他們都是為
臺灣佛教界努力的改革者。〔註91〕林秋梧提倡的在家主義與洪池想法裡相近，
他們二人對於和尚食肉的問題也有類似的看法：

和尚吃火腿到底是否破戒？這點橫直也須弄箇清楚才是。要知道和尚
吃火腿是不是犯戒？頂好著把釋迦老子所說的律藏翻起來看々便可

〔註90〕洪池，〈弔辭〉，《南瀛佛教》，12 卷 12 號（1934），頁 37～38。
〔註91〕洪池，〈弔詞〉，《南瀛佛教》，12 卷 12 號（1934），頁 38。

了解。……「十誦律」（六）「華色比丘尼作是言……我不應該此肉——
——肉是施主布施給她的——當持與僧……即持肉至祇泥——祇泥是
僧伽集聚的地方——問作食人處，以肉與已出祇泥。」可見當時的和
尚是吃過肉的。同（十二）云「又比丘尼往語，居士婦言：當請比丘，
為請誰耶？答言請某。居士婦言：我先已請，比丘尼言：為辦雉肉雞
肉、鶉肉。若為家屬作，比丘食者不犯。」「比丘尼言：為辦雉肉雞肉
鶉肉。若先為比丘作、比丘食者不犯。」這兩節律文有點難澀處。大
意是說居士婦若受過居士的吩咐，或她自己主意，不被比丘尼等以外
的人所慫恿時，她所辦出來的供物，則無論是什麼魚、肉比丘都可以
吃得。同（十三）云「諸比丘入王舍城乞食，時有白衣——指俗人——
——以蘿菔葉、胡荽葉蘿勒菜、雜食與諸比丘，諸比丘不噉——是吃不
得下去，不是不噉——不得飽故，羸瘦無色無力。佛聞已、語諸比丘、
從今日聽自恣食五種闍尼食。」五種闍尼食就是飯、麵、糒、魚、肉。
可見釋迦老子為了營養不足的弟子們未嘗不叫他們自由去吃吃魚肉。
同（十二）或（十三）之中，隨處有「白衣多持豬肉、乾糒與眾僧、
諸比丘受取嘗看漸漸多噉飽滿、」及僧伽索取「油魚、肉脯」的文句
很多。當時的社會人不但不敢擊和尚吃肉，倒情願拿肉給和尚吃的這
麼景況，於此可以想見。「四分律」（十四）云「請有二種，若僧次請、
別請也。食者飯、麵、乾餅魚及內。」當時招待和尚也用魚、肉，據
此可見。同（十）記舍利弗罹風病，釋迦老子聽許他吃五種獸脂即熊
脂、魚脂、驢脂、豬脂、摩竭魚脂。其餘「涅槃經」（四）「毘尼母論」
（三）「文殊問經」都載有吃肉無妨的明文。諸如此類不能一一枚舉。
這麼論起來，和尚吃火腿，雖然有點奢侈，卻沒犯戒。尤其是站在大
乘教的立場來說，則完全不成問題，然而社會人碰見和尚吃火腿，甚
至吃牛孔、卵餅、也要以破戒兩字詬罵和尚。一方面和尚自己要吃火
腿、牛乳、卵餅卻又不敢公然。實在怪好笑的。〔註92〕

林秋梧舉佛經中的典故證明和尚並非強制禁止吃肉，當民眾不是特意或是被
迫提供僧侶食物時，民眾供養的食物僧人都可以接受。他反對以和尚吃火腿指
責和尚破戒的現象。應該可以推測林秋梧想藉由這件事，證明形式主義的佛教

〔註92〕林秋梧，〈和尚吃火腿——秀才罵和尚的唯物的考察〉，《南瀛佛教》，12 卷 7
號（1934），頁 24～26。

並不是佛陀真正的本意。本文認為林秋梧與洪池理念相近的原因，可以從艷僧投稿在《南瀛佛教》的文章中得知：

> 余曾於東山禪寺，聞得臺南市洪池先生之講演，謂「今日之佛教、主張將食菜之僧尼、齋友、齋姑變為自由化、普遍化、通俗化。在家化大眾化之佛教，不著注食於葷素，不著僧俗唯重研究佛陀之真理，實行現世當為之實益主義，開發精神生活，與物質生活並進之兩輪云云。以此意義宣傳得人人覺悟，共存同榮之精華，在乎人人勞力共創，圖謀全人類之幸福，纔能實現人人立地成佛之真意義也。誠哉斯言乎，總是以人生為前提，若有養生之必要者即食之，有害保生而可殺之必要者當殺之。然自今之社會，生存競爭，無一不欲爭食，若戒殺野禽，猛獸等類，至他日不能盡情飼育之時，饑則有豹變，以強吞弱者其時人生果能安居否，不食之必為其食也。然無食無殺之必要者，即不食之殺之，如馬牛等類也。此說乃艷僧之佛教主義觀也，曩有臺南林秋梧先生，所登載之新聞、雜誌上，說起和尚食火腿亦非不可也。余爽然而同感者……可見濟公為聖僧之一端也，余空門說法僅略知其一也，既有林秋梧先生之說，無可容我再啟齒也。」〔註93〕

透過艷僧回憶洪池的演講，可以得知艷僧、洪池與林秋梧思想相近。他們對於和尚食肉事情，並不是完全禁止，而是要考慮當下的現實狀況。反對形式戒律的佛教，奉行佛陀的精神才是他們共同追求的目標。

五、小結

　　林秋梧批評臺灣佛教界的陋習，他的佛學改革建議又帶有社會主義思想，難免引起民眾的議論。他所在的開元寺擁有許多財產，更是吸引許多人的注目。李筱峰與其他學者曾經提到林秋梧被《臺南新報》抨擊，《臺南新報》批評開元寺住持得圓財產帳目不清的問題，以及控訴林秋梧社會主義思想煽動民眾，指責他鼓吹民族鬥爭、假借佛教演講實則煽動社會運動，稱他為思想惡化的僧侶。林秋梧之所以被抨擊，是因為經常批評政府加上鼓吹民族鬥爭，此外開元寺內部不和鬥爭激烈，與林秋梧相反的另一派投書報紙批評開元寺的內部醜聞。得圓和尚與林秋梧透過《臺灣新民報》澄清自身的清白，同時也向

〔註93〕屏東市艷僧，〈我觀佛教與食肉帶妻問題〉，《南瀛佛教》，12卷9號（臺北，1934），頁26。

臺南地院提出告訴捍衛自身的名譽。〔註94〕

　　林秋梧與洪池都是臺灣佛教界改革的重要人物，他們都共同反對佛教的形式主義，追求佛陀的精神。但是林秋梧與洪池的差別，在於林秋梧的佛學思想又含有社會主義思想，這是洪池所沒有的。林秋梧對臺灣佛教界的影響，從洪池稱讚他是佛教界的大明星，以及《南瀛佛教》雜誌中眾多弔念林秋梧的弔詞，可以得知他對學佛的臺灣民眾影響力極深。〔註95〕他在昭和9年（1934）突然病故，讓當時佛教界人士惋惜。〔註96〕所幸他的佛教改革並未中斷，曾經與他同在駒澤大學留學的證光法師（高執德），不僅成為開元寺的重要領導人，也繼續推動其佛教改革。〔註97〕

第三節　高執德（1896～1955）的佛教改革思想

　　高執德，法號「證光」，是日治中期至戰後臺南開元寺的重要人物。〔註98〕

〔註94〕李筱峰是早期研究開元寺醜聞事件的學者。李筱峰，《臺灣革命僧林秋梧》，頁116～121。闞正宗、談宜芳、邵慶旺、盧泰康撰稿，《物華天寶話開元——臺南市二級古蹟開元寺文物精華》，臺南：臺南開元寺，2010。毛紹周，〈破戒的和尚？略論日治時期臺南開元寺成圓事件〉，《文史台灣學報》，7期（2013），頁175～209。

〔註95〕《南瀛佛教》從第12卷12號開始，到13卷2號為止，約有24篇弔念林秋梧的弔詞。

〔註96〕在《南瀛佛教》雜誌中的第12卷12號，有非常多的佛教人士哀弔林秋梧。

〔註97〕有些學者認為高執德是林秋梧的學弟，但是根據大野育子的碩士論文中，提供的〈駒澤大學學籍簿〉與〈駒澤大學臺灣留學生個人資料表〉，高執德入學年份為1926年，林秋梧為1927年，而高執德與林秋梧都同為1930年畢業。林秋梧該年3月返臺，高執德4月回臺。林秋梧就讀駒澤大學的專門部國漢科，而高執德就讀專門部佛教學科。又在鄭卓雲撰寫的林秋梧追弔會狀況，稱高執德為林秋梧的同學，而非後輩。因此筆者認為高執德是否為林秋梧的學弟，是有待商榷的。李筱峰，《臺灣革命僧林秋梧》，頁210。大野育子，〈日治時期佛教菁英的崛起——以曹洞宗駒澤大學台灣留學生為中心〉，頁41～42、163～166。鄭普淨，〈故證峰大師追悼錄〉，《南瀛佛教》，12卷12號（1934），頁29。

〔註98〕許多學者曾經研究高執德的死因，但是並非本節關注的焦點，因此不在此探討。江燦騰，〈政治權威陰影下的臺灣佛教〉，《當代》，第110期（1995），頁118～125。闞正宗、蘇瑞鏘，〈臺南開元寺僧證光（高執德）的「白色恐怖」公案再探〉，《中華人文社會學報》，2期（2005），頁311～368。慧嚴法師，《台灣與閩日佛教交流史》，高雄：春暉出版社，2008。闞正宗、談宜芳、邵慶旺、盧泰康撰稿，陳玉女審訂，《物化天寶話開元——臺南市二級古蹟開元寺文物精華》（臺南：臺南開元寺，2010），頁142～149。毛紹周，〈破戒的和尚？略論日治時期臺南開元寺成圓事件〉，頁190～192。

生於明治 29 年（1896）生，彰化永靖人，明治 36 年（1903）就讀於「永靖公學校」，明治 42 年（1909）3 月從公學校畢業。該年 5 月進入「新書房」學習漢學，大正 6 年（1917）3 月學成畢業。5 月進入「臺中州教員養成所」，隔年4 月畢業，5 月擔任公學校教職。〔註 99〕

大正 15 年（1926），高執德在新竹大湖法雲寺出家，當時的法號為達禪，並被法雲寺的林覺力送往日本駒澤大學專門部佛學科就讀。〔註 100〕昭和 5 年（1930）4 月畢業回到臺灣，回臺之後在台灣總督府擔任社會課社寺科職員。昭和 6 年（1931）6 月擔任「南瀛佛教會」記者，8 月再兼任「南瀛佛教會」教師，隔年 4 月至 7 月曾經短暫擔任《南瀛佛教》雜誌主編。隨後辭掉主編，在昭和 7 年（1932）8 月至 10 月（1935）擔任永靖信用合作組專務理事。〔註 101〕

昭和 9 年（1934）11 月，開元寺的林秋梧病故，昭和 10 年（1935）2 月，高執德辭掉工作。他前往中國大陸閩南地區半年，考察當地的佛教。6 月，他接受開元寺得圓和尚的請託，返臺擔任開元寺教師，負責培訓僧侶。10 月，他再受到東海誠宜的委託，在「南瀛佛教會」擔任南部巡迴講師。昭和 11 年（1936）2 月，參與臨濟宗聯絡寺廟南部教務所辦的巡迴演講。昭和 18 年（1943）高執德繼承得圓和尚，成為開元寺住持。〔註 102〕

二戰結束，政權交替後，民國 35（1946）年高執德成為中國佛教會臺灣省分會佛學理事，民國 36 年（1947）1 月他被推選為臺灣佛教代表，參加在南京舉行的全國佛教大會，同年 12 月 21 日再當選省佛會常務理事。〔註 103〕

〔註 99〕關正宗、談宜芳、邵慶旺、盧泰康撰稿，陳玉女審訂，《物化天寶話開元——臺南市二級古蹟開元寺文物精華》，頁 139。

〔註 100〕林覺力，原本是中國福建僧侶，在大正 11 年（1922）年歸化為臺灣僧侶。關正宗在他的研究提到高執德因為母親過世，選擇在開元寺出家，之後才去去駒澤大學留學。但是大野育子在他的碩士論文根據駒澤大學同學會名簿，還有當時留學保證人為林覺力，以及江燦騰、王見川口訪的資料，認為高執德應該是在新竹大湖法雲寺出家。他推測高執德高執德出家時間，應是大正 15 年（1925）年的三月至 9 月。此外，筆者藉由長子出生的年份，推測高執德應是在出家前結婚。關正宗、蘇瑞鏘，〈臺南開元寺僧證光（高執德）的「白色恐怖」公案再探〉，頁 256 大野育子，〈日治時期佛教菁英的崛起——以曹洞宗駒澤大學台灣留學生為中心〉，頁 49～59。

〔註 101〕關正宗、談宜芳、邵慶旺、盧泰康撰稿，陳玉女審訂，《物化天寶話開元——臺南市二級古蹟開元寺文物精華》，頁 139。

〔註 102〕關正宗、談宜芳、邵慶旺、盧泰康撰稿，陳玉女審訂，《物化天寶話開元——臺南市二級古蹟開元寺文物精華》，頁 140。

〔註 103〕不著撰人，〈臺灣省佛教分會理事名冊〉，《臺灣佛教》，1 號（1947.07），頁 20。

民國 37 年（1948）12 月 8 日，在開元寺創辦延平佛學院。民國 42 年（1953）高執德受到政治的牽連，遭到保密局逮捕，民國 44 年（1955）被以「連續藏匿叛徒」的罪名，遭到槍決。〔註 104〕

高執德與林秋梧（1903～1934）都是當時前往日本曹洞宗駒澤大學念書的留學生，他們與德化堂的洪池（1896～1971）都是日本時代臺灣佛教思想改革的推動者。高執德在林秋梧去世時，他哀悼佛教界改革少一個重要推手：「嗚呼！我最親愛之秋梧君，你真死也耶！……秋梧君！你果從此與世長辭，與我黨永別。一去渺如黃鶴。耶！你文學業已成，胸懷把握。正當為佛教，努力改革舊來文弊，打破有虛無實之制度，建設新時代之佛教。奈何一病不起，功猶未半，半途挫折，竟與吾黨同人永別。嗚呼！旨哉！嗚呼！痛哉！〔註 105〕」由此可以得知，林秋梧對於高執德而言，是非常重要的佛教改革夥伴。林秋梧死後，高執德並未放棄佛教改革的理想，他繼續積極提倡新的佛教思想。

學者闞正宗先生在他的研究中指出高執德是一位日式僧侶，他有結婚並有六位子女。他提倡在家佛教，討厭尸位素餐的出家僧侶。他反對禪淨雙修的思想，是受到他的老師忽滑谷快天（1867～1934）影響。〔註 106〕雖然闞正宗先生的研究提及高執德的思想，但該文的主要核心在探討高執德的死因，因此關於他的思想研究篇幅較短，也無法得知他想改革佛教的動機。筆者將對他的佛教思想更進一步的研究。

一、高執德所見臺灣佛教界弊病

高執德改革佛教的動機，來自於他對於臺灣佛教界的不滿，他曾在林德林創辦的《中道》雜誌曾經發表過他的想法：

> 臺島佛教現象，為佛子者，若非各自覺醒，恐遠於社會進化遠矣。何哉？臺島自前清末，政治腐敗，儒門世子，遂忘孔孟本懷，以獲各權為目的，互相爭競，以致世道日衰。佛門之徒，以逃生記，假衣營食，遂生種種弊端，從中取利。就中現今之作香花（做師公）者，實敗壞佛門不鮮。然嶋內寺院齋堂林立，窺其內容，以粧飾美

〔註 104〕闞正宗、談宜芳、邵慶旺、盧泰康撰稿，陳玉女審訂，《物化天寶話開元——臺南市二級古蹟開元寺文物精華》，頁 139～142。

〔註 105〕高執德，〈吊詞〉，《南瀛佛教》，12 卷 12 號（1934），頁 38、40。

〔註 106〕闞正宗、蘇瑞鏘，〈臺南開元寺僧證光（高執德）的「白色恐怖」公案再探〉，頁 260～261。

觀，邀人參拜祈願而已。誦經禮拜為目的，超渡為職業，不以濟渡眾生為念，遠離社會。□跡深山，自淨其身為理念。妄其將來西天之極樂。誤解世出世間之意義矣。若稍知一二，便以證道自得，我慢輕他。彼此互相毀謗，各逞其美。嗚呼！自賊斯此，焉能為精神指道乎，況堂堂佛子，不明老佛眼目，以道佛混淆。口誦道經，而練道行。惹出種種迷信，惑亂愚民，貽害佛門良多。此皆以盲從盲，以誤傳誤之失也。莫怪乎社會之藉口，謂佛教乃厭世的、迷信的、利己的，嗚呼極矣！覺非佛門徒子之道也呼！因缺布教之陷，一般未得周知佛教意義耳。佛教者，非厭世的迷信的，亦非利己的，實最優良，最純粹之世界無匹宗教也。〔註107〕

高執德提到臺灣在清末時期，因為社會腐敗，不少僧人把念經與法會視為一種職業，這些佛教徒並非是有心學佛，而是藉由佛門營利、躲避世俗壓力的投機者。臺灣的寺廟與齋堂眾多，高執德觀察這些寺廟與齋堂，雖然外觀優美，卻只是希望引人進去參訪祈願，寺廟與齋堂人員以誦經超渡為職業，沒有解救社會的心願，與社會脫離。高執德批評當時的佛門學子不但不了解佛學，將道教與佛教混雜，嘴吧唸道教的經典，用道教的修行取代原本佛教的修行方式，造成臺灣社會對佛教誤解。因為這些破壞佛門的人士，導致臺灣社會誤解佛教，以為佛教是厭世的、迷信的、利己的宗教。高執德心中所謂真正的佛教，絕非是厭世利己的，而是最優良純粹的宗教。

除了對傳統寺院僧侶的批評，高執德對於臺灣的齋教也有所批判，他說：

我等台灣的佛教徒，說起來雖然已有二百年歷史，但在帝國領台以前的台灣佛教，幾乎沒有所謂對佛教的認識、尊重。如各位所知，當時的佛教不僅是沒有社會面的活動，對教理的研究也幾乎是等於零。其中，可稱為是台灣佛教特色的齋教，也就是所謂的在家佛教的一派，雖具有佔了差不多台灣佛教全體的大勢力，但是以自我修養為本位，關於社會面活動及教理上的研究方面，都可以說是全無了。〔註108〕

他認為臺灣的在家佛教──齋教，是臺灣佛教的特色。齋教徒是當時臺灣佛教界的多數，具有極大的影響力。但是齋教徒只注重個人的修行，對於佛教的教理與關懷社會的層面，是漠不關心的。

〔註107〕嶋應該為島。高執德，〈臺灣佛教之觀察〉，《中道》，34 期（1926），頁 10〜11。
〔註108〕高執德，〈大會對會員的致意〉，《南瀛佛教》，13 卷 12 號（1935），頁 27。

　　高執德提到臺灣多神教的宗教色彩，許多民眾經常將佛、儒、道混合在一起修行，這代表臺灣的民眾對於宗教的認識不足。他的老師忽滑谷快天曾經教導高執德，宗教家要有負責提升社會責任的觀念。〔註109〕

二、高執德的佛教思想

　　既然高執德想進行臺灣佛教改革，他就必須提出自身佛教改革的願景。他曾在《南瀛佛教》雜誌上，發表自己研究佛學的方法：

　　　吾人研究佛學，頭一次要知道研究的資料。研究佛學的資料，實在很多，範圍也很闊。自佛教傳來以後，今所有傳播的中間，所遺下的文跡，有種種多、如伽藍、（即寺院）美術工藝、（即佛像彫刻）和佛具這種種都是研究佛學的重要資料。其中自古以來，最為根本的和普遍的資料，就是文獻的資料，文獻資料為什麼，就是經典。這典，就其數來講、比其他的資料，占在最優秀的地位，又是最為尊重保存遺下的，這就是研究佛學最為根本的資料。我們欲研究佛學的時候，所採用的經典，是有二箇意義，第一是用著學問的研究態度，來採用經典，第二是把宗教的和傳統的態度，那就對教義問題做箇依憑，來採用經典。……我講這箇佛學的略說，就佛教所有的問題，用組織的底研究，來作問題中心。非是用宗派作中心，偏向一宗一派的研究，亦不是特殊的時間的底佛教。譬如原始佛教和小乘佛教，或是地方的佛教，如印度佛教、支那佛教、朝鮮佛教，和日本佛教之偏向的研究。亦不是依著一經一論，和特殊的經典，所依是佛教全體的經典，用公平的批判，來解決這箇問題。照這樣看來，這經典是學問的研究資料，宗教的信印的傳統，實在是占在最重要的地位，所以我們欲研究佛教的人，須先明白這個經典的觀念，是為重要的處。〔註110〕

〔註109〕闞正宗、蘇瑞鏘，〈臺南開元寺僧證光（高執德）的「白色恐怖」公案再探〉，頁260～261。

〔註110〕香花僧，從清代臺灣開始，擔綱民間喪儀或是每年祭祀活動的出家僧侶。香花僧著重於做經懺，不以自身修行為主。由於香花僧破戒的事情頻傳，因此在臺灣有許多負面形象。江燦騰撰，〈清代臺灣漢傳香花僧的源流〉，臺灣大百科全書（http://nrch.culture.tw/twpedia.aspx?id=26299），最後檢索日期：2019.03.26。高執德，〈佛學略說〉，《南瀛佛教》，6卷1號（1927），頁56～57。

他強調研究佛學首要第一件事是重視資料，佛陀遺留下的遺物都是研究佛法的重要資料，經典是所有資料中最重要的，要用做學問的態度研究佛教經典，談論佛理必須要有所本，根據證據分析各宗派的理論。同時也要尊重各個學派的理論，這是高執德所提倡的學佛態度。

　　高執德在林秋梧去世後，他接替林秋梧在開元寺的職務，繼續推動佛教改革的運動。〔註111〕高執德與林秋梧都是開元寺的佛教改革派，他談論佛教的出家與在家的差別：

> 說到佛教，每個人都會聯想到反對家庭生活，然而釋尊當然不是要像那樣破壞、放棄所有的社會家庭生活。只是出家、離開妻子去苦行、乞食等都是事實，但祂在開悟後便自然地群居起來，與弟子們共同建立了一個比丘團體，甚至是僧伽眾團，所以，最早映入眼簾的就只有這樣的僧團生活。並不是只有這些捨棄家庭、離開家族、放棄所有名譽財產、進入僧團生活的比丘與比丘尼才是佛教，很早以前就已經圍繞在釋尊身邊的，是許多成立於優婆塞、優婆夷名下的信士、信女，所謂的佛教團體，指的是由這四種人所成立的團體，釋尊絕不認為這些在家信者是輕賤之人。
>
> 由在家與出家之人相互合作才能完整成立僧團。不以取出家之相、袈裟披身者而尊之，只以心靈清靜、不染其他誘惑者為尊；既有優秀的在家者，也有輕賤的出家人，不以其形式為尊。世尊是徹頭徹尾地捨棄形式，以實質為理想。……總之，釋尊的特色就是不重形式，只重實質。〔註112〕

高執德要打破民眾對佛教的迷思，讓民眾了解佛陀並沒有反對家庭放棄社會生活。佛教的團體並非只有出家的比丘與比丘尼，而是還有在家的優婆塞與優婆姨組成。〔註113〕在家人與出家人互相合作組成僧伽團，出家與在家平等不以出家人為尊貴。高執德透過佛陀對在家人與出家人的互相合作的典故，點出佛陀的精神就是注重精神，不過度強調形式。

〔註111〕 關正宗、蘇瑞鏘，〈臺南開元寺僧證光（高執德）的「白色恐怖」公案再探〉，頁258。

〔註112〕 高執德，〈佛教與社會生活——五、在家佛教與大乘運動〉，《南瀛佛教》，10卷7號（1932），頁6～11。

〔註113〕 男的在家信眾稱優婆塞，女的稱優婆姨。印順，《佛法概論》，（臺北：正聞出版社，1981），頁191～193。

高執德鼓吹在家佛教的理由，曾在《南瀛佛教》中的投稿提到：

> 佛教變成以出家体位，以僧團為中心的偏頗現象，另一個強烈的反
> 抗運動之興起仍是必需然的，即所謂大乘佛教運動。雖不能立即斷
> 言，如此的運動是何時興起的，但至少可以想像到，是以出家本位
> 的小乘佛備位起因，而在其弊害增加之時興起的。然而這在年代上
> 前不能說得清楚，這可說是屬於小乘的經典中也有大乘的主張在萌
> 芽，而稱作大乘的經典中也經常有小乘的主張。這個運動的目標，
> 因緣見解而由種種立場總能說出其特徵，但是依吾人來看，它是明
> 顯地要主張在家本位的佛教。「開悟」並非出家者的專利，而是任可
> 人都能做到的，而依此精神的奮發，便得以成佛。並不是在於出家
> 的形式，而在於求道心。此即是菩薩，它並不是去選擇在家出家，
> 而完全是在於生起本願的心之問題，即所謂菩提心。不在於其職業，
> 也不是由於其生活的式樣。……菩薩決非出家人，而是在社會上經
> 營經濟生活的人，是生活在神會中的人，而不是食僧團之飯食的人。
> 觀音菩薩、文殊菩薩、大勢至菩薩等，皆和普通社會上的人們穿同
> 樣的衣著，所以菩薩決不會採取出家的形式。〔註114〕

高執德強調「開悟」並非出家人的權利，只要心靈修練達到菩提心的境界，都
是可以成佛。高執德認為成為菩薩並非是出家人的權利，成為菩薩的條件並非
靠外在的形式，而是擁有菩提心的人。佛教不是與社會生活脫離的宗教，成為
菩薩的修行者得道之前皆是在社會生活的人。高執德接續談到當時在家佛修
行者的問題：

> 一般的在家者，由讀誦、書寫這些經典而發現功德，而卻完全失去
> 了將此寫生活上表現的勇氣。如此的讀誦書寫也不是一般社會所善
> 堪能的，僅是一部份階級所私有，僧與俗，在家與出家不知不覺又
> 疏遠了。這樣一來，佛教再次從社會生活疏遠，一般的大眾也從佛
> 教中被去除掉，而到達只有具有勢力、財力、權力的一部階級私有
> 了佛教的情形。這種傾向，經由中國到日本為止。但在日本，比起
> 印度、中國，極其努力要使佛教在社會上生存下去，因而所有的職業
> 上，即在家的居家生活上，可見到宗教扮演的角色。更進一步，並
> 非只是徒具出家持戒的形式，二是想報肯定容食妻帶的現實生活，

〔註114〕高執德，〈佛教與社會生活──五、在家佛教與大乘運動〉，《南瀛佛教》，頁7。

在其上做努力。寧是出家生活之捨家破鏡，是出家制度的滅絕之親鸞上人這一派，到此確實實現了，這在某一意義下也可以說是要把所謂的佛教由家庭生活全体上去肯定的心情而來的，在家生活之勝利。在這個意義下，在現今的日本傳教，毋寧是在家傳教，而僧團生活的出家佛幾乎沒有，我想應是所言不差吧。〔註115〕

普通的在家佛教者，認為誦經與抄寫經書，是做功德，卻沒有將佛經的教悔融入生活。當時有能力抄寫經書與誦經的人，也僅僅是部分的僧侶與知識份子。佛教與一般民眾距離過度疏遠，佛教成為有錢、有權的特權階級信奉的宗教。高執德覺得要使佛教在社會上立足，不能只拘泥於出家持戒的方式，也要肯定娶妻食肉的在家修行者。他的目的是想讓佛教融入家庭生活，更多民眾願意親近佛教。

　　民眾對於在家佛教思想中僧侶帶妻的問題，高執德對此問題表達他的立場：

僧侶不是同樣也是人嗎？以妻帶的情形，是哪裡有不好？我寧可認為是可歡迎的，僧侶結婚之後，信徒不是可以安心出入寺院？在傳統習慣上，獨身生活是受到一般人所讚嘆，可是動不動容易流於偽善，我想不是道心極為堅固的人，畢竟到最後為止，不能實踐。妻帶不是始自臺灣，早就有實施的前輩嗎？唯依其動機純與不純，和手段的善惡，有可批評之處，堂堂正正妻帶有什麼不可思議之處呢？我認為信徒寧可鼓勵獎勵。當然姦通式地所謂以不純的行動而妻帶，就連普通的人，都不被允許。何況身為人天導師的僧侶，更不被原諒是當然的，該排斥的。現在的臺灣，執著傳統的因襲，而視僧侶的妻帶者為異端者，墮弱者，我認為那樣的觀念，太不理解時代的進步。〔註116〕

慧嚴法師認為高執德既然曾經留學日本，又是忽滑谷快天的學生，他的思想自然會受到老師的影響。慧嚴法師提到在那個時代，大多數民眾是無法接受僧侶帶妻的思想。本文在此研究上，再進一步補充並非要留日，或是曾受教於忽滑谷快天門下的學生，才會有此思想。出身於龍華派的洪池，也是支持在家佛教思想。

〔註115〕高執德，〈佛教與社會生活——五、在家佛教與大乘運動〉，頁7～8。
〔註116〕轉引自慧嚴法師翻譯，慧嚴法師，《台灣與閩日佛教交流史》，頁652。原文為高執德，〈高雄州下巡迴講演記〉，《南瀛佛教》，14卷4號（1936），頁23。

三、高執德的佛教友人

（一）高執德與曹洞宗駒澤大學臺灣學生會同學

東京的駒澤大學，是日本研究佛學的重要大學，許多臺灣學生曾經在該校留學。高執德在駒澤大學念書時，與林秋梧、李添春、曾景來與其他當年入學的學弟，〔註 117〕共同組成駒澤大學臺灣學生會，並請他們的老師忽滑谷快天擔任會長。他們成立學生會的目的，除了增進彼此的情誼外，也有宣傳佛教的理想。〔註 118〕下圖是當時駒澤大學臺灣學生會的成員，在《南瀛佛教》祝賀的新年祝詞。

圖 14 駒澤大學祝賀新年

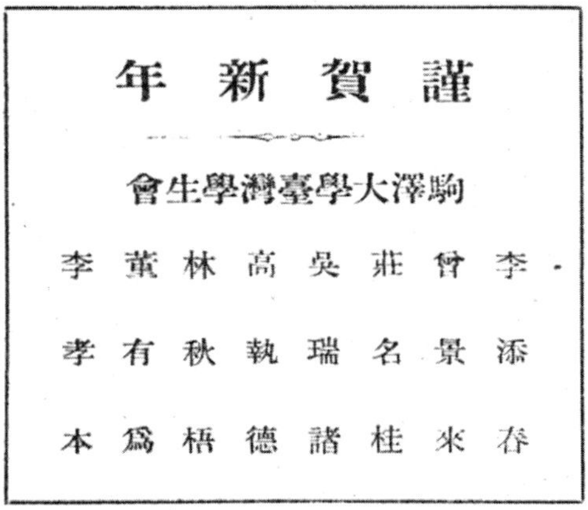
謹賀新年

駒澤大學臺灣學生會

李添春　曾景來　莊名桂　吳瑞諸　高執德　林秋梧　董有為　李孝本

圖片來源：駒澤大學臺灣學生會，〈謹賀新年〉《南瀛佛教》，6 卷 1 號（1927），頁 52。

這份駒澤大學臺灣學會名單中的李添春、林秋梧、曾景來與高執德自身，都是當時或是將來影響臺灣佛教界的重要影響人。其中，莊名桂與李添春在戰

〔註 117〕李添春明治 28 年（1898）生於高雄美濃，大正 3 年（1914）前往靈泉寺學習佛法，大正 6 年（1917）就讀臺灣佛教中學林，大正 9 年（1920）畢業。畢業之後，與曾景來一起就讀日本山口縣的多良中學，大正 11 年（1922）3 月畢業。同年 4 月進入駒澤大學，昭和 4 年（1929）年畢業，指導老師為忽滑谷快天與岡田宜法，學士論文為〈臺灣在家三派之佛教〉。曾景來是李添春的表弟，明治 35 年（1902）生，大正 6 年（1917）3 月畢業於美濃公學校，4 月進入臺灣佛教宗學林就讀，大正 9 年（1920）3 月畢業。大正 9 年（1920）就讀多良中學，大正 11 年（1922）畢業。同年再進入駒澤大學就讀，昭和 3 年（1928）畢業，指導老師為保坂玉泉與立花俊道，學士論文為〈阿含的佛陀觀〉。大野育子，〈日治時期佛教菁英的崛起——以曹洞宗駒澤大學台灣留學生為中心〉，頁 161～162。王見川先生提供，李添春〈李添春手稿〉。

〔註 118〕不著撰人，〈駒澤大學臺灣學生會出現〉，《南瀛佛教》，5 卷 4 號（1927），頁 56。不著撰人，〈駒澤大學臺灣學生會出現〉，《中道》，44 號，頁 15。

後都曾擔任過臺北私立泰北中學的校長，泰北中學前身是日治時期曹洞宗創辦的臺灣佛教中學林，而臺灣佛教中學林是日本曹洞宗所創辦，他們兩位都是從該校畢業，再赴駒澤大學留學。〔註119〕

　　昭和4年（1929）曾景來在他的佈教隨錄中，提到他與高執德在臺灣巡迴宣揚佛教的演講，〔註120〕值得注意的點是，從此次高執德的演講中，可以發現高執德已經想將他的佛教理念分享給民眾，成為之後南瀛佛教會巡迴講師的良好經驗。此外，也可以得知駒澤大學臺灣學生會是關心與參與臺灣佛教界的發展。當時參加駒澤大學臺灣學生會的臺灣留學生，大多受到忽滑谷快天的思想影響，因此他們彼此間的佛教理念是相近的。駒澤大學臺灣學生會彼此的關係，並沒有因為政權轉換後中斷。

　　李添春、曾景來、王進瑞在民國63年（1974）招開同學會，為了歡迎他們母校駒澤大學棒球隊來臺。從這份資料中，不僅可以看見他們彼此的書信往來，也可以得知這群的畢業校友與當時駒澤大學副校長有所互動。〔註121〕

　　大野育子曾經在她的碩士論文，研究曾留學日本駒澤大學的臺灣菁英。由於這群臺籍菁英受到高等的佛學教育，當他們畢業返臺後，自然會不滿當時臺灣佛教的陋習。大野育子將當時臺灣佛教菁英對臺灣佛教界的呼籲，歸納出二點，第一點是反對迷信，追求純粹的佛教，第二點是反對死守戒律，拘泥於形式。〔註122〕本文認同大野育子的歸納，但是也認為第二點的思想，其實背後隱含的是佛教在家、大眾化的思想。

（二）高執德與林德林

　　臺灣佛教中學林畢業的眾多畢業校友中，林德林是開啟日治時期臺灣佛

〔註119〕慧嚴法師，《台灣與閩日佛教交流史》，頁336。大野育子，〈日治時期佛教菁英的崛起──以曹洞宗駒澤大學台灣留學生為中心〉，頁162、166。

〔註120〕曾景來的佈教隨錄記載3月26日至4月19日的臺灣巡迴演講。曾景來於昭和3年（1928）畢業於駒澤大學，是第一屆的畢業生。因此他在文中稱高執德為駒澤大學學生。高執德分別演講「就臺灣佛教來講」、「信仰的告白」。曾景來，〈曾景來氏之巡回（佈教）隨錄〉，《南瀛佛教》，7卷4號（1929），頁64～67。不著撰人，〈昭和三年度駒澤大學畢業學生〉，《宗報》，742號（1928.05.15），頁14。

〔註121〕王見川先生提供筆者複印本，不著撰人，〈駒澤大學同學會名簿〉，藏於駒澤大學圖書館。

〔註122〕大野育子，〈日治時期佛教菁英的崛起──以曹洞宗駒澤大學台灣留學生為中心〉，頁159。

教改革風潮的先鋒。他的本名是林茂成，是林秋梧的堂兄，雲林北港人。〔註123〕明治 45 年（1912）他參加「愛國佛教講習會」，在該講習會表現傑出，〔註 124〕並在該年拜講習會主導人江善慧為師出家，法號德林。大正 6 年（1917）就讀臺灣佛教中學林，與李添春為同班同學，大正 9 年（1920）畢業，是第一屆的畢業生。大正 10 年（1921）他與友人一起出資興建臺中佛教會館，大正 12 年（1923）完成，同年並發行《中道》月刊。大正 11 年（1922）他為臺中的信徒編輯《在家佛教聖典》，針對當時佛教的弊端，提供信徒正確學佛的方式。林德林非常的欣賞當時日本曹洞宗的忽滑谷快天的思想。〔註 125〕

　　昭和 2 年（1927）林德林透過岡部快道的推薦，成為忽滑谷快天的法子。〔註 126〕忽滑谷快天的著作《正信問答》，對於林德林影響極大，不僅將其翻譯至《中道》雜誌，供信眾閱讀，還成為林德林推動新佛教運動的來源。江燦騰與慧嚴法師均指出林德林推動的佛教改革思想，都是從忽滑谷快天的《正信問答》中的說法延伸。〔註 127〕

　　林德林在當時主張佛教徒供佛應該只供奉釋迦摩尼佛，因為一佛就是一切佛，佛教徒不應該拜非佛外道的鬼神。林德林希望佛教徒要理解佛經的內容，盲目的誦經或做經懺與吃素，是無法達到自己解脫與幫助別人解脫。〔註 128〕當時林德林推廣的佛教改革運動的據點，大多是以臺中佛教會館為基地，以臺中的佛教徒作為傳教的對象。他自任是臺灣的馬丁路德，改革臺灣佛教界。但是，他的思想與作風在當時引起不少風波，尤其在他 42 歲時，以出家

〔註 123〕 慧嚴法師，《台灣與閩日佛教交流史》，頁 579。林德林，〈吊秋梧君辭〉，《南瀛佛教》，12 卷 12 號（1934），頁 27。

〔註 124〕 不著撰人，〈佛教講習會終結〉，《臺灣日日新報》，1912 年 10 月 3 日，5 版。

〔註 125〕 忽滑谷快天是影響日治時期臺灣佛教界的人物，他的思想影響李添春、曾景來、林秋梧等人。釋慧嚴，〈忽滑谷快天對台灣佛教思想界的影響〉，華梵大學哲學系編，《華梵大學 第六次儒佛會通學術研討會論文集——上冊》，（新北：華梵大學，2002），頁 369～387。網址：http://buddhism.lib.ntu.edu.tw/FULLTEXT/JR-HFU/nx020898.htm。

〔註 126〕 法子，有兩種意涵，一、指出家而歸入佛之正法者。或指隨順佛道，而由法撫育者。二、指接受某一大寺院授記為接法之人。筆者認為這個法子意思，應該是第二種。慈怡法師主編，〈法子〉，佛光大辭典（https://www.fgs.org.tw/fgs_book/fgs_drser.aspx），最後檢索日期：2019.05.26。

〔註 127〕 江燦騰，《日據時期臺灣佛教文化發展史》，頁 388～389。慧嚴法師，《台灣與閩日佛教交流史》，606～608。

〔註 128〕 慧嚴法師，《台灣與閩日佛教交流史》，608～610。

人的身分與張素瓊結婚，引來不少傳統臺灣佛教份子的批評。〔註 129〕

　　林德林的佛教改革運動沒有辦法成功的原因，是因為在昭和二年（1927）爆發的「中教事件」，此次事件江燦騰先生的著作《日據時期臺灣佛教文化發展史》有很詳細的研究。林德林因被指控與張淑子之妻有染，所以被認為是一個破戒僧侶，並被傳統儒生組成的崇文社，辦的刊物《鳴鼓集》長期諷刺、批判，使林德林形象大受影響。因為林德林的聲勢無法回到「中教教事件」發生以前，所以帶領臺灣佛教改革運動的據點，便從臺中佛教會館，轉為擁有留學日本曹洞宗駒澤大學的林秋梧與高執德的開元寺。

　　本文前面提到高執德曾經在林德林所創辦的《中道》雜誌，發表〈臺灣佛教之觀察〉一文，他也以讀者的身份，發文〈讀者之聲〉表達他的想法。〔註 130〕釋慧嚴曾經提到高執德留學日本時，寫的學士論文〈朱子排佛論〉，指導教授是忽滑谷快天，他的寫作動機就是因為林德林的「中教事件」，讓他決定研究中國佛儒相爭的問題。〔註 131〕由高執德投稿到《中道》雜誌，以及他學士論文寫作的動機，還有老師忽滑谷快天的關係，筆者認為在林德林與高執德，在改革臺灣佛教理念上是關係密切的。

（三）高執德與洪池

　　高執德與德化堂的洪池，兩人同年出生。〔註 132〕他們從日治昭和時期開始，兩人經常一同出席佛教活動，對於臺灣佛教界帶來深刻的影響。筆者將列舉他們一起參與活動的紀錄，做成表格供讀者知曉：

表 9 高執德與洪池共同參加佛教活動表

時　間	活　動	地　點	備　註
昭和 7 年 2 月 14 日（1932）	洪池以南瀛佛教會理事出席的十二回講習會，高執德在講習會發表〈佛教與社會生活——於第十二回	開元寺	駒澤大學的忽滑谷快天、保坂玉泉也來臺參加該會。

〔註 129〕江燦騰，《台灣當代佛教》（臺北：南天書局有限公司，1997），頁 76～79。
〔註 130〕高執德，〈臺灣佛教之觀察〉，頁 10～11。高執德〈讀者之聲〉，《中道》，42 號（1927），頁 11。
〔註 131〕慧嚴法師，《台灣與閩日佛教交流史》，頁 621。
〔註 132〕洪池出生年為明治 29 年（1896）6 月 13 日。〈洪池戶籍資料〉，藏於臺南德化堂。

	講習會〉一文。〔註133〕		
昭和9年10月23日（1934）	高執德與洪池一同出席林秋梧追弔會。〔註134〕	開元禪寺大雄寶殿	胡有義、李添春、曾景來、王兆麟也有參加追弔會。
昭和11年1月2日（1936）	高執德與洪池參加南部寺堂懇親會。〔註135〕	德化堂	德化堂堂主陳日三亦有參與。〔註136〕
昭和11年2月16日	高執德與洪池一起在大乘佛教會發表演說。〔註137〕	高雄市佛教慈愛院	
昭和11年4月8日	高執德與洪池一同參與臺南市釋尊紀念演講會，高執德演講〈什麼是佛〉、洪池演講〈佛教真精神〉。〔註138〕	臺南市公會堂	王兆麟負責開會辭，讚佛歌佛教女子青年會員。
昭和11年5月3日	洪池發表開會詞與讚頌佛經，高執德報告臺南佛教婦人會發會式綱領與整合決議事項。〔註139〕	開元寺	
昭和11年5月4日	開元寺的住持得圓、高執德與德化堂洪池、胡有義一同出席臺南佛教會聯合會開懇談會。〔註140〕	安平化善堂	

〔註133〕 不著撰人，〈第十二回講習會記事〉，《南瀛佛教》，10卷3號（1928），頁2。高執德，〈佛教與社會生活——於第十二回講習會〉，《南瀛佛教》，10卷3號（1928），頁33～36。不著撰人，〈南瀛佛教講習會臺南開元寺にて〉，《臺灣日日新報》1932年2月14日，3版。

〔註134〕 開元鄭普淨，〈故證峰大師追悼錄〉，《南瀛佛教》，12卷12號（1934），頁28～29。

〔註135〕 不著撰人，〈南部寺堂懇親會〉，《南瀛佛教》，14卷2號（1936），頁40。

〔註136〕 陳日三，明治7年（1874）生，大正10年（1924）德化堂盧振亨去世，陳日三接任堂主，昭和16年（1941）去世。「陳日三戶籍謄本」，德化堂藏。

〔註137〕 高執德，〈高雄州下巡迴講演會〉，《南瀛佛教》，14卷4號（1936），頁32。

〔註138〕 不著撰人，〈臺南釋尊降誕記念演講〉，《南瀛佛教》，14卷5號（1936），頁45。不著撰人，〈臺南／記念講演〉，《臺灣日日新報漢文版》1936年4月8日，8版。

〔註139〕 不著撰人，〈臺南佛教婦人會發會式〉，《南瀛佛教》，14卷6號（1936），頁60。

〔註140〕 不著撰人，〈臺南佛教會聯合會開懇談會〉，《南瀛佛教》，14卷6號（1936），頁60。

昭和 12 年 1 月 1 日（1937）	魏得圓、洪池以南瀛佛教會理事身分，祝賀新年。〔註141〕		高執德以南瀛佛教會教師身份祝賀。
昭和 12 年 4 月 8～9日	南瀛佛教會與臺南內台佛教會聯合主辦釋尊聖誕紀念演講會，高執德與洪池負責擔任講師。〔註142〕	德化堂報恩堂	第一天演講在德化堂，第二天在報恩堂。王兆麟、陳耀文也是該活動的講師。
昭和 13 年 1 月 1 日（1938）	魏得圓、洪池以南瀛佛教會理事身分，祝賀新年。〔註143〕		高執德以南瀛佛教會教師身份祝賀。
昭和 16 年 9 月 1 日（1941）	臺灣佛教會在開元寺開設講座，從 9 月 1 日開始演講。洪池、高執德、鄭少雲、王進瑞擔任講師。〔註144〕		高執德演講「聖德太子十七條憲法」、「大乘起信論」，洪池演講「金剛般若波羅密經」、「般若波羅密多心經」。
民國 37 年 11 月 23日（1948）	中國佛教會台南支會成立，高執德擔任理事、洪池擔任常務監事。〔註145〕	慎德堂	
民國 38 年 1 月 2～3日（1949）	1 月 2～3 日，高執德與洪池參加臺南市支會演講大會，高執德負責閉幕致詞，洪池演講〈在家佛教，佛教與三民主義，以佛法建設大中華民國〉。〔註146〕	慎德堂普濟殿	

　　從現有的資料中，可以得知高執德與洪池二人，他們在日治時期經常兩人都是一起出席演講活動。高執德是林秋梧去世後，繼續提倡臺灣佛教改革的開元寺領導者。高執德是受過日式佛教教育的出家僧侶，洪池是臺灣龍華派齋堂出身的信徒。雖然他們身分不同，但是他們共同推動佛教改革。

　　他們彼此之間的關係，根據洪池三子洪哲勝的口述：「我爸在我十幾歲的時候，他就開始和高執德一起去演講，連客家庄也是有去。之後，高執德去日

〔註141〕不著撰人，〈謹賀新年〉，《南瀛佛教》，15 卷 1 號（1937），頁 1。

〔註142〕不著撰人，〈臺南市佛誕演講會〉，《南瀛佛教》，15 卷 5 號（1937），頁 44。

〔註143〕不著撰人，〈謹賀新年〉，《南瀛佛教》，16 卷 1 號（1938），頁 89。

〔註144〕不著撰人，〈時局常設佛教講座開設〉，《臺灣佛教》，19 卷 9 號（1941），頁 43。

〔註145〕不著撰人，〈臺南市佛教支會成立〉，頁 8～9。

〔註146〕不著撰人，〈臺南市支會元旦演講大會〉，《臺灣佛教》，7 號（1948），頁 10。

本了。1955 年回到開元寺，我爸很高興，帶一些信徒朋友去開元寺，辦歡迎會，聽他演講。但是，隔日，高執德就被抓起來了。〔註147〕」對照洪哲勝出生的時間，以及學者對高執德的研究，他所闡述的內容是有可能發生的。〔註148〕根據史料與訪談可以想見洪池與高執德的關係，是非常的良好。〔註149〕

臺南的張玄達在他發表的〈回顧臺灣佛教〉一文中，提到高執德與洪池的佛教改革思想：

> 現在雖是有一班為佛教努力的志士，意欲要來做這種工作，把真正的佛教介紹出來給大家，而還有一部的人不但不歡迎而且極端的破壞像這種都是造就臺灣佛教不振的原因。佛教之不能受一般士女們的真正歡迎和深刻的認識者，是不是我們不能把真正的佛陀教理來給他們了解呢？又在來的臺灣佛教徒，他們信教的唯一目的是「食菜」。所以教徒若碰著頭就先問一句，「汝食菜有幾年？」這真如高執德先生和洪池先生之所謂臺灣佛教的佛教是食教、非佛教也。〔註150〕

張玄達的文章，似乎可以看出洪池與高執德都認為當時的臺灣佛教，並不是佛教，而是食菜教。洪池與高執德的佛教理念相似，應該可以從他們共同參與許多佛教改革活動得知。前面已經知道高執德的佛教改革理念，在此，呈現洪池對於佛教改革的想法：

> 佛教不是山林獨佔的，也不是食菜人（齋友）專有的佛教，乃是平民之佛教明矣，若是山林和齋友之佛教，……若欲值到佛陀的大目的，須從佛法普遍於社會，即實現社會化佛教，家庭化佛教，通俗化佛教，大眾化佛教，而山林寺院的佛教，充滿布教師養成學院，而布教所當設於接近社會之處，使一般人們容易接法，欲指導社會，方知社會之缺點，……佛教徒的真聖格，在於為社會，為人類，工

〔註147〕 筆者與王惠琛女士共同訪談，洪池長孫洪英傑與長孫媳婦曾淑敏以及電話訪談洪哲勝，訪談時間：2019.6.23。

〔註148〕 依據洪池的戶籍資料，洪哲勝誕生年是民國 28 年（1939）。不著撰人，〈戰後民國洪池戶籍資料〉，德化堂藏。關正宗、蘇瑞鏘，〈臺南開元寺僧證光（高執德）的「白色恐怖」公案再探〉，《中華人文社會學報》，2 期（2005），頁311～368。

〔註149〕 本文第四章會完整分析高執德的佛教改革活動與思想，以及思想與洪池相似之處，此處不多討論。

〔註150〕 張玄達，〈回顧臺灣佛教〉，《南瀛佛教》，15 卷 1 號（1937），頁56。

作之中，不厭艱苦，不但不厭艱苦，還會出現趣味勞動，〔註151〕趣味生活的心理，即使在勞動而趣味，為趣味而勞動之生活，這便是有意義，有合法的人生生活，方稱明覺得真敬佛也。〔註152〕

洪池也認為佛教要與社會結合，將佛法普遍的傳達至社會，寺院僧人的傳教據點也要親近社會，使一般人容易接觸佛法。僧人想要以佛法感化民眾改善社會，就必須知道當前社會的缺失。佛教徒的真正使命，就是要為人類與社會勞動。在勞動中感受到快樂並對社會做出貢獻，這樣便是有意義的生活，就是真正的尊敬佛陀。

洪池與高執德同樣認為佛教必須與社會結合，提倡社會化、在家大眾化的佛教，同時他也認為學佛最重要的，是追求佛陀的精神，不必過度強調形式的戒律。洪池鼓勵民眾成為佛教徒，不必拘泥於強制吃素。〔註153〕高執德雖然是出家僧侶，但是他也有結婚並養育小孩。他們共同所推動的食肉帶妻的在家佛教思想，無非就是希望有更多民眾能夠更輕易的接觸佛法，不會被外在的戒律所限制。當越多民眾學習佛陀的精隨時，社會自然會改善。

四、小結

高執德出生的時代，剛好與日本統治臺灣的時間相近。他受日本教育影響很深，雖然他也有學漢學，但是重要的基礎教育與大學高等教育，都是受日本教育影響。他與林秋梧都是當時赴駒澤大學的開元寺成員，他們的佛學思想，同樣都受到忽滑谷快天的影響。

高執德因為是當時的佛教界的知識分子，他不滿當時至清末以來的臺灣佛教界。主要有以下兩點，第一點，躲避世俗的佛門投機者眾多，不僅不懂佛理，還利用佛教徒的身分牟利，甚至有佛門學子將道教與佛教混淆，採用道教的修行方式，取代佛教原本的修行，導致社會大眾對佛教誤解。第二點，當時的寺院雖然美觀，但是只靠外觀去吸引民眾進入，寺廟與齋堂人員以誦經超渡為職業，沒有解救社會的心願，與社會脫離。除了批評傳統的寺院僧侶，他也批判當時奉性在家佛教的齋教徒，雖然是臺灣的特色，而且信徒也眾多，理應具有很大的影響力。但是齋教徒卻只關注個人的修行，沒有救助社會的宏願。

〔註151〕原文為咪字，但是應該是錯字，應該是味字。
〔註152〕洪池，〈祝敬佛家庭修養雜誌──並談我的信仰〉，頁8。
〔註153〕昭和9年（1934）洪池在屏東的演講，獲得民眾的支持，在投稿者的內文提到他的演講內容。屏東市艷僧，〈我觀佛教與食肉帶妻問題〉，頁26。

　　高執德與林秋梧、洪池等人都是臺灣佛教改革推動者，高執德對於臺灣佛教從清代以降，同為開元寺的僧侶林秋梧去世後，高執德接下林秋梧的開元寺職務外，並持續推動臺灣佛教的改革。他把自己的佛學思想，投稿到刊物，希望能改變臺灣佛教界。他認為學佛就必須重視資料，佛陀遺留下的經典是最重要的資料。他提倡用做學問的方式研究佛學，分析佛教各派的理論，並尊重各派的主張。在高執德的觀念中，佛教並不是只是出家人的佛教，成為菩薩並不是出家人的特有權力，只要有菩提心，人人都可以成為菩薩。佛教是關心社會，不會與社會分離的宗教。高執德對於食肉帶妻的想法，他認為只要心靈動機純正，僧侶帶妻有何不可。

　　本文認為高執德的佛教改革，有三個重要友人與同道。第一個是駒澤大學臺灣學生會同儕，當時與高氏一起留學駒澤大學的臺灣學生，都受到忽滑谷快天的影響。他們學成返臺後，對臺灣佛教界有不小的影響力。第二個是林德林，林德林雖然沒有留學駒澤大學，但是他自身學識涵養充足，也很認同忽滑谷快天的思想，經常在《中道》雜誌中，推動新的佛教思想。高執德也曾投稿到《中道》，甚至撰寫學士論文的動機，也與林德林有關。第三個是出身龍華派的洪池，他並不是出家僧呂，而是在家修行的齋教徒。

　　高執德與洪池從昭和 7 年（1932）到戰後民國 38 年（1949），多次一同參與多場的佛教演講活動，傳播在家佛教的思想。他們都認為佛教要普及社會，學佛與開悟，並非出家人專有的權利。佛陀並沒有反對家庭，佛陀的僧團是由出家人與在家人共同組成。佛教的精隨是在於佛陀的精神，而不是強調外在的形式。高執德強調佛教不是脫離社會的宗教，在成佛之前都是生活在社會的人。洪池也認為佛教徒學佛的使命，是要將佛法傳達至民間，使民眾親近佛法，進一步改善社會。

　　洪池雖然與高執德身分不同，他不是出家人，但是在推廣「在家佛教」的道路上，兩人都扮演著重要的角色。他們共同推動的在家佛教理念，就是希望吸引更多民眾學習佛陀的理念，藉此改善社會。

第五章　結　論

　　在眾多日治時期臺灣佛教發展史的研究中，佛教改革是不少學者都關注的議題。現今學者與當時的佛教改革者林德林將大正 6 年（1917）作為新佛教運動的起始點，是因為臺灣佛教徒與基督教徒在大講演會的辯論中獲得勝利，臺灣佛教受此刺激，產生很大的改變。

　　本文認為此述說法是有待商榷的，一、大正 5 年佛教徒的勝利，不是佛教改革運動的起源，反而是前人耕耘的成果展示。大正元年（1912）基隆靈泉寺住持江善慧赴日取得重要佛教經典「大藏經」，靈泉寺是當時臺灣擁有最齊全佛教經典的寺院。江善慧利用取得的經書，興辦多場佛教講習會。這些佛教講習會，是讓臺灣佛教徒開始受正式佛學教育的開端。林德林也是當時江善慧舉辦的「愛國佛教講習會」的學員，受到啟發投入佛門成為江善慧的弟子。本文認為比起大正 6 年，大正元年才是佛教改革運動的開啟的年代。二、《南瀛佛教》是佛教改革者發表自己思想的重要雜誌，在有關佛教改革的文章中，大多數的文章是採用「佛教改革」一詞，用「新佛教運動」詞彙的是少數。這是本文採用佛教改革運動，而非新佛教運動的原因。

　　以往的研究討論臺灣佛教改革時，幾乎都是環繞在林德林、林秋梧與高執德等僧人。經由本文的研究，齋教徒其實也是當時參與佛教改革運動的重要成員。洪池是對臺灣佛教改革影響最大的齋教徒，透過洪池積極在臺灣各地演講等活動事蹟，呈現齋教徒對臺灣佛教改革的影響。正是因為有洪池等廣大齋教徒與臺灣其他僧人共同合作，臺灣佛教改革運動才能在日治時期掀起巨大的迴響。

　　此外除了分析洪池等齋教徒，參與佛教改革活動及其思想外，也探討與洪池關係密切的魏得圓、林秋梧與高執德。以往的研究幾乎都各自討論這三人各自對臺灣佛教的影響，本文的研究認為，他們三人其實是作為開元寺參與佛教改革運動的代表。洪池對他們影響力的擴大，也有所幫助。洪池不僅協助魏得圓進入南瀛佛教會，也與林秋梧、高執德到臺灣各地演講，宣揚佛教改革的理念。洪池與他們有相近的佛教改革思想，他們共同追求佛陀的真理，擺脫教條式的佛教，推動佛教徒可以食肉娶妻的理念。

　　不過即使他們彼此理念相近，還是有些微的不同。林秋梧的有關佛教改革文章中，帶有社會主義思想，他認為社會主義的一些手段，有助於達到佛教改革的目的。這樣的思想，是洪池與高執德所沒有的。本文認為高執德與洪池，之所以能共同在日治末期將臺灣佛教改革運動推上高峰，他們彼此身分的互補，是很重要的因素。齋教徒與僧人的族群，由該族群的重要領導人宣傳，可以收到很好的效果。

　　經過這次的研究，筆者認為有些議題是值得再去思考與分析。本文以洪池作為齋教徒代表，探討齋教徒對於臺灣佛教改革運動的影響。筆者知道這樣的研究模式，難免會有其他齋教徒被忽略的問題。筆者並非刻意忽略其他齋教徒的貢獻，而是在日治時期參與佛教改革的齋教徒史料裡，洪池的史料已經是相對豐富的。未來如果有更多新的史料被發掘，相信齋教徒對佛教改革的影響力，會更加的清楚。

　　臺南德化堂歷史悠久，擁有眾多歷史悠久的文獻，少部分的文獻已經透過出版社出版，大多數的文獻則是還珍藏在堂內。本文研究所使用，有關於洪池等信徒參與堂內或佛教活動的史料，僅是眾多文獻的冰山一角。除了本文的研究外，筆者認為戰後齋堂與地方社會的互動關係，是值得深入研究的議題。二次大戰結束，中華民國遷臺後，中國佛教會在臺灣復會，中國傳統佛教再度成為主流。洪池等日治時期的佛教改革人士的努力成果，在此正式終結。德化堂的與地方民眾的土地糾紛，成為戰後洪池面對的重要課題。

徵引書目

一、一手史料

（一）南瀛佛教

1. 不著撰人，〈南瀛佛教會之沿革〉，《南瀛佛教會會報》，1 卷 1 號（1923），頁 19～22。

2. 不著撰人，〈第六項──第一回講習會〉，《南瀛佛教會會報》，1 卷 1 號（1923），頁 23～25。

3. 不著撰人，〈本會役員住所氏名〉，《南瀛佛教會會報》，1 卷 2 期（1923），頁 32。

4. 不著撰人，〈臨時協議事項〉，《南瀛佛教會會報》，2 卷 4 號（1924），頁 32。

5. 不著撰人，〈理事異動〉，《南瀛佛教會會報》，2 卷 4 號（1924），頁 32。

6. 不著撰人，〈開第五回總會〉，《南瀛佛教會會報》，3 卷 3 號（1925），頁 27。

7. 不著撰人，〈開理事會及丸井會長之送別會〉，《南瀛佛教會會報》，3 卷 2 號（1925），頁 39。

8. 不著撰人，〈懸賞論文發表〉，《南瀛佛教會會報》，3 卷 2 號（1925），頁 40。

9. 不著撰人，〈本會理事許林氏美舉〉，《南瀛佛教會會報》，4 卷 6 號（1926），頁 51。

10. 不著撰人，〈駒澤大學臺灣學生會出現〉，《南瀛佛教》，5 卷 4 號（1927），頁 56。

11. 不著撰人，〈本會開全島佛教講演會〉，《南瀛佛教》，6 卷 3 號（1928），頁 56～57。

12. 不著撰人，〈第十二回講習會記事〉，《南瀛佛教》，10 卷 3 號（1928），頁 2。

13. 不著撰人，〈作者簡介〉，《南瀛佛教》，11 卷 8 號（1933），頁 7。

14. 不著撰人，〈臺南開元禪寺授戒會啟〉，《南瀛佛教》，12 卷 12 號（1934），頁 37。

15. 不著撰人，〈第十五回講習會閉會式〉，《南瀛佛教》，13 卷 1 號（1935），頁 47。

16. 不著撰人，〈關帝廟壽牌紀念式〉，《南瀛佛教》，13 卷 3 號（1935），頁 30。

17. 不著撰人，〈佛徒大會期接近〉，《南瀛佛教》，13 卷 10 號（1935），頁 57。

18. 不著撰人，〈僧侶結婚〉，《南瀛佛教》，13 卷 11 號（1935），頁 53。

19. 不著撰人，〈協議事項〉，《南瀛佛教》，13 卷 12 號（1935），頁 42～43。

20. 不著撰人，〈臺灣佛教徒大會出席者〉，《南瀛佛教》，13 卷 10 號（1935），頁 29。

21. 不著撰人，〈臺灣佛教徒大會行事次第〉，《南瀛佛教》，13 卷 12 號（1935），頁 42。

22. 不著撰人，〈臺灣佛教徒大會盛況〉，《南瀛佛教》，13 卷 12 號（1935），頁 42。

23. 不著撰人，〈卷頭詞〉，《南瀛佛教》，14 卷 1 號（1936），頁 1。

24. 不著撰人，〈南部寺堂懇親會〉，《南瀛佛教》，14 卷 2 號（1936），頁 40。

25. 不著撰人，〈臺南釋尊降誕記念演講〉，《南瀛佛教》，14 卷 5 號（1936），頁 45。

26. 不著撰人，〈臺南佛教婦人會發會式〉，《南瀛佛教》，14 卷 6 號（1936），頁 60。

27. 不著撰人，〈臺南佛教會聯合會開懇談會〉，《南瀛佛教》，14 卷 6 號（1936），頁 60。

28. 不著撰人，〈臺南市佛誕演講會〉，《南瀛佛教》，15 卷 5 號（1937），頁 44。

29. 不著撰人，〈謹賀新年〉，《南瀛佛教》，15 卷 1 號（1937），頁 1。

30. 不著撰人，〈謹賀新年〉，《南瀛佛教》，16 卷 1 號（1938），頁 89。

31. 不著撰人，〈佛式模範葬儀錄——慈林院理妙善政大——俗名林廖氏理葬儀概要〉，《南瀛佛教》，16 卷 6 號（1938），頁 48～52。

32. 不著撰人，〈本會會則改正〉，《臺灣佛教》，19 卷 2 號（1940），頁 41。

33. 不著撰人，〈有關僧侶齋友教養之件〉，《臺灣佛教》，19 卷 3 號（1941），頁 35。

34. 不著撰人，〈時局常設佛教講座開設〉，《南瀛佛教》，19 卷 9 號（1941），頁 43。

35. 中日佛教學會、日華佛教學會（代表 神田惠雲），〈祝辭〉，《南瀛佛教》，13 卷 12 號（1935），頁 9。

36. 文部大臣松田源治，〈祝辭〉，《南瀛佛教》，13 卷 12 號（1935），頁 2。

37. 斗南沈普源，〈答煽動持齋食菜反對問題〉，《南瀛佛教》，12 卷 12 號（1934），頁 22。

38. 王兆麟，〈關於臺灣佛教改革〉，《南瀛佛教》，10 卷 8 號（1932），頁 34～35。

39. 王進瑞，〈臺灣佛教〉，《臺灣佛教》，20 卷 12 號（1942），頁 19～34。

40. 全日本佛教青年會聯盟、汎太平洋佛教青年會聯盟（代表 藤井草宣），〈祝辭〉，《南瀛佛教》，13 卷 12 號（1935），頁 10。

41. 始政四十週年紀念臺灣博覽會協贊會長松木幹一郎，〈祝辭〉，《南瀛佛教》，13 卷 12 號（1935），頁 7。

42. 林秋梧，〈和尚吃火腿——秀才罵和尚的唯物的考察〉，《南瀛佛教》，12 卷 7 號（1934），頁 24～26。

43. 林秋梧，〈活殺自在之大乘佛教（二）朝鮮僧伽之報國〉，《南瀛佛教》，8 卷 5 號（1930），頁 26～28。

44. 林秋梧，〈現代的戰鬥勝佛忽滑谷快天老師〉，《南瀛佛教》，10 卷 2 號（1932），頁 22～23。

45. 林秋梧，〈階級鬥爭與佛教〉，《南瀛佛教》，7 卷 2 號（1929），頁 52～58。

46. 林德林，〈吊秋梧君辭〉，《南瀛佛教》，12 卷 12 號（1934），頁 27。

47. 林德林，〈臺灣佛教新運動之先驅〉，《南瀛佛教》，13 卷 5 期（1935），頁 23～34。

48. 林證峰，〈大乘佛教與小乘佛教〉，《南瀛佛教》，6 卷 1 號（1927），頁 43 ～47。

49. 法雲寺住持林覺力，〈臺灣佛教之振興〉，《南瀛佛教》，10 卷 8 號（1932），頁 52。

50. 屏東市艷僧，〈我觀佛教與食肉帶妻問題〉，《南瀛佛教》，12 卷 9 號（臺北，1934），頁 25～27。

51. 洪池，〈弔辭〉，《南瀛佛教》，12 卷 12 號（1934），頁 37～38。

52. 洪池，〈祝創刊十週年和說些人生哲學〉，《南瀛佛教》，11 卷 7 號（1933），頁 67～68。

53. 胡有義，〈問「偽僧逆理」仙〉，《南瀛佛教》，13 卷 3 號（1935），頁 26～28。

54. 神田惠雲，〈感謝之言〉，《敬佛》，2 卷 2 號（1936），頁 33。

55. 高執德，〈大會對會員的致意〉，《南瀛佛教》，13 卷 12 號（1935），頁 27。

56. 高執德，〈弔詞〉，《南瀛佛教》，12 卷 12 號（1934），頁 38、40。

57. 高執德，〈佛教與社會生活——於第十二回講習會〉，《南瀛佛教》，10 卷 3 號（1928），頁 33～36。

58. 高執德，〈佛教與社會生活——五、在家佛教與大乘運動〉，《南瀛佛教》，10 卷 7 號（1932），頁 6～11。

59. 高執德，〈佛學略說〉，《南瀛佛教》，6 卷 1 號（1927），頁 55～57。

60. 高執德，〈高雄州下巡迴講演記〉，《南瀛佛教》，14 卷 4 號（1936），頁 23。

61. 張玄達，〈回顧臺灣佛教〉，《南瀛佛教》，15 卷 1 號（1937），頁 56～58。

62. 梧，〈卷頭辭〉，《南瀛佛教》，10 卷 7 號（1932），頁 1。

63. 許林，〈什麼是佛〉，《南瀛佛教》，4 卷 3 號（1926），頁 6～7。

64. 許林講，李普現記，〈佛教與社會事業之關係〉，《南瀛佛教》，4 卷 1 號（1925），頁 10～12。

65. 傅幼懷，〈臺灣佛教振興策〉，《南瀛佛教會會報》，3 卷 2 號（1925），頁 17～20。

66. 曾景來，〈曾景來氏之巡迴（佈教）隨錄〉，《南瀛佛教》，7 卷 4 號（1929），頁 64～67。

67. 曾景來，〈開元禪寺記略〉，《南瀛佛教》，15 卷 12 號（1937），頁 40～43。

68. 曾景來，〈臺灣寺廟物語〉，《臺灣時報》，4 月號（1937），頁 89～98。

69. 病夫鄭卓雲，〈閒話三則〉，《南瀛佛教》，9 卷 9 號（1931），頁 32～35。

70. 開元鄭普淨，〈故證峰大師追悼錄〉，《南瀛佛教》，12 卷 12 號（1934），頁 28～29。

71. 開元鄭卓雲，〈臺灣佛教進展策〉，《南瀛佛教》，10 卷 9 號（1932），頁 7～8。

72. 臺北州知事從四位勳三等野口敏治，〈祝辭〉，《南瀛佛教》，13 卷 12 號（1935），頁 4。

73. 臺南市表妹陳氏金棗，〈弔辭〉，《南瀛佛教》，12 卷 12 號（1934），頁 40。

74. 臺灣總督府總務長官從三位勳二等平塚廣義，〈祝辭〉，《南瀛佛教》，13 卷 12 號（1935），頁 3。

75. 蔡敦輝，〈信教之迷如是〉，《南瀛佛教會會報》，2 卷 1 號（1923），頁 23～24。

76. 蔡敦輝，〈臺灣佛教振興策〉，《南瀛佛教會會報》，3 卷 2 號（1925），頁 20～24。

77. 鄭卓雲，〈臺灣佛教振興策〉，《南瀛佛教會會報》，3 卷 2 號（1925），頁 24～27。

78. 藤景草宣，〈面臨轉換期的台灣佛教之現況〉，《南瀛佛教》，14 卷 1 號（1936），頁 9。

79. 齋明堂江普乾，〈聖誕與感想〉，《南瀛佛教》，11 卷 4 號（1933），頁 24～25。

80. 新竹齋堂總代周維金，〈弔詞（同前）〉，《南瀛佛教》，12 卷 6 號（1934），頁 47。

81. 周維金，〈祝十週年記念與佛教宣言〉，《南瀛佛教》，11 卷 7 號（1933），頁 66。

82. 江木生，〈臺灣佛教二十年〉，《臺灣佛教》，21 卷 12 號（1943），頁 26～39。

（二）其他雜誌史料

1. 不著撰人，〈駒澤大學臺灣學生會出現〉，《中道》，44 號，頁 15。

2. 不著撰人，〈臺灣省佛教分會理事名冊〉，《臺灣佛教》，1 號（1947），頁 20。

3. 不著撰人，〈臺南市支會元旦演講大會〉，《臺灣佛教》，7 號（1948），頁 10。

4. 不著撰人，〈臺南市佛教支會成立〉，《臺灣佛教》，7 號（1948），頁 8～9。

5. 臺灣臺南市洪池，〈祝敬佛家庭修養雜誌——並談我的信仰〉，《敬佛》，2 卷 2 號（1936），頁 6～10。

6. 神田惠雲，〈感謝之言〉，《敬佛》，2 卷 2 號（1936），頁 33。

7. 高執德，〈臺灣佛教之觀察〉，《中道》，34 期（1926），頁 10～11。

8. 高執德〈讀者之聲〉，《中道》，42 號（1927），頁 11。

（三）報紙

1. 不著撰人，〈基隆の寺院建立〉，《臺灣日日新報》1907 年 5 月 30 日，5 版。

2. 不著撰人，〈基隆建立寺院〉1907 年 5 月 31 日，5 版。

3. 不著撰人，〈靈泉寺と大藏經〉，《臺灣日日新報》，1912 年 5 月 16 日，7 版。

4. 不著撰人，〈愛國佛教講習會（本島人僧侶教育の一法）〉，《臺灣日日新報》，1912 年 9 月 4 日，2 版。

5. 不著撰人，〈佛教講習會終結〉〉，《臺灣日日新報》，1912 年 10 月 3 日，5 版。

6. 不著撰人，〈佛教講習會終結〉，《臺灣日日新報》，1912 年 10 月 3 日，5 版。

7. 不著撰人，〈佛耶兩方面說教〉，《臺灣日日新報》，1916 年 3 月 10 日，6 版。

8. 不著撰人，〈佛教青年會之努力〉，《臺灣日日新報》，1916 年 4 月 10 日，6 版。

9. 不著撰人，〈佛教青年會之開演〉，《臺灣日日新報》，1916 年 5 月 19 日，6 版。

10. 不著撰人，〈佛教青年會傳道〉，《臺灣日日新報》，1917 年 2 月 2 日，6 版。

11. 不著撰人，〈臺灣佛教中學林〉，1917 年 2 月 28 日，6 版。

12. 不著撰人，〈靈泉寺受戒會〉，《臺灣日日新報》，1917 年 4 月 2 日，4 版。

13. 不著撰人，〈曹洞宗開林式〉，《臺灣日日新報》，1917 年 4 月 7 日，6 版。

14. 不著撰人，〈中學林開林式〉，《臺灣日日新報》，1917 年 4 月 8 日，7 版。

15. 不著撰人，〈中學林開式〉，《臺灣日日新報》，1917 年 4 月 9 日，4 版。

16. 不著撰人，〈中學林開林式〉，《臺灣日日新報》，1917 年 4 月 12 日，6 版。

17. 不著撰人，〈靈泉寺受戒會〉，《臺灣日日新報》，1919 年 5 月 5 日，4 版。

18. 不著撰人，〈長官接見僧侶〉，《臺灣日日新報》，1921 年 4 月 6 日，5 版。

19. 不著撰人，〈南瀛佛教講習〉，《臺灣日日新報》，1921 年 7 月 4 日，4 版。

20. 不著撰人，〈佛教講習修了式〉，《臺灣日日新報》，1921 年 7 月 25 日，4 版。

21. 不著撰人，〈諸羅特訊／龍華會傳道團〉《臺灣日日新報》，1923 年 8 月 7 日，6 版。

22. 不著撰人，〈理學講演〉，《臺灣日日新報》，1924 年 1 月 24 日，6 版。

23. 不著撰人，〈赤崁特訊／開元寺財產問題〉，《臺灣日日新報》，1924 年 8 月 4 日，4 版，夕刊。

24. 不著撰人，〈法雲寺設佛學院〉，《臺灣日日新報》，1925 年 10 月 15 日，4 版，夕刊。

25. 不著撰人，〈佛教慈濟團設立大會〉，《臺灣日日新報》，1927 年 5 月 27 日，4 版，夕刊。

26. 不著撰人，〈臺南佛教講習會〉，《臺灣日日新報》，1928 年 11 月 21 日，6 版。

27. 不著撰人，〈赤崁／佛教研究〉，《臺灣日日新報》，1929 年 6 月 8 日，4 版，夕刊。

28. 不著撰人，〈臺灣佛教計劃統一設六大本山三事務所──來十四日開發起礎商會〉，《臺灣日日新報》，1930 年 12 月 15 日，4 版。

29. 不著撰人，〈南瀛佛教講習會臺南開元寺にて〉，《臺灣日日新報》1932 年 2 月 14 日，3 版。

30. 不著撰人，〈臺南市開元寺魏得圓師得意弟子林秋梧君〉，《臺灣日日新報》1934 年 10 月 17 日，4 版，夕刊。

31. 不著撰人，〈臺南／記念講演〉，《臺灣日日新報漢文版》1936 年 4 月 8 日，8 版。

32. 洪池，〈請大慈大悲的釋尊做將來世界和平會議的議長〉，《佛青》，1966 年 6 月 15 日，2 版。

（四）史料系列叢書與專書

1. 不著撰人，〈信徒皈依簿〉，收入王見川、王惠琛編，《台南老齋堂的珍寶：台南德化堂所藏的經卷與文獻》，3 冊，臺北：博揚文化事業有限公司，2018。

2. 不著撰人，〈臺灣佛教龍華會會員名簿〉，收入王見川、王惠琛編，《台南老齋堂的珍寶：台南德化堂所藏的經卷與文獻》，4 冊，臺北：博揚文化事業有限公司，2018。

3. 民德寫真館編，〈臺灣佛教名蹟寶鑑〉，收入王見川、李世偉、高致華、闞正宗、范純武主編，《民間私藏臺灣宗教資料彙編第一輯》，28 冊，新北：博揚文化事業有限公司，2009。

4. 王見川、張二文、范純武、李世偉編，《臺灣宗教資料彙編：民間信仰·民間文化第三輯》，新北：博揚文化事業有限公司，2019。

5. 台南州共榮會編纂，《南部台灣誌》，臺南：台南州共榮會，1934。

6. 印順，《佛法概論》，臺北：正聞出版社，1981。

7. 吳老擇受訪，卓遵宏、洪坤宏主訪，《臺灣佛教一甲子：吳老擇先生訪談錄（增訂本）》，新北：國史館，2006。

8. 林熊祥、李騰嶽監修，李添春纂修，《臺灣省通誌稿人民志宗教篇》，臺北：臺灣省文獻委員會，1956。

9. 唐澤信夫，《臺灣紳士名鑑》，臺北：新高新報社，1937。

10. 臺灣省文獻委員會編，〈卷二人民志宗教篇〉《臺灣省通誌》（臺中：臺灣省文獻委員會，1971。

11. 臺灣總督府編著，《臺灣宗教調查報告書（第一卷）》，臺北：小塚商店印刷工廠，1919。

12. 釋印順，《平凡的一生（增訂本）》，臺北：中華書局，2011。

13. 釋能元（陳登元），〈鄭羅漢居士略歷〉，收入鄭卓雲，《心經講略、信心銘註解合訂本》，臺中：瑞成書局，1961。

（五）未出版文獻

1. 不著撰人，〈保險證書〉，德化堂藏。

2. 不著撰人，〈胡有義戶籍資料〉，德化堂藏，1999。

3. 不著撰人，〈臺灣佛教龍華會領收證收據〉，德化堂藏，1924。

4. 不著撰人，〈大正 10 年管理人選舉〉，德化堂藏。

5. 不著撰人，〈日治時期洪池戶籍資料〉，洪池孫媳婦曾淑敏女士提供。

6. 不著撰人，〈戰後民國洪池戶籍資料〉，德化堂藏，申請時間：2018.7.10。

7. 不著撰人，〈所屬財產處分願〉，德化堂藏，1922。

8. 不著撰人，〈明治 37.39 年德善德化堂土地登記申請書〉，德化堂藏。

9. 不著撰人，〈臺灣佛教徒大會出席者名簿〉。

10. 不著撰人，〈駒澤大學同學會名簿〉，藏於駒澤大學圖書館。

11. 王見川，〈盧世澤草稿〉。

12. 李添春，〈李添春手稿〉。

13. 洪池，〈申請書〉，1966 年，3 月 30 日，藏於德化堂。

14. 洪哲英，〈長信〉，德化堂藏，1945。

15. 洪哲英，〈短信〉，德化堂藏，1945。

（六）口述訪談與問卷

1. 訪談人：徐逸誠、王惠琛，受訪人：洪哲勝（洪池三子）、洪英傑（洪池長孫）、曾淑敏（洪池長孫媳），訪問主題：洪池與德化堂。訪談地點：臺南德化堂，訪談時間：2019.6.23　9：30～11：00。

2. 問卷製作人：徐逸誠，交遞人：鄭偉聲，問卷交遞時間：2018.5.12。

二、研究專書

1. 王見川，《台南德化堂的歷史》，臺南：德化堂，1994。

2. 王見川、李世偉，《臺灣的寺廟與齋堂》，臺北：博揚文化事業有限公司，2004。

3. 范純武、王見川、李世偉，《臺灣佛教的探索》，新北：博揚文化事業有限公司，2005。

4. 王見川，《臺灣的齋教與鸞堂》，臺北：南天書局有限公司，1996。

5. 江燦騰，《日據時期臺灣佛教文化發展史》，臺北：南天書局有限公司，2001。

6. 江燦騰，《臺灣佛教史》，（臺北：五南圖書出版股份有限公司，2009

7. 李筱峰，《臺灣革命僧林秋梧》，臺北：自立晚報社文化出版部，1991。

8. 林欐嫚，《臨濟宗妙心寺派在臺佈教史》，臺北：萬卷樓圖書股份有限公司，2019。

9. 慧嚴法師，《台灣與閩日佛教交流史》，高雄：春暉出版社，2008。

10. 闞正宗，《臺灣日治時期佛教發展與皇民化運動──「皇國佛教」的歷史進程（1895～1945）》，臺北：博揚文化事業有限公司，2011。

11. 闞正宗、談宜芳、邵慶旺、盧泰康撰稿，陳玉女審訂，《物化天寶話開元──臺南市二級古蹟開元寺文物精華》，臺南：臺南開元寺，2010。

三、學位論文

1. 大野育子，〈日治時期台灣佛教菁英的崛起──以曹洞宗駒澤大學台灣留學生為中心〉，淡江大學歷史學系碩士班碩士論文，2009。

2. 王宣蘋，〈日治時期留學日本的尼僧〉，臺北：國立臺灣師範大學臺灣史研究所碩士論文，2013。

3. 蘇胤睿，〈佛教山派的形成與式微：以台灣法雲寺派為例〉，國立政治大學宗教學研究所碩士學位論文，2018。

四、期刊論文

1. 毛紹周，〈《臺灣開元寺誌略稿·歷代住職》待補錄的世代缺空〉，《文史台灣學報》，1 期（2009），頁 304～337。

2. 毛紹周，〈破戒的和尚？略論日治時期臺南開元寺成圓事件〉，《文史台灣學報》，7 期（2013），頁 175～209。

3. 李世偉，〈身是維摩不著花──黃玉階之宗教活動〉，《台灣佛教學術研討會論文集》（臺北：財團法人佛教青年文教基金會，1966），頁 97～115。

4. 李添春，〈臺灣佛教史資料：上篇曹洞宗史──大湖法雲寺高僧傳〉，《臺灣佛教》，27 卷 1 期（1973），頁 15～17。

5. 大野育子，〈日治時期在臺日僧與臺籍弟子之關係初探：以新竹寺佐久間尚孝和朱明朝為中心〉，《臺灣學研究》，15 期（2013），頁 67～94。

6. 盧嘉興，〈北園別館與開元寺〉，《中國佛教史論集（八）──臺灣佛教篇》，（臺北：大乘文化出版社，1978），301～303。

7. 闞正宗、蘇瑞鏘，〈臺南開元寺僧證光（高執德）的「白色恐怖」公案再探〉，《中華人文社會學報》，2 期（2005），頁 311～368。

8. 釋慧嚴，〈忽滑谷快天對台灣佛教思想界的影響〉，華梵大學哲學系編，《華梵大學 第六次儒佛會通學術研討會論文集──上冊》，（新北：華梵大學，2002），頁 369～387。

五、會議論文

1. 邱麗娟，〈臺南府城地區齋堂與佛、道教關連性〉，真理大學宗教文化與組織管理學系、台灣黃帝道脈無極天道監修宮主辦「第四屆「臺灣道教」學術研討會——台灣道教與民間教派的交涉」，（2018 年 10 月 28 日），頁 1～26。

六、網路資料

1. 不著撰人，〈投機〉，「佛光大辭典」，網址：（https://www.fgs.org.tw/fgs_book/fgs_drser.aspx），最後檢索日期：2019.9.29。

2. 江燦騰撰，〈清代臺灣漢傳香花僧的源流〉，臺灣大百科全書（http://nrch.culture.tw/twpedia.aspx?id=26299），最後檢索日期 2019.03.26。

3. 慈怡法師主編，〈法子〉，佛光大辭典（https://www.fgs.org.tw/fgs_book/fgs_drser.aspx），最後檢索日期：2019.05.26

七、現代報導

1. 林雪娟，〈官方認證——盧嘉興紀念館 12 日掛牌〉，《中華日報》2017 年 3 月 8 日。

2. 蔡文居，〈專情於台灣史——府城歷史名人盧嘉興故居掛牌〉，《自由時報》，2017 年 3 月 12 日。

附　錄

附錄一：戰後洪池的活動

　　昭和 16 年（1941）陳日三去世，民國 44 年（1955）盧世澤也因病去世。盧世澤去世後的隔年，德化堂召開信徒座談會，該會的會議記錄也是目前戰後德化堂存有最早的信徒會議紀錄。〔註1〕會議記錄清楚的顯示德化堂的管理人僅只有洪池一人，洪池在這場信徒座談會的報告，本文認為有兩大重點。一、針對德化堂的產權做調查，二、將盧世澤的兒子盧秀峰引進入德化堂，與信徒共同參與堂務。德化堂信徒胡有義則是在信徒大會裡提案，德化堂的管理人應進行補選。胡有義在德化堂信徒座談會的提案，目前沒有其他的史料證明，德化堂有進行管理人的補選，以及產生洪池以外的管理者。

　　按照現有的史料以及上述的推論，洪池應該是戰後德化堂的唯一代表人。首先，民國 45 年（1955）李添春纂修的《臺灣省通志稿卷二人民志宗教篇》中，就寫到：「堂主是洪池先生。」李添春的撰寫的年份，恰巧是信徒座談會後的隔一年，頗值得相信。〔註2〕另外，在民國 48 年（1959）江家錦纂修的《臺南市志稿卷二住民志宗教篇》裡，書中提到歷任德化堂堂主：「自光緒年間以來至現在，經甘普降，盧振亨，陳省，洪池，順次承繼，領眾掌堂。〔註3〕」

〔註 1〕不著撰人，〈德化堂信徒座談會議記錄〉，德化堂藏，1956。
〔註 2〕林熊祥、李騰嶽監修，李添春纂修，《臺灣省通誌稿人民志宗教篇》（臺北：臺灣省文獻委員會，1956），頁 82。
〔註 3〕黃典權主修，江家錦纂修，《臺南市志稿住民志宗教篇》（臺南：臺南市文獻委員會，1959），頁 54。

江家錦的資料可能有小錯誤，盧振亨之後應是薛塗成繼任，但是薛塗成並沒有被列入。除此之外，薛塗成之後洪池之前的德化堂管理人是陳日三，但是查閱陳日三的戶籍資料與其他日治時期遺留的史料，〔註4〕他並沒有陳省的稱呼。本文無法確認陳省是否是江家錦抄寫錯誤，但是應能肯定《臺南市志稿》內文的陳省，是指陳日三。

　　洪池在擔任管理人的期間，有兩件最為重大的事蹟。第一件事就是成立多人管理的委員會取代的個人掌權的管理人。第二件事向臺南市政府證明日治時期德善堂的財產併入德化堂。〔註5〕

附錄二：洪池已發表文章

1. 臺灣臺南洪池，〈祝敬佛家庭修養雜誌——並談我的信仰〉，《敬佛月刊》，2卷2號（1936），頁6～10。

2. 洪池，〈釋尊聖誕紀念會播講〉，《大乘月刊》，10.11號合併（1955），頁5、14。

3. 鄭偉聲、洪池，《書中畫展·佛教哲學·無意文集》，臺南：臺南佛教文物流通處，2008。

4. 洪池，〈弔辭〉，《南瀛佛教》，12卷12號（1934），頁37～38。

5. 洪池，〈祝創刊十週年和說些人生哲學〉，《南瀛佛教》，11卷7號，頁67～68。

6. 洪池，〈請大慈大悲的釋尊做將來世界和平會議的議長〉，《佛青》，8期（1966），第2版。

附錄三：洪池大事記

時　間	事　蹟	備　註
明治29年7月26日（1896）	洪池誕生。〔註6〕	其父洪烏皮，其母洪吳不。〔註7〕

〔註4〕不著撰人，〈陳日三戶籍謄本〉，德化堂藏。不著撰人，〈盧世澤戶籍謄本〉，德化堂藏。

〔註5〕不著撰人，〈台南市德化堂第一屆第二次信徒大會資料〉，德化堂藏，1967。

〔註6〕鄭偉聲編，《書中畫展、佛教哲學、無意文集》（臺南：台南佛教文物流通處，2008），頁34。

〔註7〕不著撰人，〈日治時期洪池戶籍資料〉，洪池孫媳婦曾淑敏女士提供。

明治 37 年 3 月 19 日（1904）	洪池在德化堂皈依，成為德化堂信徒。〔註 8〕	
明治 38 年 2 月 19 日（1905）	洪池在德善堂皈依，成為德善堂信徒。〔註 9〕	
大正 6 年 1 月 8 日（1917）	洪池在化善堂晉升為龍華派的大引階級。〔註 10〕	
大正 11 年 11 月 21 日（1922）	洪池與許良禽女士結為連理。〔註 11〕	
大正 12 年（1923）	洪池成為南瀛佛教會的理事。〔註 12〕	
大正 12 年 1 月 6 日（1923）	洪池與堂內的陳日三、薛塗成、葉超然一起加入臺灣佛教龍華會，洪池擔任龍華會理事。〔註 13〕	薛塗成擔任龍華會臺南支部長、陳日三擔任與葉超然擔任評議員。
大正 13 年 6 月 25 日（1924）	南瀛佛教會洪池、龔宗、王煌三位理事拜託林永定交涉，推薦魏得圓取代鄭成圓成為南瀛佛教會理事。〔註 14〕	
大正 13 年（1924）3 月 9 日	洪池擔任臺灣佛教龍華會臺南支部的支部長。〔註 15〕	
大正 14 年 4 月 11 日（1925）	洪池出席南瀛佛教會第五回總會。〔註 16〕	一同出席的有江善慧、魏得圓、林覺力、王兆麟等人。

〔註 8〕 王見川、王惠琛編，《台南老齋堂的珍寶：台南德化堂所藏的經卷與文獻》，〈信徒皈依簿〉，（臺北：博揚文化事業有限公司，2018），3 冊，頁 2。

〔註 9〕 不著撰人，〈德善堂信徒名冊〉，藏於德化堂。

〔註 10〕 龍華派階級由高至低分別為空空、太空、清虛、四句、大引、小引、三乘、大乘、小乘。王見川、王惠琛編，《台南老齋堂的珍寶：台南德化堂所藏的經卷與文獻》，〈信徒皈依簿〉，3 冊，頁 2。

〔註 11〕 不著撰人，〈日治時期洪池戶籍資料〉，洪池孫媳婦曾淑敏女士提供。

〔註 12〕 不著撰人，〈本會役員住所氏名〉，《南瀛佛教》，1 卷 2 號（1923），頁 32。《南瀛佛教》雜誌源自於「臺大佛教史料庫」，以下皆省略。

〔註 13〕 王見川、王惠琛編，《台南老齋堂的珍寶：台南德化堂所藏的經卷與文獻》，〈臺灣佛教龍華會會員名簿〉（臺北：博揚文化事業有限公司，2018），4 冊，頁 123～30。

〔註 14〕 不著撰人，〈臨時協議事項〉，《南瀛佛教》，2 卷 4 號（1924），頁 32。不著撰人，〈理事異動〉，《南瀛佛教》，2 卷 4 號（1924），頁 32。

〔註 15〕 不著撰人，〈臺灣佛教龍華會領收證收據〉，德化堂藏，1924。

〔註 16〕 不著撰人，〈開第五回總會〉，《南瀛佛教》，3 卷 3 號（1925），頁 27。

昭和3年（1928）	南瀛佛教會 5 月召開「全島佛教講演會」，洪池擔任臺南州管內講演委員。〔註17〕	
昭和3年（1928）	洪池參加由南瀛佛教會在臺南水仙宮主辦的「御大典紀念講演會」，並發表演講。〔註18〕	
昭和7年2月14日（1932）	洪池參加南瀛佛教會在臺南開元寺舉辦的第12回講習會。〔註19〕	高執德亦有參加，並投稿。
昭和7年4月8日（1932）	洪池參加南瀛佛教會在臺南舉辦的「釋迦降誕紀念演講會」。〔註20〕	
昭和8年（1933）	南瀛佛教會雜誌成立十周年，洪池發表〈祝創刊十週年和說些人生哲學〉。〔註21〕	
昭和9年4月8日（1934）	洪池參加屏東市聯合佛教會舉辦的釋尊降誕花紀念，洪池屏東市武廟演講〈佛教出世之動機〉，在屏東上帝廟演講〈今日佛教大革命時代〉。	
昭和9年舊曆9月16日（1934）	洪池撰寫〈弔詞〉，懷念林秋梧。〔註22〕	
昭和9年古曆11月1日至3日（1934）	洪池參與屏東東山禪寺落成法會，古曆11月1日下午一點寺方舉行演講會。洪池擔任演講會開會人，經由其他佛教人士輪番演講，最終由洪池演講「佛教三大解放」而閉會。古曆11月2日，洪池主持演講會的開會與閉會。古曆11月3日，洪池依舊主持演講會開會，經由其他佛教人士輪番演講，最終由洪池演講「一超直入如來地」，而閉會。〔註23〕	

〔註17〕 不著撰人，〈本會開全島佛教講演會〉，《南瀛佛教》，6 卷 3 號（1928），頁 57。
〔註18〕 不著撰人，〈本會御大典紀念講演會概況追報〉，《南瀛佛教》，6 卷 6 號（1928），頁 71。
〔註19〕 不著撰人，〈第十二回講習會記事〉，《南瀛佛教》，10 卷 3 號（1928），頁 2。
〔註20〕 不著撰人，〈釋尊降誕記念講演會〉，《南瀛佛教》，10 卷 4 號（1932），頁 58。
〔註21〕 洪池，〈祝創刊十週年和說些人生哲學〉，《南瀛佛教》，11 卷 7 號（1933），頁 67～68。
〔註22〕 洪池，〈弔辭〉，《南瀛佛教》，12 卷 12 號（1934），頁 37～38。
〔註23〕 不著撰人，〈東山禪寺落成大法會盛況〉，《南瀛佛教》，13 卷 1 號（1935），頁 48。

昭和 9 年 11 月 13 日至 26 日（1934）	洪池參加南瀛佛教會第 15 回講習會閉會宴會。〔註 24〕	陳耀文、王兆麟、魏得圓也有出席該宴會。
昭和 9 年 11 月 18 日（1934）	洪池代表德化堂參加南瀛佛教會在臺南市報恩堂舉行講習會，並發表〈食菜與佛教〉的演講。〔註 25〕	
昭和 9 年 12 月 23 日（1934）	洪池與德化堂信徒胡有義出席林秋梧的追弔大會，該會在開元寺的大雄寶殿舉行。〔註 26〕	
昭和 10 年（1935）	洪池參與臺灣佛教徒大會。〔註 27〕	
昭和 11 年 1 月 2 日（1936）	洪池參加在德化堂舉辦的南部寺堂懇親會。〔註 28〕	同場出席的有魏得圓、高執德、王兆麟、陳耀文、陳日三、蘇子堂等人。
昭和 11 年（1936）	洪池將〈祝敬佛家庭修養雜誌——並談我的信仰〉投稿至《敬佛月刊》的 2 月號刊。〔註 29〕	《敬佛月刊》是由廈門敬佛會所編，該會創辦人為神田惠雲。
昭和 11 年 2 月 16 日（1936）	洪池與高執德一起在高雄市佛教慈愛院，舉辦的大乘佛教會發表演說。〔註 30〕	
昭和 11 年 4 月 8 日（1936）	高執德與洪池一同參與臺南市釋尊紀念演講會，高執德演講〈什麼是佛〉、洪池演講〈佛教真精神〉。〔註 31〕	

〔註 24〕 不著撰人，〈第十五回講習會閉會式〉，《南瀛佛教》，13 卷 1 號（1935），頁 47。

〔註 25〕 不著撰人，〈本會講習會記念講演會〉，《南瀛佛教》，12 卷 12 號（1934），頁 36。

〔註 26〕 開元鄭普淨，〈故證峰大師追悼錄〉，《南瀛佛教》，12 卷 12 號（1934），頁 29。

〔註 27〕 不著撰人，〈臺灣佛教徒大會參加出席者（二）〉，《南瀛佛教》，13 卷 11 號（1935），頁 30。

〔註 28〕 不著撰人，〈南部寺堂懇親會〉，《南瀛佛教》，14 卷 2 號（1936），頁 40。

〔註 29〕 臺灣臺南洪池，〈祝敬佛家庭修養雜誌——並談我的信仰〉，《敬佛月刊》，2 卷 2 號（1936），頁 6～10。

〔註 30〕 高執德，〈高雄州下巡迴講演會〉，《南瀛佛教》，14 卷 4 號（1936），頁 32。

〔註 31〕 不著撰人，〈臺南釋尊降誕記念演講〉，《南瀛佛教》，14 卷 5 號（1936），頁 45。不著撰人，〈記念講演〉，《臺灣日日新報漢文版》1936 年 4 月 8 日，第 8 版。

昭和 11 年 5 月 3 日（1936）	開元寺舉辦「臺南佛教婦人會」，洪池出席並發表開會詞。〔註 32〕	開元寺的魏得圓、高執德等眾人出席。
昭和 11 年 5 月 4 日（1936）	德化堂洪池、胡有義參加在安平善化堂舉辦的「臺南佛教會聯合會開懇談會」。〔註 33〕	開元寺的魏得圓、高執德、報恩堂的陳耀文等眾人出席。
昭和 11 年 9 月 27 日至 10 月 3 日（1936）	洪池擔任中壢圓光寺傳戒活動的講師。〔註 34〕	擔任此場活：傳戒大和尚妙果法師，說戒大和尚島田弘舟（臺北東門曹洞宗別院），講師高執德等人。
昭和 11 年 11 月 13 日（1936）	「臺南佛教聯合會」在報恩堂舉辦第一回佛教講習會，洪池發表演講〈佛教宇宙哲學與人生觀〉。〔註 35〕	
昭和 12 年 4 月（1937）	臨濟宗南部教務所舉辦「臨濟宗教師養成所」，洪池擔任講師，並負責講解般若心經。〔註 36〕	
昭和 12 年 1 月 1 日（1937）	魏得圓、洪池、陳耀文以南瀛佛教會理事身分，祝賀新年。〔註 37〕	李添春、高執德以南瀛佛教會教師身份、曾景來以南瀛佛教會教師編輯群身份祝賀。
昭和 12 年（1937）	南瀛佛教會與臺南內臺佛教聯合會在德化堂，聯合主辦「臺南市佛誕演講會」，洪池是該演講會的講師之一。〔註 38〕	
昭和 13 年 1 月 1 日（1938）	魏得圓、洪池、陳耀文以南瀛佛教會理事身分，祝賀新年。〔註 39〕	李添春、高執德以南瀛佛教會教師身份、曾景來以南瀛佛教會教師編輯群身份祝賀。

〔註 32〕不著撰人，〈臺南佛教會聯合會開懇談會〉，《南瀛佛教》，14 卷 6 號（1936），頁 60。
〔註 33〕不著撰人，〈臺南佛教婦人會發會式〉，《南瀛佛教》，14 卷 6 號（1936），頁 60。
〔註 34〕慧嚴法師，《台灣與閩日佛教交流史》（高雄：春暉出版社，2009），頁 461。
〔註 35〕不著撰人，〈臺南佛教聯合會主催──第一回佛教講習會近來之盛況〉，《南瀛佛教》，15 卷 1 號（1936），頁 75。
〔註 36〕不著撰人，〈臨濟宗教師養成所開設〉，《南瀛佛教》，15 卷 5 號（1937），頁 40～41。
〔註 37〕不著撰人，〈謹賀新年〉，《南瀛佛教》，15 卷 1 號（1937），頁 1。
〔註 38〕不著撰人，〈臺南市佛誕演講會〉《南瀛佛教》，15 卷 5 號（1937），頁 44。
〔註 39〕不著撰人，〈謹賀新年〉，《南瀛佛教》，16 卷 1 號（1938），頁 89。

昭和 16 年 9 月 1 日（1941）	臺灣佛教會在開元寺開設講座，從 9 月 1 日開始演講。洪池、高執德、鄭少雲、王進瑞擔任講師。〔註 40〕	高執德演講「聖德太子十七條憲法」、「大乘起信論」，洪池演講「金剛般若波羅密經」、「般若波羅密多心經」。
民國 36 年 11 月 23 日（1947）	中國佛教會臺南市支會成立，德化堂加入其中，洪池擔任臺南市佛教會常務監事。〔註 41〕	德化堂信徒胡有義則是候補理事。
民國 37 年 1 月 1 日至 3 日（1948）	洪池參加中國佛教會臺南支會所舉辦的元旦演講大會，演講〈在家佛教，佛教與三民主義，以佛法建設大中華民國〉，連續演講三天。〔註 42〕	德化堂信徒胡有義在此活動演講〈人間為甚麼為佛〉。
民國 44 年（1955）	洪池投稿〈釋尊聖誕紀念會播講〉在彌陀寺創刊的《大乘月刊》。〔註 43〕	
民國 51 年（1962）	德化堂管理人洪池在中華日報登報搜尋德化堂失聯的信徒，希望信徒與德化堂聯繫。〔註 44〕	
民國 52 年（1963）	年底，洪池擔任德化堂第一屆管理委員會主委。〔註 45〕	
民國 54 年（1965）	德化堂管理人洪池 3 月底向臺南市政府申請德化堂不動產登記，證明日治時期德善堂的土地已併入德化堂。臺南市政府在 6 月 23 日發公文，正式承認德化堂的土地登記。〔註 46〕	

〔註 40〕 不著撰人，〈時局常設佛教講座開設〉，《南瀛佛教》，19 卷 9 號（1941），頁 43。

〔註 41〕 不著撰人，〈臺南市佛教支會成立〉，《臺灣佛教》，7 號（1948），頁 8〜9。王見川，《台南德化堂德歷史》（臺南：德化堂管理委員會，1994），頁 48。

〔註 42〕 不著撰人，〈臺南市支會元旦演講大會〉，《臺灣佛教》，7 號（1948），頁 10。王見川，《台南德化堂德歷史》，頁 48。

〔註 43〕 洪池，〈釋尊聖誕紀念會播講〉，《大乘月刊》，10.11 號合併（1955），頁 5、14。

〔註 44〕 〈臺南市德化堂公告〉，《中華日報》，1962 年 12 月 16 日，第 4 版。

〔註 45〕 不著撰人，〈台南德化堂第 1 屆第 2 次信徒大會資料〉，藏於德化堂。

〔註 46〕 〈洪池手抄申請書〉、〈德善堂信徒名冊〉、陳日三與盧世澤戶口名簿、土地資料、德化堂與德善堂的合併申請書、臺南市政府第 23887 號公文、臺南市政府第 26078 號公文。

民國 55 年 4 月 24 日（1966）	中國佛教會臺南市支會召開第 10 屆第 1 次會員大會，洪池當選理事。〔註47〕	德化堂信徒黃施主同樣當選理事，德化堂信徒鄭偉聲擔任省分會代表。
民國 55 年（1966）	洪池在《佛青》發表〈請大慈大悲的釋尊做將來世界和平會議的議長〉一文。〔註48〕	
民國 60 年（1971）	德化堂 3 月 31 日召開信徒大會，洪池當選第 3 屆管理委員，在 6 月 13 日時洪池去世，第 3 屆主委改由黃施主接任。〔註49〕	
民國 99 年（2008）	台南佛教文物流通處幫鄭偉聲與洪池的遺著出版。〔註50〕	

附錄四：口述訪談

訪談人：徐逸誠、王惠琛

受訪人：洪哲勝（洪池三子）、洪英傑（洪池長孫）、曾淑敏（洪池長孫媳）

訪談地點：臺南德化堂

訪談時間：2019.6.23　9：30～11：00

訪問主題：洪池與德化堂

徐逸誠（（以下簡稱徐）：以前洪池有念過書嗎？

洪英傑：他以前沒有去學校，他以前做中醫，還有木工。德化堂的房間，裡面的床，大部分是自己做的。

王惠琛（以下簡稱王）：您的叔叔以前是德化堂的信徒嗎？

洪英傑：我們全部都住在這。〔註51〕我七歲的時候，就搬出去了。

徐：想請問您的阿公（洪池）什麼時候結婚的？

〔註47〕〈然妙法師當選理事長南市佛徒認最佳人選〉，《佛青》1965 年 6 月 15 日，第一版。

〔註48〕洪池，〈請大慈大悲的釋尊做將來世界和平會議的議長〉，《佛青》1965 年 6 月 15 日，第二版。

〔註49〕第 3 屆德化堂管理委員會，〈台南市德化堂第 3 屆管理委員會第 2 次管理委員會議〉（臺南：德化堂管理委員會，1971），頁 1～2。

〔註50〕鄭偉聲編，《書中畫展・佛教哲學・無意文集》，臺南：臺南佛教文物流通處，2009。

〔註51〕這邊指的是德化堂。

洪英傑：有相片，但是不知道什麼時候。

王：請問這位是您的阿祖嗎？（指《信徒皈依簿》資料中的洪養）

洪：不是，我的阿祖是洪？……，那個洪？是第一任的堂主，我的阿公（洪池）是第二任堂主。我阿祖找我阿公做住持（堂主？），我七歲搬出去住的時候，他還是繼續做。繼續在這邊講經。〔註52〕

王：這位長輩（指信徒皈依簿裡洪養法號普緒的資料）的地址，和您阿公（洪池）的地址是一樣的。他也同樣是做木工的。請問他們是什麼關係？

洪英傑：我阿公是做木工，長榮女中隔壁紅磚的厝，是他設計的。他是無師自通。他從日本時代，就開始講經了。我知道這裡的藏經閣／樓（指德化堂的），裡面有一些佛書。還有一個我們都叫他「芋頭」的和尚，是剃髮的。

曾淑敏：還有一個胡有義是在家的，沒剃度。

徐：請問您認識胡有義先生嗎？

洪英傑：知道，但是沒在講話。他就住在這。

徐＆王：他（胡有義）跟您阿公（洪池）的關係？是不是老師和學生的關係？是不是師傅和弟子的關係？

洪英傑：那時我是聽我媽媽說，當時有一群朋友（幾位菜姑）住在這，我阿公當時沒收弟子。

王：所以說鄭煒（偉？）聲他們也不是洪池弟子嗎？

洪英傑：不是。

王：請問這是您阿嬤嗎（指《信徒皈依簿》洪林捧／牽法號普南的資料）？

洪英傑：不是。（搖頭）阿嬤叫洪許良禽。

──────曾淑敏打電話給洪哲勝（洪池的三子），進行電話訪談──────

徐：洪池甚麼時候結婚的？

洪哲勝：這個大家都不知道。我爸爸1969年過世，〔註53〕也沒人知道。我小時候都聽別人講。你可以先去網路上找資料看看，因為我最小，我可以講一些我想講的東西。網路上有寫一些他與高執德，他是開元寺的老師傅，〔註54〕他們倆個年紀差不多。有一個日本人請他做南部巡迴講師。〔註55〕高執德和我爸爸一起去巡迴演講。有些你可以再去網路上找，我再來補充。

──────

〔註52〕此處的他，指的是洪池。
〔註53〕跟洪池的戶籍資料時間，不太吻合。
〔註54〕此處的他，指的是洪池。
〔註55〕此處的他，指的是高執德。

曾淑敏＆王：依三叔（洪哲勝）的記憶，他是怎麼進來德化堂的？

洪哲勝：洪家原本是住在鹽水，他們有四個兄弟，洪池是排第三。四叔住在玉井，做校長。他是我爸的小弟。大伯是住在鹽水。二伯和我爸一起搬來住在忠義路。之後，我爸在我十幾歲的時候，他就開始和高執德一起去演講，連客家庄也是有去。之後，高執德去日本了。1955 年回到開元寺，我爸很高興，帶一些信徒朋友去開元寺，辦歡迎會，聽他演講。〔註56〕但是，隔日，〔註57〕高執德就被抓起來了。差不多幾個月，他的老婆就說要拿錢，〔註58〕把高執德的屍體拿回去他家。根據我看，高執德是讀日本佛教大學，畢業後做講師。228後，就給國民黨槍殺了。我們家本來有一些相片，那個時候很英俊。頭髮短短的，還是沒有頭髮照片寫著出家紀念。後來給日本人去關，之後又出來了。〔註59〕我是有看到那個相片，但是沒拿到美國，不知道還在不在。所以你想知道高執德，很多資料在網路上。

王：請問洪池老師懂中醫，是來德化堂自己學的對嗎？

洪哲勝：前面是他有去拜甚麼師傅，我沒看到，所以才能講經。菜堂有一個和尚叫頌朝和尚。〔註60〕頌朝和尚長得不是很好看，手歪歪的，但很會推拿，就是臺灣話的放筋。就我的感覺，他不是隨便教的。所以那時他來菜堂，和我爸很熟，很多人想跟他學，他都不要教。他覺得我爸比較聰明，所以他才要教。那時我爸就做一般工程師的工作，有在設計一些廟，是要改動還是設計。我們的厝還有一些當時的藍圖。那真的很漂亮！正式的設計圖、藍圖。當時主要的工作主要是這個（指當建築師），還有講經。但是，後來給這頌朝和尚教，教了以後，就會。會的時候，如果講經結束，如果有人覺得不舒服，就會來給他看。〔註61〕那時都沒跟人收錢。越做越出名，後來有人受傷就送來這，他也就沒辦法。後來傳給師傅在做。我們家有一個岡山是菜堂還是廟的，當時設計的東西，被蛀蟲傷過一部分，原本我太太想帶來美國，但是不知道被誰拿走了。

王：想請教您的阿公、阿嬤是德化堂的信徒嗎？

〔註56〕此處的他，指的是高執德。
〔註57〕按洪哲勝先生的語氣，筆者推測洪哲勝先生可能是指辦完歡迎會的第二天，高執德就被逮捕了。
〔註58〕高執德的老婆。
〔註59〕高執德是否在日本時代有被關？目前的資料中，並未發現。
〔註60〕菜堂指的是德化堂。
〔註61〕此處的他，指的是洪池。

洪哲勝：阿公、阿嬤，我聽人是說，阿嬤在生爸爸的時候，就已經在食菜了。就是說，我爸在他媽媽的肚子裡時，就已經食菜了。

王：阿公不是德化堂的信徒，對吧？

洪哲勝：阿公當時是德化堂的信徒啊！但是他是什麼時候進去的，我看不出來。那時是為什麼全家都搬去菜堂呢？因為我聽我爸說，我三歲的時候，就搬去菜堂了。我是 1939 年生的，所以我三歲的時候，應該是 1941 或 1942。那時日本就準備和中國戰爭了。所以那時早期有在捐土地給德化堂的人，來跟我爸拜託說：現在戰爭時刻，菜堂一定被人搞壞。所以才會說，你們全家搬來菜堂好了。但是那個時候，我的爸爸是食菜的，我的媽媽早齋的。我們小孩都亂吃。〔註62〕那時最重要的是顧菜堂的安全，不能放人隨便一直給你胡搞。菜堂就會給人搞得塗塗去了。所以，我三歲的時候，全家搬去菜堂。是住在菜堂的左手邊。

王：那時右手邊還有沒有其他人住？

洪哲勝：那時還有一個菜姑的以及一個老人住在這，〔註63〕差不多 5 點的時候，我爸就起床，帶這裡的人來誦經。我那時很小，不能做甚麼事情。那時，我都被我爸派去掃菜堂前的路邊。那時，都是我在掃的。差不多，從我五歲、六歲，一直掃到我初中、高中的時候。

徐：您覺得您的父親是一個很嚴格的人嗎？是如何教育你們？

洪哲勝：我的爸爸有很忙的事情在做，從我小時候到長大，他都沒有叫我要讀書。因為我的個性，和別人比較不一樣。因為我自小的時候，不知道什麼原因，我覺得讀書很有趣。別人若在做幾何，別人做不出來，越做越痛苦，但是我越做越喜歡。所以說，他從我小的時候，〔註64〕就沒教我讀書。我自己頭腦很好，所以我沒有這個問題。我自己很會念書，我國中考高中的時候，考上臺南一中。高中畢業，我保送上成大，在成大的時候，我是我們班的第一名。我在成大讀兩年，去考普考，是普考的第一名。所以，我們都是自己去唸書。我兩個大哥跟一個大姊，大家都很順利，沒有這方面的問題。〔註65〕我看我爸算是一個開明的人，我在講一個我爸開明的故事，給你們參考。我爸很喜歡講

〔註62〕沒要求一定要吃素。
〔註63〕菜姑，指的是進治姑。
〔註64〕他，指洪池。
〔註65〕應是指讀書。

經給我聽，講了一個例子，人若拿一隻手，指著月亮，看月亮。你的目標是看月亮，不是看那隻手。用這個例子跟我們說，做事情，要注重目標，不是注重你要完成目標的手段。比如說你坐船去西方，你的目標是去西方，不是坐船。但有一些人修行，竟忘記他的最終目標是要去修行？〔註66〕所以他用這個來跟你解釋，有的時候他也很開放，例如說食菜（吃素）。多數人食菜（吃素），因為食菜（吃素）的結果，可以幫忙你，有慈悲的心。但是，食菜（吃素）不是目標，目標是要成佛。所以說，食菜（吃素）的過程中，不知道什麼原因，欠缺營養，醫生說一定要吃葷，你要怎麼辦？我爸是說，這種情形要吃葷。因為你要知道食菜（吃素），不是你的目標，食菜（吃素）是讓你比較好修行，是成佛的手段。現在你已經生病，已經快要死了，你要怎麼辦？你死掉，修行也沒有用了。所以這樣的事情哩，有禪宗的思想。那時他講這些話，菜堂的住持沒幾個敢講。那時，他很年輕，敢講這些話，這是禪宗很好的手段。就我理解，菜堂以前有求籤的習慣，他不鼓吹人去求籤，他不贊成求籤去決定事情。你要修行，有些能幫助修行的規定，要遵守。但是，有些時候，不能遵守。有時候不能將船，看成是目標。我跟他在一起時，都跟我說這樣的事。

　　王：請問您知道，您的阿公叫甚麼名字嗎？您的阿公做什麼職業？

　　洪哲勝：這我不太清楚。

　　徐：平常你爸爸有看書嗎？

　　洪哲勝：他每天都在看書，當他看到新聞或是書，裏頭的字不會發音時，他會去找中華大辭典。他只要有音發不出來，隨時都去大辭典找。所以，我也可以跟他問或是考，中華大辭典，有兩個字，靠兩個字切聲音跟韻母。

　　徐：想請問您有留您父親的日記或是相片嗎？

　　洪哲勝：相片，我沒有留幾張。那時小時候，沒在照相。我有一張我爸跟我媽結婚的照片。相片裡的木床，就是我爸年輕時，自己做的木床。我大哥跟我二哥，都有用過這張床，當作結婚的床。

　　王：您的爸爸是中醫師，他在德化堂有給人看病嗎？

　　洪哲勝：他是學了以後，可以醫治別人。當他講完經時，如果有人覺得不舒服，會去找他醫治，他就加減看。那時，不是他的職業。

　　王：所以，他也沒有在外面開診所？

〔註66〕發音是壽北經，但是不知道哪部的經典，？整句的意思是要專注在目標上，而不是達成目標的手段／過程。

　　洪哲勝：有，我跟你講，從日本時代，就有一些人給他看。按我爸講說，醫療的工作做起來了以後，就沒辦法做木工的工作。木工的工作，不能做以後，患者就越來越多。每天都有人拿錢給他，他收。到日本人走的時候，他的患者已相當有一些了。國民黨政府來了以後，說中醫師一定要有執照，所以他有去考中醫師執照，有考過。正式在門口掛上「中醫師洪池」。那時在我高中的時候，我爸帶我們買一間房子，在菜堂旁邊隔四五間，在我大哥的醫院旁邊。我離開菜堂的時候，只一間而已。那間的就是黃家，那是黃家的地，過了那間厝，有一間樓仔厝，就是我爸買的厝。所以那時我們全家都搬去那裏，之後我哥再跑去買那邊的厝，就在我們的隔壁。我爸中醫診所就開在菜堂過一間大間的，然後再過去的那間厝，就是正式診所所在。

　　徐：你的爸爸會不會去哪裡作客？有哪些朋友？

　　洪哲勝：臺灣（齋教）有三個派，金幢、先天、龍華。那時，他有很好的朋友，聽說是先天派的，叫陳耀文。他們倆會一起講經，有的時候是咱們請他來講，有的時候是他們請我爸去講。所以，他們倆算很好的朋友。在德化堂裡面有一個出錢較多的姓盧的信徒，他們家捐給菜堂很多土地。所以菜堂有很多重要的事情，都會和我爸討論。我記憶捐最多的，就是這個盧家。他們家很多代都來菜堂，很多神主牌都在這。要祭拜祖先時，他們都會來做忌。

　　徐：最後請教您的尊姓大名？

　　洪哲勝：我叫洪哲勝。

　　王：最後我再想問，德化堂有很多中醫的書，那都是你爸爸在看的嗎？

　　洪哲勝：如果有中醫的書，除了我爸，沒有人有那麼多的醫書，我想應該是我爸的。

　　王：所以德化堂那麼多的醫書，都是他自己學的？還是別人教的？

　　洪哲勝：我只知道推拿，是和尚教他的。那時他要去考執照時，他很認真的去讀中國古早的醫書。甚至最新的，人身體有多少根骨頭，他都也會去念。我相信堂內的書，是他自己去買的。

　　王：那些書都是從大陸帶過來的嗎？

　　洪哲勝：很多啊，我跟你講，日本時代，我們從臺灣到中國去買書。如果買政治或是社會的書，日本人會把書沒收，不讓你看。如果去買普通的醫書，都可以。所以那時，我爸如果想要買一些政治或是社會的書，都透過日本的親

戚。日本把中國佔據了，去買那些書。有些從日本到台灣的書，就沒差了。所以，我家那個時候，有很多中國的書，就是從中國來的。他很關心中國的事情。

徐：他有去過大陸嗎？

洪哲勝：公元一九二幾年，那時日本已經統治福建，還有統治上海。我阿嬤跑過去那，開洋行。我的大舅，原本有病，怎麼醫治都沒用，所以來找我爸醫，他坐船過去醫治。我有相片，但是不知道何時的。他那時坐船去醫治我的舅舅，醫好才回到臺灣。所以，他去中國只有這一次而已。他是去汕頭。

王：所以你也不知道您的阿公還有阿嬤是做甚麼的？

洪哲勝：這我不知道……（以下內容與主題無關）

──────────洪哲勝訪問結束──────────

王：所以你剛才說這不是您的阿祖？這也不是您的阿祖？〔註67〕不過這有三個（洪養、洪林揀／牽、洪吳不）地址，是一樣的。這幾個和洪池老師是一樣的？

洪英傑：我只知道他住在忠義路。他們住在一起。

王：這是否是您阿嬤？〔註68〕

洪英傑：這也不是我阿嬤。我阿嬤叫洪許良禽。

王：這也不是您阿祖？〔註69〕

洪英傑：這些都不是。

王：德化堂說這個有做過太空，另一個也有做過太空，洪養做過太空以後，傳給您的阿公洪池，這都不對嗎？

洪英傑：我聽別人說，我阿祖傳給我阿公。

曾淑敏：可能他的記憶，有錯吧！

王：看資料這是？

洪英傑：他是住在這，洪池住在這。

曾淑敏：五伯母也過世了。

王：所以德化堂的信徒都住在這裡？

洪英傑：信徒家庭都住在這。

徐：你覺得你阿公是甚麼樣的人？嚴格還是親切？

〔註67〕指著資料。
〔註68〕指著資料。
〔註69〕指資料。

洪英傑：那時我沒什麼壓力。

王：所以你的阿叔的年紀？

洪英傑：我阿叔比我 12 歲。

王：你們在忠義路有買厝？

洪英傑：有些厝，我聽別人說，最後都送人了。

王：所以我想說有親戚的關係。你們住一起？

洪英傑：我知道我阿公這邊的，剩下的我就沒聽過。

徐：所以您是洪池老師兒子還是女兒的後代？

洪英傑：我是大孫。我爸是大兒子。

徐：是因為太多人，才搬出去嗎？

洪英傑：我爸去外面工作，在外面工作，在外面的仁愛之家。

徐：您的爸爸是西醫還是中醫師嗎？

洪英傑：我爸是在日本大阪大學，念藥理系。二次世界大戰以後回來，回來念臺大。在醫學院那邊。原本是念藥理，最後轉成小兒科醫師。在仁愛之家的救濟院，設一個心理療養院，在公園路那邊。之後，再去日本唸精神科一年。回來以後，就在醫院設立精神科。心理療養院那邊。

曾淑敏：這是阮俺公（洪池）自己做的，俺公、俺嬤結婚的照片。〔註70〕這個照片是二叔的兒子傳給我的。這個眠床，是俺公自己做的。這是結婚那天的照片。二叔可能比較有很多的照片。

徐：請問您的爸爸有信佛嗎？有甚麼宗教信仰？

洪英傑：都沒有。

曾淑敏：有聽經，但是沒有在信。

洪英傑：以前我在大殿，常常偷吃水果。

王：你爸爸有在這看病嗎？

洪英傑：有，在這間（大殿旁次間廂房）看。在這裡看內科。

王：是他個人的診所？

洪英傑：他平常在上班開業，看完了以後，在來這裡看。之後，患者很多，在 182 號那裏。

曾淑敏：俺公住在 182 號，我爸住在 184 號。俺公是這邊做推拿，那邊是

〔註70〕指著洪池結婚的照片。

做西醫。一邊西醫，一邊中醫。

　　王：那西醫的名稱叫做？

　　曾淑敏：叫洪內科。那個內科包含小兒科與精神科。

　　洪英傑：主要是精神科。做心理療養院的院長。

　　徐：所以在這邊是很有名嗎？

　　洪英傑：最早這邊是沒有醫院的，以前沒有這條路，這條路是後面才開的。

　　王：想請教你住到幾歲？

　　洪英傑：7 歲。

　　王：真不簡單，您還有七歲以前的記憶。

　　徐：不好意思，想請教您的爸爸何時過世的。

　　洪英傑：西元二千年。我阿公是我二十歲的時候過世的。民國 61 年（1972）還是 62 年，是 60 年（1971）。

　　徐：您有印象您阿公過世時，有誰來悼念／弔唁他嗎？

　　洪英傑：那個時候，大人都很忙，我那時住在那邊。〔註 71〕那時這邊拜完，在來我們這邊拜。〔註 72〕那時我太小，我也不知道有誰來拜。

　　徐：那時來拜的人，有很多嗎？

　　洪英傑：那時人很多。

　　洪英傑：我自小時候，就聽我阿公講很多佛經的故事。你們還可以去問看看，我還有一個姑姑，差不多八十幾歲了。

　　曾淑敏：有時候作忌的時候會來，叫洪妙玉。她嫁給姓鄭，叫鄭太太。

　　王：那個鄭高輝先生，是我們學校的董事長。〔註 73〕

　　洪英傑：這些資料上的人，我都沒有聽過。

　　王：因為我就覺得很奇怪，這些人的地址都一樣。

　　洪英傑：因為大家都住在這。

　　王：都是德化堂的信徒！這些人很多人都是太空跟空空。我看其他資料寫說，其他人掌管德化堂以後，就換你阿公掌管德化堂了。

　　洪英傑：我是知道我阿祖傳給我阿公。

〔註71〕指德化堂右手邊。

〔註72〕指弔念？的人在德化堂拜完，再去洪英傑先生家拜。

〔註73〕為保留個資，故不在此說明哪間學校。

曾淑敏：我聽的好像不是耶！照這裡的傳說，好像不是他阿公傳給他爸爸。

洪英傑：這個菜堂有住持。

曾淑敏：洪公是第一個啦。

洪英傑：我阿公過世後，改變成委員會。

……（與主題無關，所以省略）

曾淑敏：我是聽別人說長榮女中的校門，以前是前門，現在是後門的拱門，最古老的建築物，是俺公做的。俺公沒讀過土木工，但是很會設計藍圖，很會設計結構，他的阿公頭腦非常好。在土木方面，很厲害。很多寺廟跟學校，都是他弄的。

王：想請問您阿祖，是做麼工作？

洪英傑：這我不太清楚，現在在鹽水可能還有親戚。

王：您的阿祖叫甚麼名字？

洪英傑：叫甚麼名，我沒聽過。另外一個哥哥的兒子，以前在東門路中油加油站，開一間德化橡膠廠，做籃球、足球、壘球。是在做橡膠的。我小的時候，這邊在做氣球。所以那時就有德化橡膠廠。

曾淑敏：那是以前洪家企業，家族企業。所有洪家的人，都有股份。那個德化剩兩個，一個在高雄做醫師。

王：是因為洪池老師做中醫的關係，所以你爸的子孫才會做醫生嗎？

洪英傑：做醫生的只有我爸爸而已。

王：陳裕程眼科？

曾淑敏：那是三姑的女婿。

洪英傑：是三姑的女婿。

曾淑敏：阿公生幾個小孩？

洪英傑：生七個。四個女生，三個男生。

徐：您的阿公有幾個兄弟姊妹？

洪英傑：有四個，都是男的。洪池排第三。

徐：請問您有聽過盧世澤嗎？

洪英傑：（搖頭，不知道）

徐&王：因為我看資料，在日本時代盧世澤跟洪池都是德化堂的管理人。

我看資料，他在民國四十幾年就過世了，所以想問？〔註74〕還有王海與陳日三？

曾淑敏：可能他都不認識。〔註75〕他1952年才出生的。俺公的徒弟蓮姑，好像應該也知道洪池的事情。

王：她現在在安養院。他八十幾歲。她已經有點不太清楚了！

曾淑敏：之前我們來作忌拜拜時蓮姑有來，有講她以前怎麼來拜洪池的。她說她是洪池第一個弟子。洪英傑的五伯母也住在這，之前中日戰爭時，我公公的堂兄（五伯父）被抓去海南島當兵，就沒回來了。她都跟阮俺公一起住在德化堂。

洪英傑：她住在後面。

曾淑敏：那叫做五伯母吧！他們堂兄弟都照排行來稱呼，那算五伯母。結婚以後，不知道有沒有生？

洪英傑：她沒有生。

曾淑敏：我公公的堂兄過世後，她就一直問阮俺公能不能來菜堂。那個五伯母過世前，才搬出去。所以那個五伯母，可能住在這三、四十年了。

王：很多人叫洪池為老師，但是都不是他的弟子？

洪英傑：都不是他的弟子。

徐：不好意思，正式請教您兩位的尊姓大名？

曾淑敏：他是洪英傑，我叫曾淑敏。

曾淑敏：你有什麼事，可以再問我，我可以再問我的堂弟，也可以問我的表姊，講那個住在這四十幾年的五伯母的事情，堂姊就是她的女兒。〔註76〕她還在。

王：那個堂姊有在這住過嗎？〔註77〕

曾淑敏：她就是住在這，直到嫁出去。

王：她是這裡的信徒嗎？

曾淑敏：應該是吧。

洪英傑：她住在這。

〔註74〕此處他指盧世澤。
〔註75〕他指的是她老公洪英傑。
〔註76〕此處是堂姊，表姊為受訪者口誤。
〔註77〕這，指德化堂。

　　曾淑敏：她住在這，每天都在這裡聽經。橫豎是信徒還是非信徒，都是每天在這聽經。〔註78〕她的爸爸在中日戰爭時，就沒回來，小時候也沒看過爸爸。

　　王：五伯母住在這，住到過世時，德化堂會提供生活所需，還是自己準備？

　　洪英傑：要自己準備。

　　曾淑敏：我們搬出去後，她還住在這。

　　洪英傑：住這邊，都要自己準備。

　　曾淑敏：五伯母可能住的比你還久？〔註79〕

　　洪英傑：對，比我還久。

　　曾淑敏：五伯母可能比阮俺公住得還久，阮俺公搬出去以後，她還住在這。

　　徐：您的二叔是成大機械系畢業，去統一做廠長，做紗布的那種嗎？

　　洪英傑：不是，最先是工程師，在中油做工程師，之後去統一企業做廠長。之後再去做紗布。

　　徐：所以您是唸商的嗎？

　　洪英傑：我是商學博士。

　　徐：是成大的嗎？

　　洪英傑：我是在日本，所以我會看日文。

　　徐：是日本哪間大學？

　　洪英傑：東京拓殖大學。我是商學院的教授退休的。

〔註78〕按訪談，可能受訪者也無法確認是否為信徒。
〔註79〕你指洪英傑。

附錄五：洪池文章選輯

臺灣臺南洪池，〈祝敬佛家庭修養雜誌——並談我的信仰〉，《敬佛月刊》，2卷2號（1936），頁6～10。

敬佛月刊

祝敬佛家庭修養雜誌並談我的信仰　六

斷，身語意業，無有疲厭。能如此庶盡敬佛之能事，亦盡禎祥吉利之圖也。

須知全心敬佛，以即佛之心，本佛陀之致，行佛陀之行，可轉心意意識之妄波，

而成無分別之聖智，既具聖智，無迷不破，亦無往不利，乃係敬佛之確切意義也。

今當元旦之日，凡我人類，果能如此：則前程之遠大，前程之光明，前程之無量，前程之吉

利，必不可以言語思量計—乃至希望夫婦之和順，家庭之隆慶，關體之堅牢，國家之富強，亦必

不可以言語思量計！凡有智者，烏不奮起力行耶？

祝敬佛家庭修養雜誌
並談我的信仰

臺灣臺南市

—洪池—

吾人為什麼緣故，要來學佛呢，佛教對吾

人有什麼關係，對家庭，和社會，人羣，又什

麼關係呢，而佛教本身是怎樣一件事呢，這個

問題，我感覺非常有討論的必要，觀察社會一

般人士，對於佛教的看法，和信仰，大部分不

能明佛陀為　　　　　有的看做是消極的；有的看

為迷信的，因為現在的教團，失了學佛的精神

，大部分思想墜落，現出消極，和迷信的生活

，設有小數等知識，亦未從組織堅固團體，進出

社會，為人羣而開悟，從佛法藏於深山，是以

不能出頭見佛之光華，那末佛教是怎樣一件事

呢：然佛教為什麼動機，出現於世乎，我敢祖

釋迦文佛，爲太子時，親自實地觀察世間的真相，人人都是過着無意義的人生生佸，被四苦，或八苦，其他算不了的雜苦，無論精神上，或物質上，日常受着無限的苦腦，迫的無處解脫，皆因爲生死的大問題，弄的七顛八倒，有的拿神權來求解決，演出祭神新禱萬能主義，有的拿苦行來求解決。演出自刑其身。有的拿物質金錢來求解決，演出做金錢奴才，有的拿縱慾來瘋癲人生，演出醉於酒，沉于色的醜態，其他種種皆不得解決的結果，所以我親愛的佛陀，那就勤起大慈大悲的救世心了，犧牲太子之地位，犧牲宮中之富貴，不錯削去父子之情，別了嬌妻幼子之愛。犧牲他一切的幸福。爲着覓出一條大光明的活路，以救世界人類痛苦，使人們能得自由，自在，無罣，無碍，生活於極樂世界，因此他就再一番特別大研究哲學，宗教，及當世各種修行仙人的方法，並苦行實踐躬行，皆不得徹底要領，便想自求自得的方法，以自修自證，則發明四諦，八正道，十二因緣，等步目，猛勇直進，及至精進的究境，心無一物，卽人於無念無想的狀態，那時佛陀之心境，旣無障碍，一見明星之光，契合眞楼，佛陀的精神貫徹宇宙參透造化，與宇宙造化神，佛陀之眞精神卽宇宙的大精神，則吾六尺的小我，自父母未生以前，和宇宙大我融通一體，雖此物質地球有壞，而吾佛性永劫常如，不變而不死，無去而無來，無成而無壞，進一步來說，不但釋迦這樣，一切蠢動含靈，亦是具足平等圓滿佛性，所以無論什麼人，都不能離佛性而生佸，人人都有成佛可能性，而人人怎樣未能成佛呢，因爲迷而不覺，所以忘本着末，竟昧其眞，蓋佛敎以轉迷啓悟爲宗旨，離苦得樂爲目的，但迷是迷什麼，悟是悟什麼呢，就是悟宇宙眞理叫做覺，昧宇宙眞理叫做迷，若不明宇宙眞我之大精神，那

敬佛月刊

祝敬佛家庭修養雜誌並談我的信仰 七．

敬佛月刊　祝敬佛家庭修養雜誌並談我的信仰　八

末就執着個我之小見，那就偏執個我之存在，即便拘泥于生死，現出種種偏見，迷忘、着幻生活、於此則苦海無邊矣，若人人長此以往，便是黑闇社會，地獄生活了，然而佛教有一句話說的好，一人未成佛，照這句大願力研究起來，佛教不是山林獨占的，也不是食菜人（齋友）專有的佛教，乃是平民之佛教，若是山林和齋友之佛教，那末要值一人未成誓不成佛，那就難得實現了，若欲值到佛陀的大目的，須從佛法普遍於社會，即實現社會化佛教，家庭化佛教，通俗化佛教，大衆化佛教，而山林寺院的佛教，充做布教師養成學院，而布教所當設於接近社會之處，使一般人們容易接法，欲指導社會，方知社會之缺點，今般拜讀敬佛會家庭修養雜誌，正合佛陀普遍的慈悲精神，吾人實在大大感格，大大歡迎也，從上面所去佛陀的慈悲，和犧牲的精神，傳布與一般知道，那末人人豈不生出一種欣

蓋敬佛的心理否，設若社會人士，能得明白佛致的真理，那末又會現出一種有意義有合法人生生活，此則聲悟的真敬佛也，何謂有意義，有合法，人生生活呢，則起自求自覺，證入宇宙真如之妙現，然後方能解決自己人生觀，造成佛化人格者，享受家庭樂之幸福，進而美化社會，消極方面削除世人之苦腦和障碍，積極方面精進此人之幸福，和促進社會之文明，使五濁惡世，改造成為極樂國土，即火坑化作白蓮池，但佛教徒的真聖格，在於為社會，為人類，工作之中，不厭艱苦，但不厭艱苦，還會現出趣咪勞動，趣味生活的心理，即是在勞動而趣味，為趣味而勞動之生活，這便是有意義，有合法的人生生活，方稱明覺的真敬佛也，以下談幾句我的信仰條件：

（一）理智的信仰

佛以啓悟我的信仰為一大事業，究其理之真而生智慧，則真正合理的信仰確立

（二）非迷信的信仰。

（三）入世的非厭世的。

（四）活入之佛教。

敬佛月刊

不知而信之曰迷信，致佛，其罪尚過於謗佛，佛教以轉迷為第一要務

（五）自我之信仰　佛示人於無我中而會真我，我即是佛，則唯自我佛力，能自強自立，人人得之即世無弱者矣。

（三）入世的非厭世的　佛者莊嚴地獄之工人也，將道人人叫苦之世，改造為極樂勝景，不移寸步，直立西方，常安常樂，非厭此世界，而另求空想之天國與樂園。

（六）自由信仰　解粘棄縛不執不著，獨行自在。

（七）平等信仰　人人皆有佛性，不以賢而增，不以愚而減，心佛、眾生，三無差別，諸佛菩薩一體同觀，本來無男女，男女則一如，佛法平等，無階級之差別：一體同仁。

（四）活入之佛教　人太得之人人立地成佛，家庭得之家家幸福圓滿，社會行之即共存共榮，非為死人誦經超度之佛教。

（八）安樂信仰　認識本然常安不變，一切諸苦悉皆是幻，化幻歸真，常住永樂。

（九）大乘信仰　真誠精神修養，俗諦社

敬佛月刊　祝敬佛家庭修養雜誌並談我的信仰　九

（十一）積極的、這地球實現極樂世界。

（十二）世界的

十

山河大地我全身，山河大地皆露法王身，虛處皆是佛地，人人本具佛性，佛云一人未成佛管不成佛，佛以世界全體成佛為前提。

（十）無限信仰——法界無邊，無始無終，無生無死，生命永活。

精進悲智勇，勇威直前，為人類造幸福，完成

敬佛月刊　家庭與佛教

會事業，真俗二諦圓融；即發善而非獨善。

家庭與佛教

隘西

一個家庭要組織得井井然然次次第第，的雖不是一件容易的事。非有家長的人，能熟識家中老幼的心理和應付一切環境的明瞭是不為功的。我們不是常看見同一家庭中的人們常常發生口角鬥戰甚至有生命的危險性嗎？人衆心多，這是必然的道理，可是一個家庭裏面所應守的規律也不可以太隨便啊！因一隨便就要變

成散漫無數的份子，如此，不但無益於家庭，對於自己的人格上或社交上是大有缺點的，若營社會的事業也是大有障碍的。所以有的家庭裏面的組織實在有的國家還不如，有的呢？那，就完全談不上了。這是怎樣呢？不得不說是為家長者的有識與無識的差別呢。

我們知道：一個國家的組織，是以民衆為

洪池，〈釋尊聖誕紀念會播講〉，《大乘月刊》，10.11 號合併（1955），頁 5、14。

釋尊聖誕紀念會播講　洪池（當樂）

祝一慶

四月八日是我們大慈釋迦牟尼佛（二千五百十八年聖誕紀念日，四月七日下午十一時於臺南大眾大開演講大意，這天是非常大大）

『摩訶般若』便是絕對大絕對多、絕對勝的智慧，這智慧一面看透無機，吾人既明白佛出世因緣，我們忍進一步普遍的宣傳佛陀宗旨、喚醒癡睡的眾生覺悟起來，同心一致努力、實現佛陀的理想，所以在台南市佛教支會。

有意義的紀念日，全世界的佛教徒都抱着真誠懇的心情、和真誠懇的觀念，來慶祝、來報答佛恩，同時以沐佛的意義與心理，來洗整吾人萬刧罪垢與煩惱，進一步普遍的宣傳佛陀宗旨、喚醒癡睡的眾生覺悟起來、同心一致努力、實現佛陀的理想。

本年度慶祝佛誕節行事、予先對佛教徒所以皈依佛的原因、吾等受佛所開的知見、第二要探究佛所示知見的內容、第三要括佛的知見，是必要之第四質地入佛的知見、即吾人之所知所見與佛一樣，即人人皆可成佛、消極方面解脫一切痛苦、積極方面建設極樂世界、佛爺吾等的大奴隸、或做他的百姓、人人達到與佛同等之要的大綱而出現。

四月五日六日八日之三日間、每夜八時半起、在台南赤崁樓台舉行慶祝佛誕紀念講演會、而初八日上午十時起、在本支會會址（即公園路依德堂）舉行佛誕花祭浴佛典禮、歡迎各界善男女士多多參加、以紀念釋尊偉大功德並發揚衆覺悟起來、同心一致努力、揚佛陀偉大精神，但現在要講題目是：

佛陀爲什麼目的出現於世

『法華經』裡面說、『諸佛世尊爲一大事因緣出現於此世、令衆生開佛知見故而出現』爲欲示衆生佛知見而出現（見一骨令衆生入佛知見而出現）……

『佛陀無師』自覺是用着自由自在、『一大悲心』來發揚宇宙人生絕對的眞理、而能把持眞理、又能從眞理普及於大衆、通其無上大人格、所留寫出理的就是大佛敎、遺大佛敎、就是對最上性的所在、所最爲佛教的特色與其偉大處……

道理來開發吾人達到清淨快樂的境界、即他的道理的內容是怎樣呢、現在是有進一步說明的必要。

什麼叫做佛的知見呢、就是世間最勝無上之知見、即佛的智慧、佛的智慧用專門術語叫做己之佛知而後令人求如佛之悟入、闡拓淨呢、他的道理內容是怎樣呢、現在是有進一步說明的必要。

(1) 因衆生多愚痴苦沒有救護、常救援、而有離惱悟行布施的大佛來出現。

(2) 衆生之出現、有不思議大轉才大導師之出現。

(3) 晚落貪欲、瞋恚、愚痴的深海中之情緒、對發方面現出來的倫理、含此知在一大悲心、來發揚宇宙人生絕對的眞理……

(4) 衆生有很多煩惱、爲破壞悟的大導師而出現。

(5) 衆生沒有慚愧、沒有羞恥的念頭爲慚愧無慚無愧遊說、而做寃有慚愧有恥的大佛師而出現。

(6) 衆生因驕慢及粗暴言動很多、爲欲破除這等、而做寃謙恭和歡溫柔的大佛師而出現。

(7) 衆生多慈悲喜捨、做寃多善無惡的大佛師而出現。

(8) 衆生無緣慈無害捨、備足和歡溫柔的大師而出現。

(9) 衆生心病很多、不能安穩生活、爲衆生治病做着大醫王而出現。除根絕衆生病做着大醫王、佛的出現一、照這樣來體即佛陀、如是了解佛的出現之目的、一言者是道引吾等到清淨快樂的境界、究竟佛陀是用什麼

提』是自利主義、利益於世、上而道皆偏執、凡偏邊其之『上求菩提』乃無益於世、上而道皆偏執、救世之自覺、若無菩提的自覺、而欲化度衆生、是一種愚痴、而有危險性的、若不是爲化度衆生、所以學佛救世、須上求菩提的自覺、須上大無限化庵衆生、所以佛教主義、救世界又是一太子身份、能拾一切、最大修行、成寃上覺、大悲、上而精進求菩提而成佛、若是道而偏執、不能戒律、平和、不能安身立命、我佛出世之救法、皆令人步上中道、好是人類理實生活的指針、最大

『上求菩提』、便是無限慈悲和智慧、無上的自覺、即是覺他、自覺的出現之目、的一一皆是道引吾等到智慧、無上的自覺、最大

（下轉第十四頁）

天龍寺遊記

……金　水……

天龍寺是嘉南一個幽勝的佛地，在日治時代，稱爲三教堂，原是【金】的三個字，鏤功雄偉，由此而建，【仙天】、【范萊】，三派行姚邊殿在馬，如來佛，殿外由有石柱一對，刻著，天龍寺，有【天竺釋禪宗諸】，讓與現任住持凍登元。

我的眼前的是天龍寺，一個金字輝煌。

覺能覺行圓滿覺地做到者，就是聯華佛陀自覺究竟覺悟什麼，是聯字宙真理叫做覺、味宇宙眞理叫做本，由眞理叫做覺，亦即吾人之本來面目，離諸法體相之虛安，如者如常之義……（以下略）

自陳登元後主持了後，對於佛教地方推行，宣揚演講畔媄萊走，盡威及大力量，久眞正因果，過逢是夏季，山花齊放，綠色宜人，林間的鷓鴣整，共奏著晚歌，今看我已叫依我佛，求而接近佛門將任如來袈裟賜天和！如果有正時常賜致，倦鳥歸巢，日落西山一片落霞照耀大地，清風陣陣，是我抱著消搖的衰質然然回家？

特聘

臺北市顏欽賢先生、
嘉義市王鐘麟先生、
臺南市顏興先生、

爲本社顧問

《大乘》月刊社啓

中國佛教會理事長章嘉活佛一行八名，定於六月七日前止爲配合國策導民衆強化民族精神起見赴中南部一帶弘法利生，宣揚正法，良緣難逢，歡迎多多參加聽講遲莅不遠。

章嘉大師一行中南部弘法

本寺秋季傳戒法會，決定自本年國曆十月三十日（農曆九月十五日）起至國曆十二月廿八日（農曆十月十五日）止計三十一天，在家戒期另定，恭緊內地高僧金山寺，方丈太滄老和尚爲得戒和尚，凡我四衆弟子發心受戒者勿失良機，諸於六月一日起向本寺直接報名參加，諸位如必蓮此証明。

臺中寶覺寺傳戒

寶覺寺住持智性作禮，省經通省立教中的身後，呈現在

編者的話

本刊原訂六月十日出版一週年紀念，唯因本刊主編德明法師赴基隆月眉山靈泉寺受戒，致未能依照原訂期間出版，顏爲抱歉，尤須本島張大德賜更賜佳作或題字，以光編幅，來稿限至六月末爲止敬諸多多賜教可也。

最後祝各位同胞健康，衆生大幸甚。

—完—

洪池，〈請大慈大悲的釋尊做將來世界和平會議的議長〉，《佛青》，1966 年 6 月 15 日，2 版。

附錄六：未出版的文獻

附圖一：日治時期洪池戶籍謄本

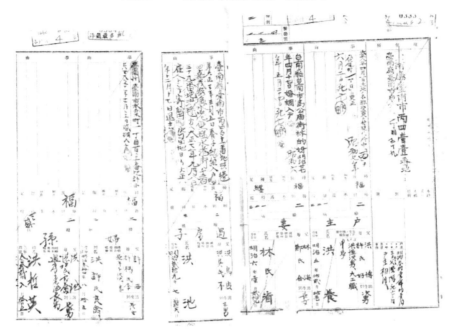

附圖二

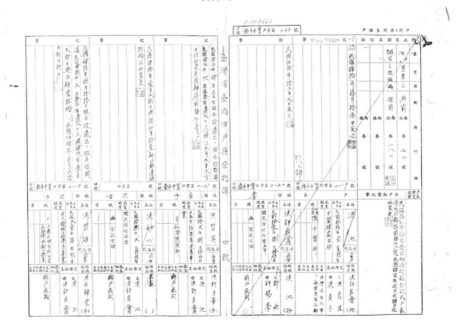

戰後民國洪池戶籍資料，德化堂藏。（1）

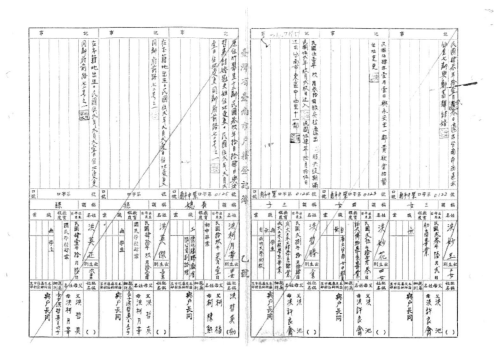

戰後民國洪池戶籍資料，德化堂藏。（2）

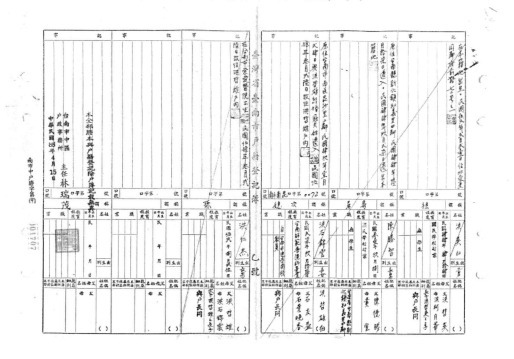

戰後民國洪池戶籍資料，德化堂藏。（3）

附圖三：洪哲英致洪池〈長信〉信封

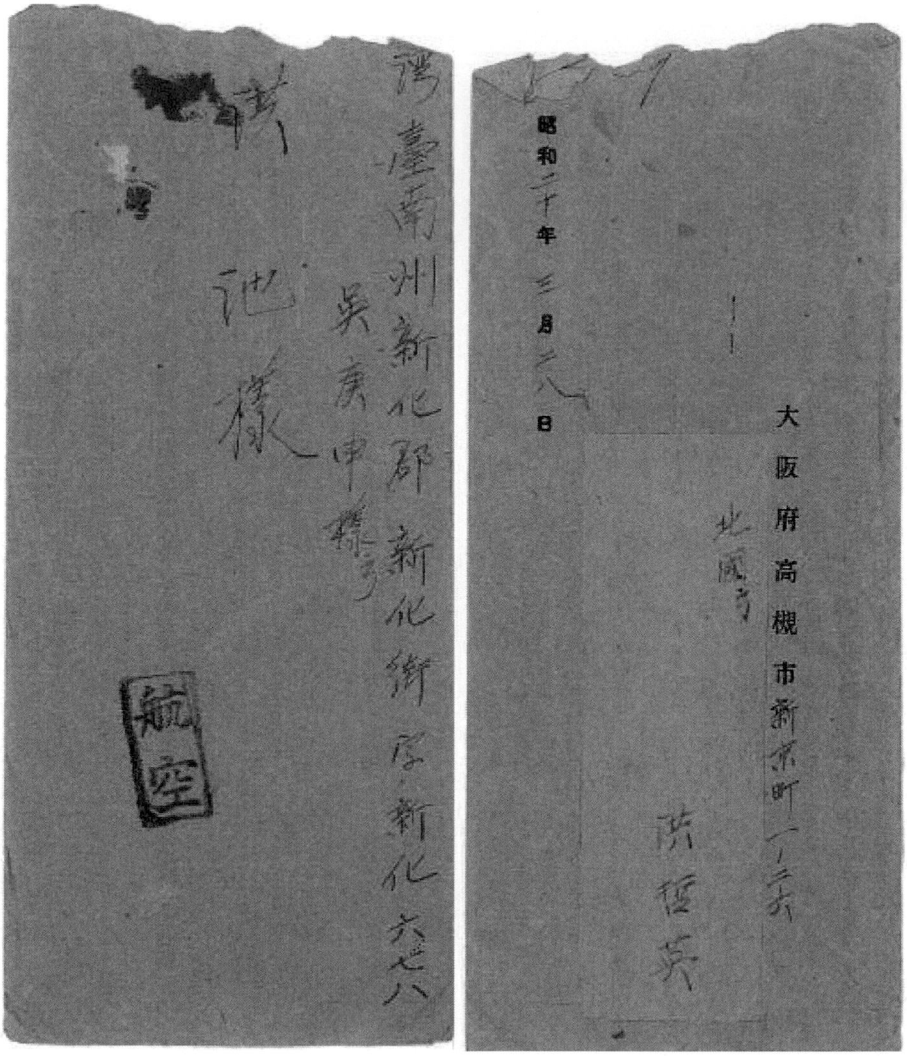

臺南州新化郡新化街字新化六七八

吳庚申樣轉

池樣

航空

昭和二十年三月八日

大阪府高槻市新京町一ノ二六

北國寺

陳哲英

附圖四

洪哲英，〈長信〉，德化堂藏，1945。（1）

洪哲英，〈長信〉，德化堂藏，1945。（2）

翻譯：

拜啟　父親大人尊前

又到了梅花競放、柳上新綠之時，我想家中的大家都是平安健康的。不肖的我身體也治病了，逐漸恢復精神，每天都朝氣蓬勃的學習，還請你們別掛心。

七號送來的航空郵件，約在十天前收到，也明白了了家中被疏散這事。關於信中一同送來的支票，一月二十六日的在二月二十日領取了；而二月十五號發出的五百元卻還沒有到，因為已經超過一個月以上了，我想是必須得去郵局查一下。若有這五百元的話，第四學年的一整年間的費用就夠用。且還有些餘裕，再者我也可以直接繳交給學校的學費也比較好，雖然說還有一些地方需要用到錢，但因寄錢過來實在是太麻煩，所以今後請不要在寄錢過來了，這件事我記得在之前也有和您討論過數次的，住在和歌山市的添華兄三天前有過來找我，說現在寄錢似乎比較困難，要我有缺錢就找他，說兄弟間互相幫助是理所當然的，對我表現出了這樣的善意，所以手頭上也不會那樣的拮据。但如果要送的話，我認為每月就一百至兩百就夠了，不知道父親的想法如何。取而代之，父親也可將那些錢送去給鹽水的阿姨我想會比較好。再靜待父親的意見。另外關於學校學費這回事也請父親再給予指示。如以上所述，希望今後不要再送錢過來了，但如果有什麼特殊狀況的話就寄航空信件或是打個電報給我，近日戰情漸漸擴大，我想更應該趕緊完成學業才是。

祈願家中老小每個人都能平安順

頓首

昭和二十年三月二十七日　夜

哲英　再拜

附圖五

洪哲英，〈短信〉，德化堂藏，1945。（1）

洪哲英，〈短信〉，德化堂藏，1945。（2）

翻譯：

拜啟　昭和二十年三月二十九日

天氣漸漸回暖，春天似乎也不遠了。我每天也精神百倍地的學習，還請您放寬心。二月十五發出的支票，今早也確實的收到了。昨日因為還沒有接收到國際郵件通知，但因為今天早上接收到了，所以緊急的再寫了這封信通知。我想直到畢業前應該都是非常足夠的。也因受到了藥理學的羽野教授及和歌山市的添華兄的照顧，我想今後如果沒有什麼特別的原因，還請您不用再送錢過來給我了。學年試驗也順利地結束，順利地升上了最高年級了。

進來是變季之時，還請您保重身體。因已領到了支票，於是想盡快地想通知您。

※再次感謝成大博士班學長楊家祈的翻譯

附圖六

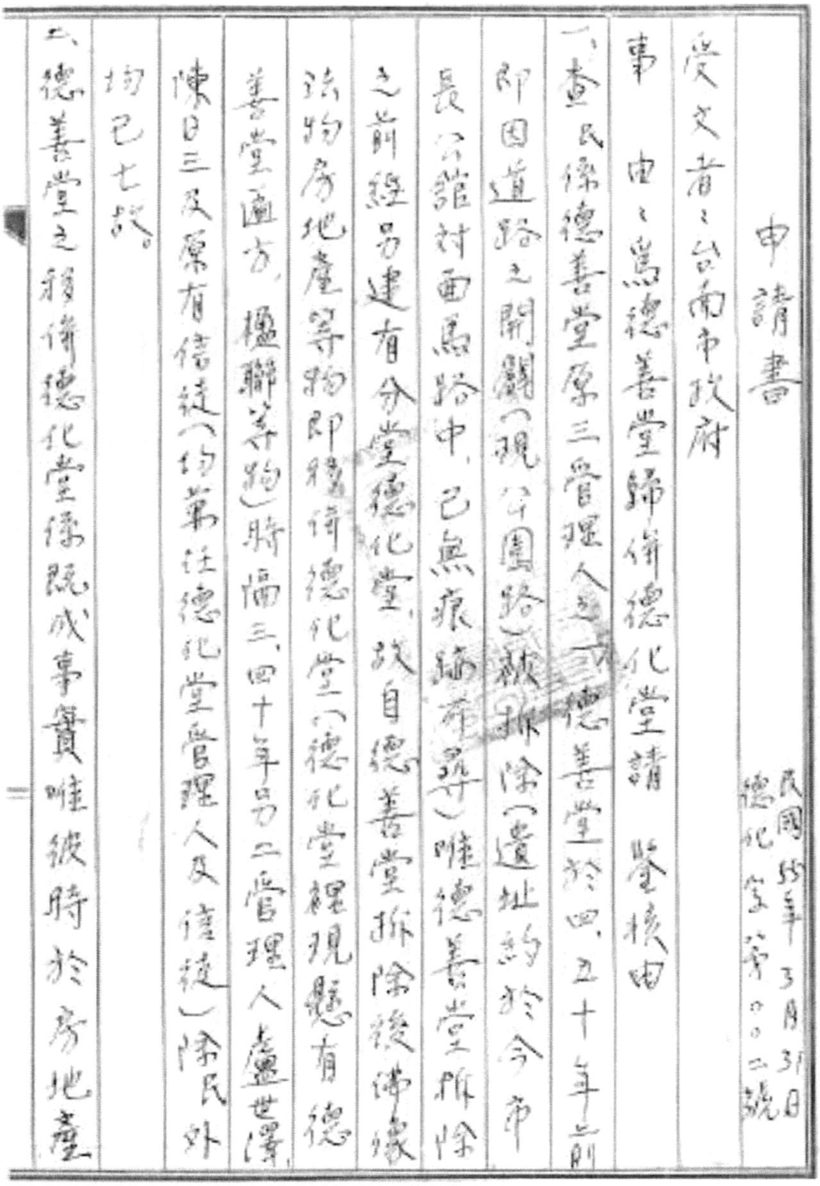

申請書

受文者：台南市政府　　民國五十五年 3 月 30 日　德化堂字第〇〇二號

事由：為德善堂歸併德化堂請　鑒核由

一、查民係德善堂原三管理人之一，德善堂於四、五十年前即因道路之開闢（現介壽路）被拆除（遺址約於今市長公館對面馬路中，已無痕跡可尋）唯德善堂拆除之前經另建有分堂德化堂，故自德善堂拆除後佛像法物房地產等物即歸德化堂（德化堂裡現懸有德善堂匾方，楹聯等物）附幅三、四十年另二管理人盧世澤，陳日三及原有信徒（均系往德化堂管理人及信徒）徐民外均已亡故。

二、德善堂之捐併德化堂係既成事實唯彼時於房地產

洪池，〈申請書〉，1966 年，3 月 30 日，藏於德化堂。（1）

所有權未即為辦理後轉登記,現民已年遍蘇為德化
堂,今後於德善堂名義下房地產之管理並需補行辦
理所有權移轉登記,

三、特遵奉鈞府○○南市地字第○○号含平檢具德善堂信
徒名冊及之故二管理人除ㄆ騰本各乙份請予確定暨另
付具德善堂所有土地房屋標示一併於德化堂寺廟登記
表裡記載有案)土地登記簿騰本及德善堂房地產
權移俾德化堂信徒同意書各乙份請ㄓ核蓋賜予
核準移轉為禱。

德善堂管理人 洪 池

住址:台南市府前路七二号

洪池,〈申請書〉,1966 年,3 月 30 日,藏於德化堂。(2)

附圖七：中國佛教台南支會地9屆第2次會議出席名冊

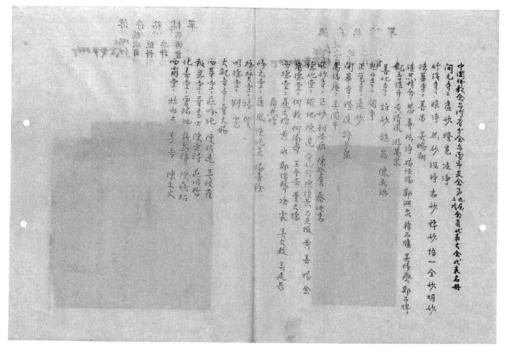

附圖八

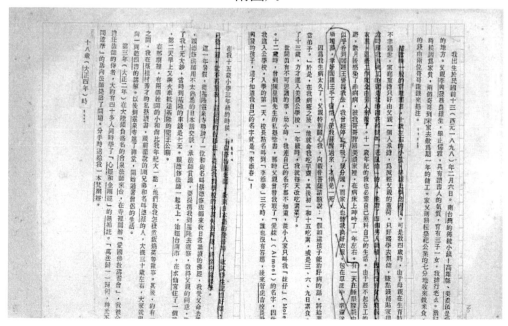

李添春手稿（1）

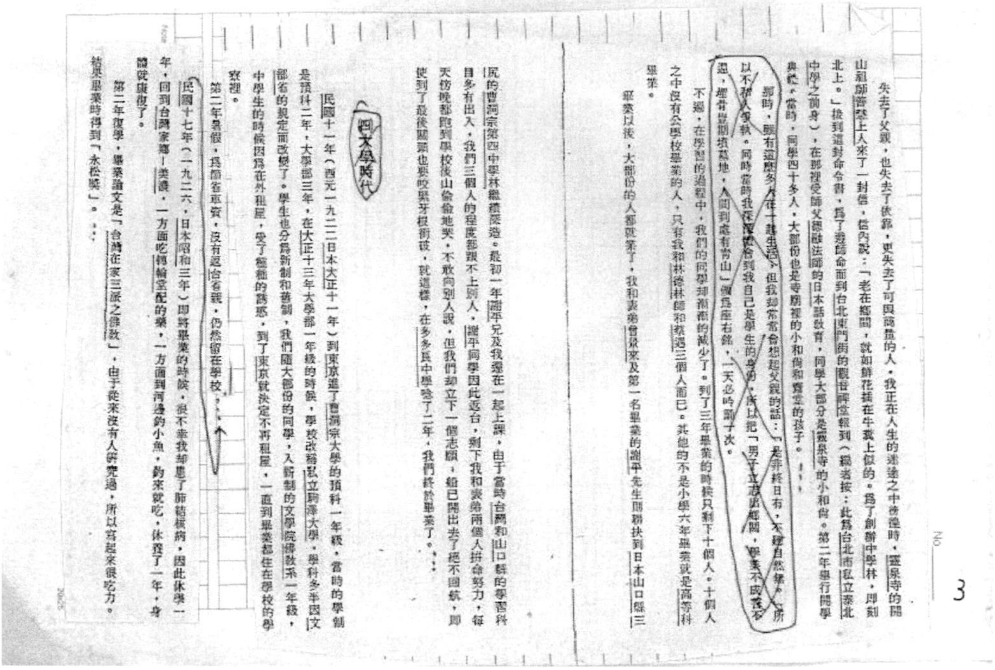

失去了父親，也失去了依靠，更失去了可與商量的人。我正在人生的迷途之中徬徨時，靈泉寺的開山祖師善慧上人來了一封信，信內說：「老在鄉間，就如鮮花插在牛糞上似的。為了創辦中學林，即刻北上。」接到這封命令書，為了遵師命而到台北東門街的觀音禪堂報到（編者按：此為台北市私立泰北中學之前身），在那裡受師父聯謙法師的日本語教育，同學大部分是靈泉寺的小和尚。第二年舉行開學典禮，當時，同學四十多人，大部份也是寺廟裡的小和尚和齋堂的孩子。……

那時，雖有這麼多人在一起生活，但我卻常常會想起父親的話：「是非終日有，不聽自然無。」所以不和人爭執。同時當時我深深體會到我自己是學生的身份，所以把「男子立志出鄉關，學業不成誓不還，埋骨豈期墳墓地，人間到處有青山」做為座右銘，一天必吟詠十次。

不過，在學習的過程中，我們的同學卻漸漸的減少了。到了三年畢業的時候只剩下十個人。十個人之中沒有公學校畢業的人，只有我和林德林師和蔡遇三個人而已。其他的不是小學六年畢業就是高等科畢業。

畢業以後，大部份的人都就業了，我和表弟曾景來及第一名畢業的謝平先生聯袂到日本山口縣三尻的曹洞宗第四中學林繼續深造。最初一年謝平兄及我還在一起上課，由于當時台灣和山口縣的學習科目多有出入，我們三個人的程度都跟不上別人，謝平同學因此返台，剩下我和表弟兩個人拼命努力，每天傍晚都跑到學校後山偷偷地哭，不敢向別人說，但我們卻立下一個志願，船已開出去了絕不回航，即使到了最後關頭也要咬緊牙根衝破，就這樣，在多多良中學唸了二年，我們終於畢業了。……

四大學時代

民國十一年（西元一九二二日本大正十一年）到東京進了曹洞宗大學的預科一年級，當時的學制是預科二年，大學部三年，在大正十三年大學部一年級的時候，學校改稱私立駒澤大學，學科多半因文部省的規定而改變了。學生也分為新制和舊制，我們隨大部份的同學，入新制的文學院佛教系一年級，中學生的時候因為在外租屋，受了種種的誘惑，到了東京就決定不再租屋，一直到畢業都住在學校的學寮裡。

第二年暑假，為節省車資，沒有返台省親，仍然留在學校。……

民國十七年（一九二六，日本昭和三年）即將畢業的時候，很不幸我卻患了肺結核病，因此休學一年，回到台灣家鄉—美濃，一方面吃轉輪堂配的藥，一方面到河邊釣小魚，釣來就吃，休養了一年，身體就康復了。

第二年復學，畢業論文是「台灣在家三派之佛教」，由于從來沒有人研究過，所以寫起來很吃力。結果畢業時得到「永松獎」。……

李添春手稿（2）

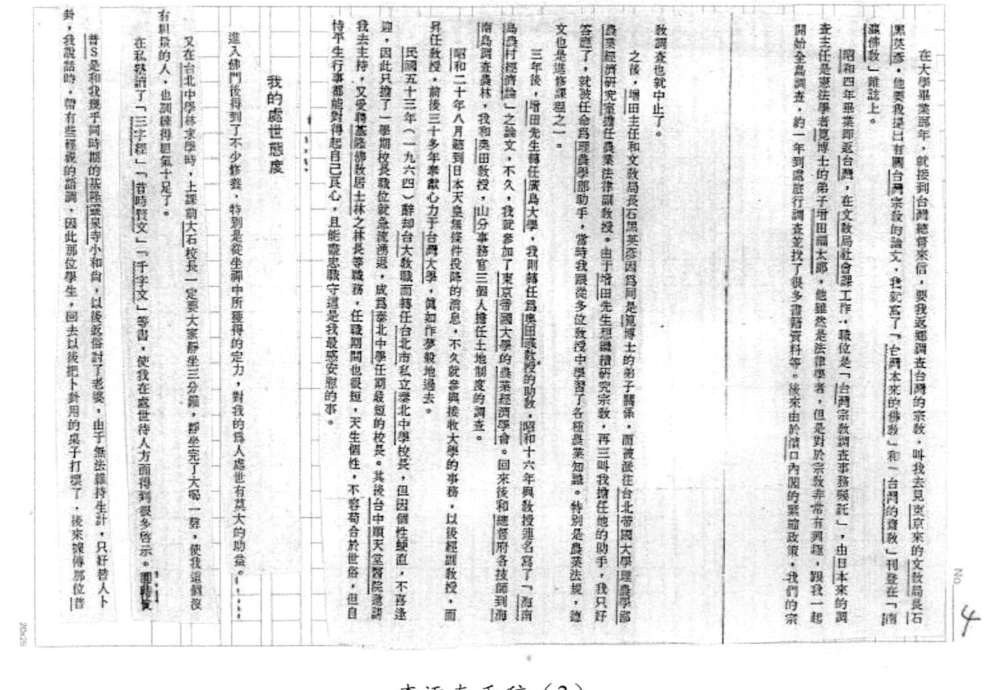

在大學畢業那年，就接到台灣總督來信，要我返鄉調查台灣的宗教，叫我去見東京來的文教局長石黑英彥。他要我提出有關台灣宗教的論文，我就寫了「台灣本來的佛教」和「台灣的齋教」刊登在「南瀛佛教」雜誌上。

昭和四年畢業即返台灣，在文教局社會課工作：職位是「台灣宗教調查事務囑託」，由日本來的調查主任是憲法學者筧博士的弟子增田福太郎，他雖然是法律學者，但是對於宗教非常有興趣，跟我一起開始全島調查，約一年到處旅行調查並找了很多書籍資料等。後來由於濱口內閣的緊縮政策，我們的宗教調查也就中止了。

之後，增田主任和文教局長石黑英彥因為同是筧博士的弟子關係，而被派往台北帝國大學理農學部農業經濟研究室擔任農業法律副教授。由于增田先生想繼續研究宗教，再三叫我擔任他的助手，我只好答應了，就被任命為理農學部助手，當時我跟從多位教授中學習了各種農業知識。特別是農業法規，德文也是進修課程之一。

三年後，增田先生轉任廣島大學，我則轉任為奧田彧教授的助教，昭和十六年與教授連名寫了「海南島農村經濟論」之論文，不久，我就參加了東京帝國大學的農業經濟學會。回來後和總督府各技師到海南島調查農林，我和奧田教授，山分事務官三個人擔任土地制度的調查。

昭和二十年八月聽到日本天皇無條件投降的消息，不久就參與接收大學的事務，以後經調教授，而昇任教授，前後三十多年奉獻心力于台灣大學，真如作夢般地過去。

民國五十三年（一九六四）辭卸台大教職而轉任台北市私立泰北中學校長，但因個性鯁直，不喜逢迎，因此只擔了一學期校長職位就急流湧退，成為泰北中學任期最短的校長。其後台中順天堂醫院邀請我去主持，又受聘基隆佛教居士林之林長等職務，任職期間也很短，天生個性，不容苟合於世俗，但自恃平生行事都能對得起自己良心，且能盡忠職守這是我最感安慰的事。

我的處世態度

進入佛門後得到了不少修養，特別是從坐禪中所獲得的定力，對我的為人處世有其大的助益。……

又在台北中學林求學時，上課前大石校長一定要大家靜坐三分鐘，靜坐完了大喝一聲，使我這個沒有膽量的人，也訓練得膽氣十足了。

在私塾讀了「三字經」「昔時賢文」「千字文」等書，使我在處世待人方面得到很多啟示。

昔S是和我幾乎同時期的基隆靈泉寺小和尚，以後返俗討了老婆，由于無法維持生計，只好替人卜卦，我說話時，帶有些輕視的語調，因此那位學生，回去以後把卜卦用的桌子打壞了，後來輾傳那位昔

李添春手稿（3）

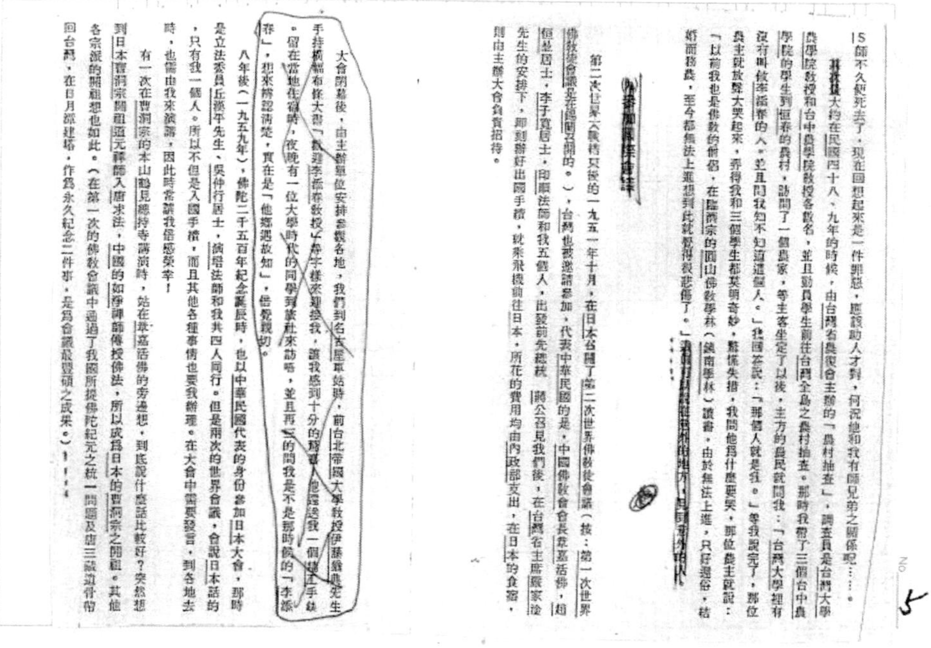

15師不久便死去了，現在回想起來是一件罪慈，應該助人才對，何況他和我有師兄弟之關係呢……。

[illegible]大約在民國四十八、九年的時候，由台灣省農復會主辦的「農村抽查」，調查員是台灣大學農學院教授和台中農學院教授各數名，並且動員學生前往台灣全島之農村抽查。那時我帶了三個台中農學院的學生到恒春的農村，訪問了一個農家，等主客坐定了以後，主方的農民就問我：「台灣大學裡有沒有叫做李添春的人。並且問我知不知道這個人。」我回答說：「那個人就是我。」等我說完了，那位農主就放聲大哭起來，弄得我和三個學生都莫明奇妙，驚慌失措，我問他爲什麼要哭，那位農主就說：「以前我也是佛教的僧侶，在臨濟宗的圓山佛教學林（鎮南學林）讀書，由於無法上進，只好還俗，結婚而務農，至今都無法上進想到此就覺得很悲傷了。」[illegible]

（六）[illegible]

第二次世界大戰結束後的一九五一年十月，在日本召開了第二次世界佛教徒會議（按：第一次世界佛教徒會議是在錫蘭召開的。），台灣也被邀請參加，代表中華民國的是，中國佛教會會長章嘉活佛，趙恒惕居士，李子寬居士，印順法師和我五個人，出發前先總統 蔣公召見我們後，在台灣省主席陳家淦先生的安排下，即刻辦好出國手續，就乘飛機前往日本，所花的費用均由內政部支出，在日本的食宿則由主辦大會負責招待。

大會閉幕後，由主辦單位安排參觀各地，我們到名古屋車站時，前台北帝國大學教授伊藤猷典先生手持橫幅布條大書「歡迎李添春教授」等字樣來迎接我，讓我感到十分的驚喜，他還送我一個精工手錶。留在當地住宿時，夜晚有一位大學時代的同學到旅社來訪晤，並且再三的問我是不是那時候的「李添春」，想來辨認清楚，實在是「他鄉遇故知」，倍覺親切。

八年後（一九五九年），佛陀二千五百年紀念誕辰時，也以中華民國代表的身份參加日本大會，那時是立法委員丘漢平先生、吳仲行居士，演培法師和我共四人同行。但是兩次的世界會議，會說日本話的，只有我一個人。所以不但是入國手續，而且其他各種事情也要我辦理。在大會中需要發言，到各地去時，也需由我來演講，因此時常讓我倍感榮幸！

有一次在曹洞宗的本山鶴見總持寺講演時，站在章嘉活佛的旁邊想，到底說什麼話比較好？突然想到日本曹洞宗開祖道元禪師入唐求法，中國的如淨禪師傳授佛法，所以成爲日本的曹洞宗之開祖。其他各宗派的開祖想也如此。（在第一次的佛教會議中通過了我國所提佛陀紀元之統一問題及唐三藏頭骨帶回台灣，在日月潭建塔，作爲永久紀念二件事，是爲會議最豐碩之成果。）！！！

李添春手稿（4）

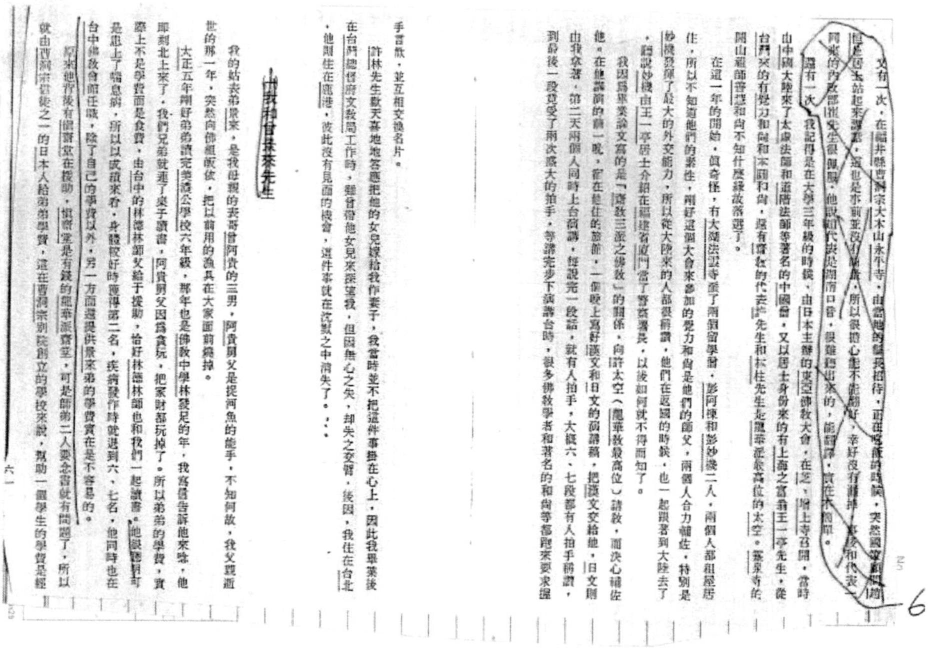

又有一次，在福井縣曹洞宗大本山永平寺，由當地的縣長招待，而在吃飯的時候，突然國策顧問趙恒惕居士站起來講話，這也是事前並沒有計劃，所以很擔心我不能翻好，幸好沒有講錯，和代表一同來的內政部崔先生很佩服，他說趙代表是湖南口音，很難聽出來的，能翻譯，實在不簡單。

還有一次，我記得是在大學三年級的時候，由日本主辦的東亞佛教大會，在芝，增上寺召開，當時由中國大陸來了太虛法師和道階法師等著名的中國僧，又以居士身份來的有上海之富翁王一亭先生，從台灣來的有覺力和尚和本圓和尚，還有齋教的代表許林先生和林柱先生是龍華派最高位的太空。靈泉寺的開山祖師善慧和尚不知什麼緣故落選了。

在這一年的開始，真奇怪，有大湖法雲寺派了兩個留學僧，彭阿棟和彭妙機二人，兩個人都租屋居住，所以不知道他們的素性，剛好這個大會來參加的覺力和尚是他們的師父，兩個人合力輔佐，特別是妙機發揮了最大的外交能力，所以從大陸來的人都很稱讚，他們在返國的時候，也一起跟著到大陸去了，聽說妙機由王一亭居士介紹在福建省廈門當了警察署長，以後如何就不得而知了。

我因爲畢業論文寫的是「齋教三派之佛教」的關係，向許太空（龍華教最高位）請教，而決心輔佐他。在他講演的前一晚，留在他住的旅館，一個晚上寫好漢文和日文的兩講稿，把漢文交給他，日文則由我拿著，第二天兩個人同時上台演講，每說完一段話，就有人拍手，大概六、七段都有人拍手稱讚，到最後一段覓受了兩次盛大的拍手，等講完步下演講台時，很多佛教學者和著名的和尚等都跑來要求握手言歡，並互相交換名片。

許林先生歡天喜地地答應把他的女兒嫁給我作妻子，我當時並不把這件事掛在心上，因此我畢業後在台灣總督府文教局工作時，雖曾帶他女兒來探望我，但因無心之失，却失之交臂，後因，我住在台北，他則住在鹿港，彼此沒有見面的機會，這件事就在沉默之中消失了。。。。

（七）我和曾景來先生

我的姑表弟景來，是我母親的表哥曾阿貴的三男，阿貴舅父是捉河魚的能手，不知何故，我父親逝世的那一年，突然向佛祖皈依，把以前用的漁具在大家面前燒掉。

大正五年剛好弟弟讀完美濃公學校六年級，那年也是佛教中學林發足的年，我寫信告訴他來唸，他即刻北上來了，我們兄弟就進了桌子讀書，阿貴舅父因爲貪玩，把家財都玩掉了。所以弟弟的學費，實際上不是學費而是食費，由台中的林德林師父給于援助，恰好林德林師也和我們一起讀書。他很聰明可是患上了腸息病，所以成績來看，身體較好時獲得第二名，疾病發作時就退到六、七名，他同時也在台中佛教會館任職，除了自己的學費以外，另一方面還提供景來弟的學費實在是不容易的。

將來他背後有個齋堂在援助，慎齋堂是有錢的龍華派齋堂，可是師弟二人要念書就有問題了，所以就由西洞宗信徒之一的日本人給弟弟學費，這在曹洞宗別院創立的學校來說，幫助一個學生的學費是經

六一

李添春手稿（5）

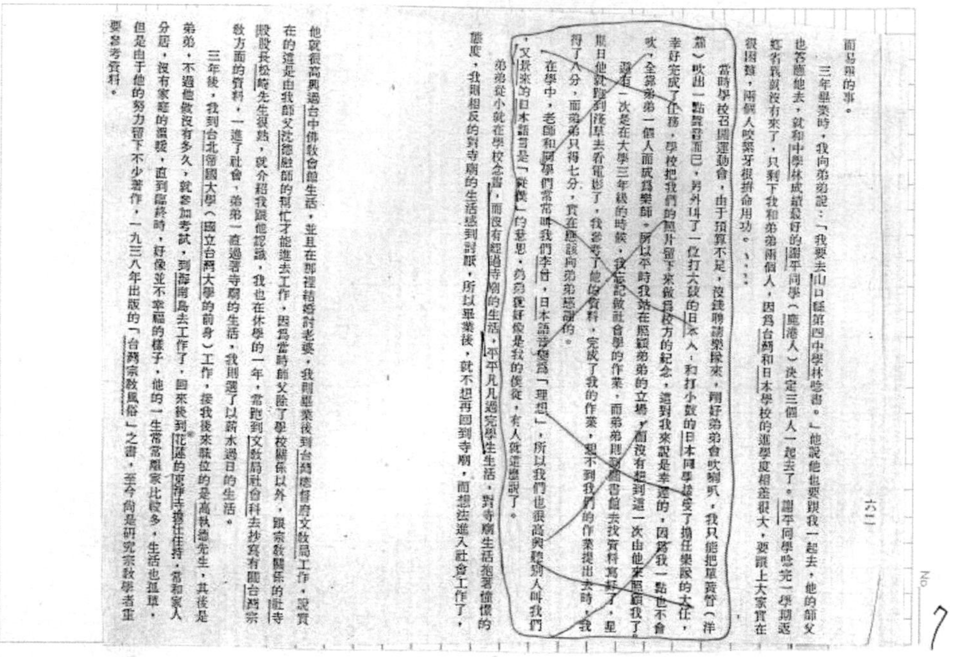

李添春手稿（6）

李添春手稿（7）

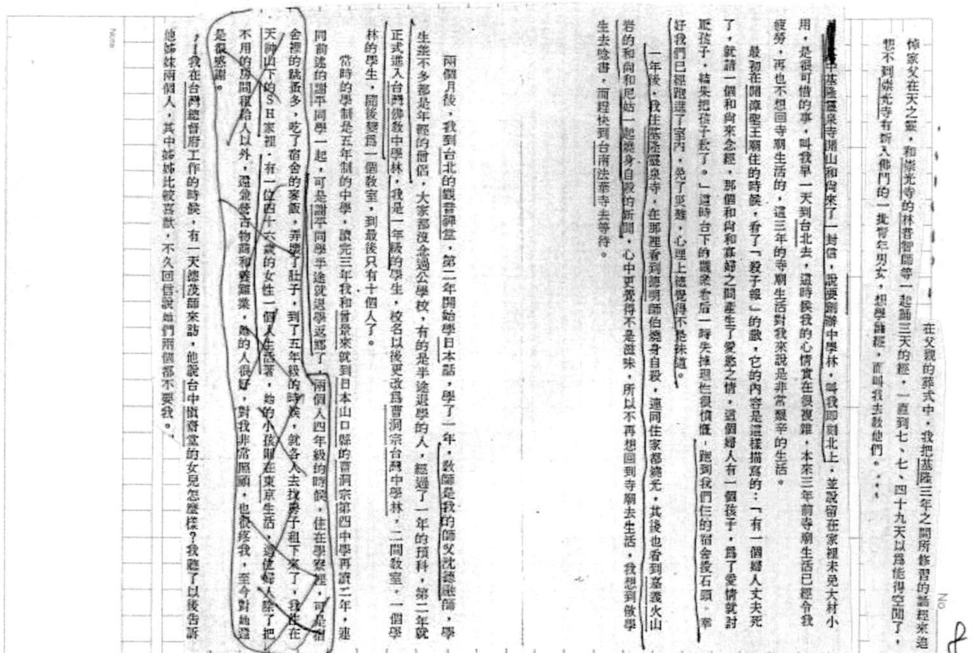

附圖九

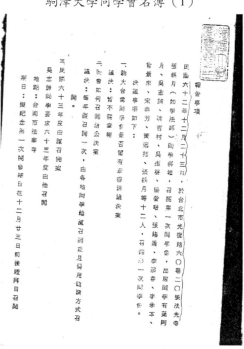

駒澤大學同學會名簿（1）

駒澤大學同學會名簿（2）

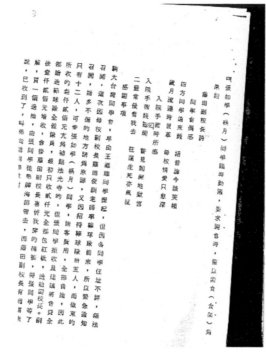

駒澤大學同學會名簿（3）

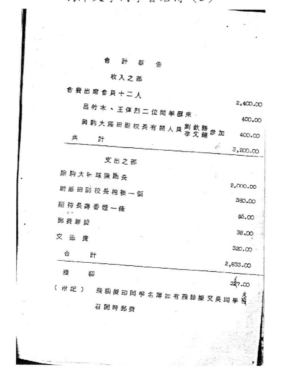

駒澤大學同學會名簿（4）

駒大臺灣同學會名簿	發表年次	科別	姓名（法名併記）	現在所在地
	昭和3	佛教科	黃運指	花蓮市花園街十一號東凈寺住持（TEL三一八七三）
	昭和8	東洋科	李　本	台北市青田街十一巷四號
	昭和8	修養科	黃鑑語（法名普現居性）	雲林縣元長鄉蒙村大庄三十號
	昭和9	地理科	王進聰	彰化市兵廠街十一十五
	昭和14	修身科	楊慶瑞（法名慧舟）	台北市紹興南街三六巷十四號（TEL三二八七三）
	昭和15	地理科	張名棋（法名知中）	高雄縣鳳山市光遠路三七二巷十號
	昭和15	佛教科	邑竹木	台南市復北路三〇巷一〇號法華寺住持
	昭和15	地理科	王傳烈	台南市北區公園路八五一巷一弄四號 台南縣政府職員
	昭和17	東洋科	吳法（法名普妙）	台中市東區大公街八八號
	昭和18	〃	葉阿月	高雄市法興街八九號
	昭和37	佛教科	陳吉村	屏東縣潮州鎮富春里天符路四一號（TEL七八六號） 國立台大副教授

駒澤大學同學會名簿（5）

駒大	發表年次	科別	姓名（法名併記）	現在所在地
	昭和17	專佛科	林陳達文（法名達文）	苗栗縣大湖（待查）
	昭和18	〃	郭氏辰光	台中縣大甲鎮日南（待查）
	昭和20	商禮科	徐先濤	台北市和平東路二段（待查）
	昭和30	佛教科	陳法（法名辰文）	新竹市福林里玩扁街一號（遷台北縣永和鎮詳細待查）
	昭和47	〃	林澄香	台北市漢口街一段七七號四樓
	〃	〃	張錫達	基隆市思二路三〇號（TEL二三二五）
	昭和18	專佛科	吳振聲	新竹市光復路三〇二巷二六號旭光一心大樓
	昭和18	〃	林金鐘	台北縣永和鎮圓通路圓通寺住持
			高執德	台南開元寺
	昭和18	〃	林秋梧	〃
	昭和5	修佛科	許能識	高雄縣橋頭鄉
	昭和6	東洋科	莊名桂	副台北市泰北中學校長
	昭和14	地歷科	楊水中	副台北市鐵育會職員
	昭和15	修佛科	蔡添火	高雄縣鳳山市龍山寺
	昭和15	佛教科	吳添財	高雄市楊梓區靜海寺

駒澤大學同學會名簿（6）

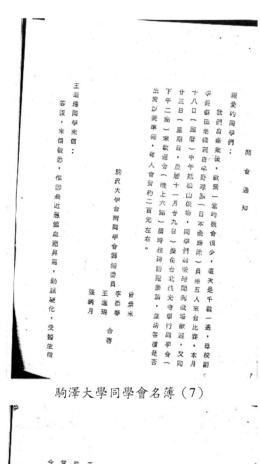

駒澤大學同學會名簿（7）

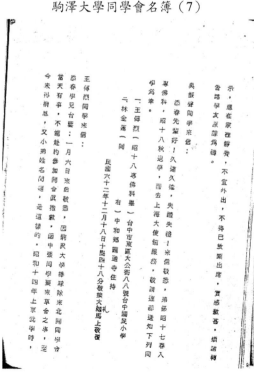

駒澤大學同學會名簿（8）

這是居王的烈名後，因那時改姓名的關係，自昭和十五年改爲玉岡郎，至昭和十七年紅森荷是王岡連觀的稱呼，畢業證書上也同樣，從光復後，又回復原姓名，致使名簿上找不到小弟姓名，其實王岡連，自賊是小弟的改姓名病譜。

民竹不同學來函：

應榮學長勛鑒：

嗊猴大兄，一切較惡。

敬啓者：期待好久之駒大台灣同學會由學長之關心與辛勞終于實現，首先表示十二萬分謝意，時光易近，日月如後，晚自蒙於五蘊證三十四歲，深感同學何堪歡聚一堂，此夫又牽過母校部學長康田老師來台校會召開第一次同學會，實具有深重意義，晚本思向前出席參加並向母校副學長表示歡迎與敬意，奈因當日適逢長子結婚佳日，來

旅下大會必定出席參加，須請向母校副學長康田老師及各位學長

駒澤大學同學會名簿（9）

前代爲致謝，經函俯上會將貳佰元正請查收爲荷多專此并祝暑假愉快大安

另者：張立達學長於本年八月一日舉禮退休，現居住台南市北區公館路四五一巷一四二弄十四號，是日恰決定到敝宅增加光彩，同學會可能不能前往參加，請原諒。

黃芙貴同學來函

泰春波找吾兄恩鑒：

剝承大函，不勝感意，弟畢業駒大後在日據時期，曾服務總督府（一度曾景求兄之後）至台灣光復，此間記得在台北相晤吾兄一夫，因時間匆促，未克多所推敘，甚爲遺憾。弟於光復後即到中師（中）等教務主任，從事教育工作，其任台中女中、彰化女中、彰化女商一五七年九月改制爲陽明國中，共四十年，於昨天五月自願退休，現在爲原超絕的一所公司帮忙，一方面又潤任台灣化學纖維政份有

駒澤大學同學會名簿（10）

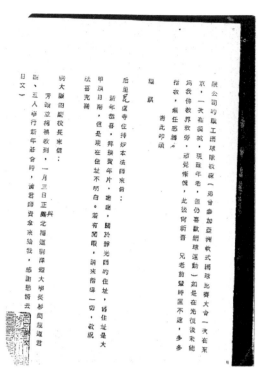

駒澤大學同學會名簿（11）

附圖十

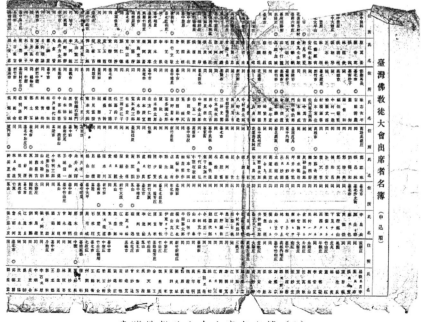

臺灣佛教徒大會出席者名簿（1）

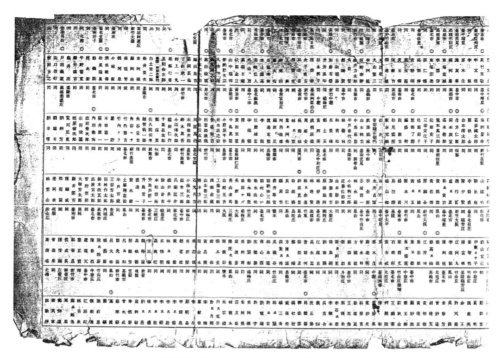

臺灣佛教徒大會出席者名簿（2）

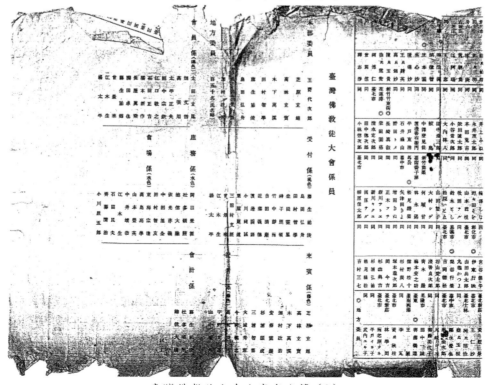

臺灣佛教徒大會出席者名簿（3）

附圖十一

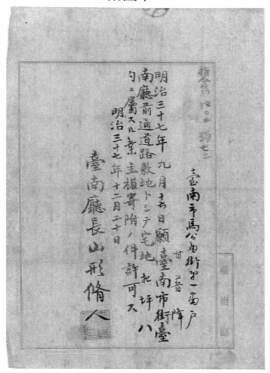

明治 37.39 年德善德化堂土地登記申請書（1）

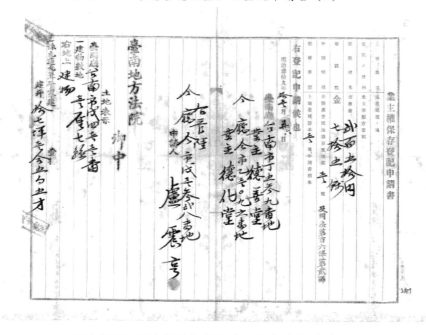

明治 37.39 年德善德化堂土地登記申請書（2）

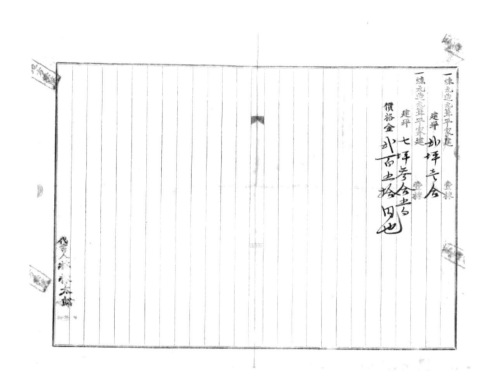

明治 37.39 年德善德化堂土地登記申請書（3）

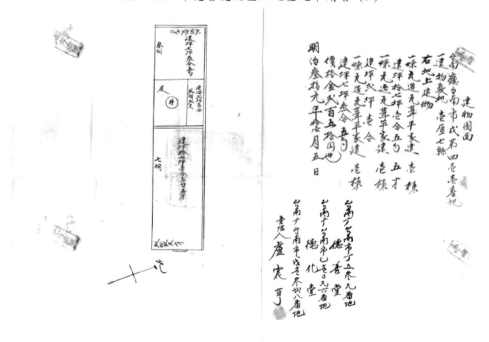

明治 37.39 年德善德化堂土地登記申請書（4）

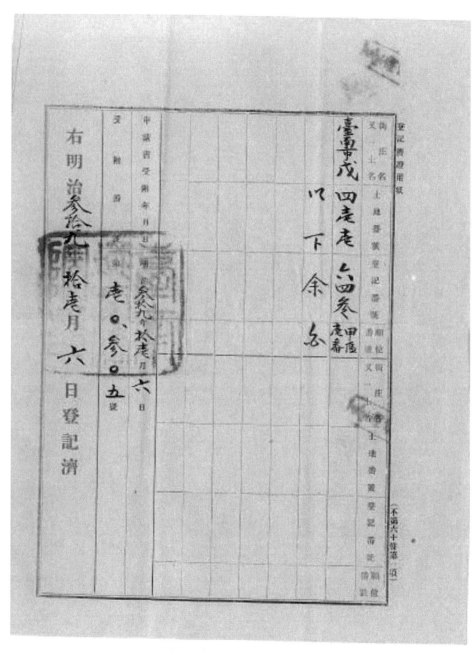

明治 37.39 年德善德化堂土地登記申請書（5）

附圖十二

訪談問題

與談人：鄭偉聲

訪談人：徐逸誠

前言

　　您好！我是成大歷史所碩士班一年級的學生，之所以想詢問關於洪池先生的事情，因為近代台灣的在家佛教發展，我發現洪池先生是一個影響台灣在家佛教的重要人物，所以我想研究洪池先生做為我的碩士論文，研究在近代過世不久人物最好的方式，便是訪問與他相關的人，我將收集洪池先生的文稿與資料，集結成冊。未來希望能將這些資料出版，我認為這是對洪池先生最好的紀念。若是資料內容不夠成為一本書，我將會把這些有關洪池先生的在我的學位論文的附錄，無論哪種影件的方式完成，之後都會將這些資料透過德化堂給您，以及與洪池先生有關係的親朋好友。所以希望您能夠提供相關的文稿。

徐逸誠敬啟

1. 問題：是否能夠提供洪池先生遺留的手稿與宗教活動有關的照片？
2. 問題：洪池先生，有哪些人格特質或是有哪些的生活習慣？
3. 問題：洪池先生，是做什麼職業？
4. 問題：洪池先生以及他的父親的教育程度？

日本時代

問卷製作人：徐逸誠，交遞人：鄭偉聲，問卷交遞時間：2018.5.12。（1）

5. 問題：洪池先生的父親職業為何？洪池的父親是龍華派的信徒嗎？
6. 問題：洪池先生，何時候開始接觸到齋教龍華派呢？那又是何時開始參與德化堂的活動呢？
7. 問題：洪池先生在日本時代有哪些關係較密切的佛教界朋友？如：高執德、林秋梧或林德林等？
8. 問題：洪池先生對於日本時期的佛教型態，有什麼想法。
9. 問題：日本時代，洪池先生有比較親近的法師嗎？
10. 問題：洪池先生以前比較常看的有哪些佛教的經典，或是常看的書籍？
11. 問題：想請問洪池先生是否有遺留下日本時代的證書資料？
12. 問題：洪池先生，日治時期經常去哪裡演講或傳授佛法嗎？

戰後時期

13. 問題：洪池先生在戰後時期有哪些關係較密切的佛教界朋友？
14. 問題：洪池先生對於戰後的佛教型態，有什麼想法。
15. 問題：戰後，洪池先生有比較親近的法師嗎？
16. 問題：想請問洪池先生是否有遺留戰後時期政府或民間頒發的證書資料？
17. 問題：洪池先生，戰後經常去哪裡演講或傳授佛法呢？
18. 問題：洪池先生，平常對您有哪些的提點或是教誨？

問卷製作人：徐逸誠，交遞人：鄭偉聲，問卷交遞時間：2018.5.12。（2）

問卷製作人：徐逸誠，交遞人：鄭偉聲，問卷交遞時間：2018.5.12。（3）

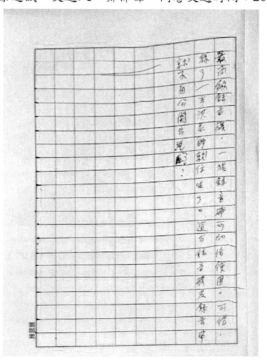

問卷製作人：徐逸誠，交遞人：鄭偉聲，問卷交遞時間：2018.5.12。（4）